典当·拍卖教材丛书

拍卖师

陈少湘　李沙　著

學苑出版社

图书在版编目(CIP)数据

拍卖师/陈少湘,李沙著. -北京:学苑出版社,2007.9
ISBN 978-7-5077-2925-2

Ⅰ.拍…　Ⅱ.①陈…②李　Ⅲ.拍卖-基本知识　Ⅳ.F713.3

中国版本图书馆 CIP 数据核字(2007)第 127567 号

责任编辑:张　翔
出版发行:学苑出版社
社　　址:北京市丰台区南方庄 2 号院 1 号楼
邮政编码:100079
网　　址:www.book001.com
电子信箱:xueyuan@public.bta.net.cn
销售电话:010-67675512、67602949、67678944
经　　销:全国各地新华书店
印 刷 厂:河北省高碑店鑫宏源印刷厂
开本尺寸:787×1096　1/16
印　　张:20
字　　数:350 千字
版　　次:2007 年 10 月北京第 1 版
印　　次:2007 年 10 月北京第 1 次印刷
印　　数:0001-5000 册
定　　价:38.00 元

前 言

目前在我国,拍卖师是一个十分热门的职业,普通注册拍卖师8000多人,土地使用权招拍挂主持人近万人,还有粮油竞价交易师、艺术品拍卖师和国际职业拍卖师,各种类型的拍卖师活跃在不同的拍卖领域,为我国的改革开放和经济发展做出了应有的贡献。

有鉴于此,本书以高起点、多角度、宽视野详尽地描述了拍卖师这个职业。书中阐释了拍卖基础知识,分析了拍卖运行机制,尤其对拍卖师的职业分类进行了比较系统的评介,并重点论及拍卖师商务礼仪、拍卖师主要技能、拍卖师主持技巧、拍卖师风险防范和拍卖师考试指南等基本内容,从而使人们能够对各种类型的拍卖师有一个充分的了解和认识。

本书是国内首部关于拍卖师的综合性专著。构思新颖,图文并茂,不仅有理论知识,而且有案例分析;不仅有拍卖师主持技巧,而且有拍卖师考试信息;故集知识性、实用性、可操作性于一身,十分有助于广大拍卖师和拍卖师报考者提高水平,实现理想。

本书在写作与出版过程中,得到了英国国际职业拍卖师管理协会、(香港)国际典当拍卖教育中心、中华国际拍卖与投资联合公司、学苑出版社、中国拍卖师网的大力支持,在此深表谢意。与此同时,我们还对国土资源部土地利用司、中国粮食行业协会等部门的热情关注表示衷心的感谢。

作 者

2007年8月于北京

目 录

附 录

第一章　拍卖基础知识

第一节　拍卖概论

一、拍卖定义

什么是拍卖？拍卖就是竞价买卖，即众多买主争夺同一项标的，谁出价最高谁胜出。我国《拍卖法》第三条规定："拍卖是指以公开竞价的形式，将特定物品或者财产权利转让给最高应价者的买卖方式。"这表明，拍卖的形式是公开竞价，拍卖的规则是价高者得。

（一）公开竞价

即竞买人轮番出价，公开竞争，竞价行为使商品价格处于动态之中，或者递增或者递减，反映拍卖的过程。如某甲出1万元，某乙出1.2万元，某丙出1.5万元，某甲再出1.8万元等；或某甲出2000元，某乙出1800元，某丙出1600元，某甲再出1400元等；循环往复，向前推进，直至产生交易结果。

（二）价高者得

即竞买人出价终止，交易完毕，竞价行为使商品价格处于静态之中，或者成交或者流标，反映拍卖的结果。如某甲出到1.8万元无人再加价时，拍卖师承认其为最高应价便击槌（或以其他方式）表示成交，确认其为买受人；或者某乙出到1400元无人再减价时，拍卖师承认其为最高应价便击槌（或以其他方式）表示成交，确定其为买受人。

二、拍卖标的

拍卖标的亦称"拍品"或者"拍卖物"，泛指可以通过拍卖方式转让的各种动产及财产权利。《拍卖法》第六条规定：拍卖标的应当是"委托人所有或依法可以处分的物品或者财产权利”;第七条规定:“法律、行政法规禁止买卖的物品或者财产权利,不得作为拍卖标的。”

(一)拍卖标的的类型

依据不同标准,拍卖标的可以进行以下分类:

1. 从物品是否具备物质实体形态的角度划分

通常是有形财产和无形财产。有形财产一般包括生产资料、初级产品、日用消费品和文物艺术品等。无形资产一般包括专营权、使用权、知识产权,如著作权、科技成果等,统称为财产权利。

2. 从物品可否移动及移动是否影响其价值功用角度划分

通常是动产和不动产。土地、房屋、公路、铁路、桥梁等不能移动或移动后会损害其内容、经济价值的为不动产,能够移动及移动后不会损害其内容、经济价值的为动产。

3. 从可否流通及流通范围的角度划分

通常是允许流通物、限制流通物和禁止流通物。禁止流通物指法律明令禁止流通的物品,如毒品、武器、军火、弹药等,禁止流通的物品不能作为拍卖标的。限制流通物指流通范围或程度受一定限制的物品,如文物艺术品、化工物品、麻醉药品等,限制流通物可以作为定向拍卖的标的。除禁止流通物和限制流通物外,大部分物品属于允许流通物,允许流通物是最常见的拍卖标的。

(二)拍卖标的的条件

在拍卖实践中,并不是所有的物品和财产权利都能够充当拍卖标的。某件标的是否能够拍卖,还必须满足一定的条件,包括自然、经济、法律等各方面的条件。拍卖标的的构成条件主要有以下几点:

1. 在自然属性方面

拍卖标的性质必须特定。如拍卖钢材,应当明确钢材型号、数量等;又如拍卖汽车,必须明确车辆的品牌、型号、出厂日期等。

2. 在经济属性方面

拍卖标的必须具有交换价值。即无论是物品还是财产权利,都应当能够以货币衡量其一定的经济价值。

3. 在法律属性方面

拍卖标的必须无流通障碍。依据法律的规定,只有流通物和限制流通物能够成为拍卖标的,而禁止流通物则不能够成为拍卖标的。此外,拍卖标的必须无权利瑕疵，即委托人必须对拍卖标的拥有所有权或者处分权。

案例1　美酒拍卖走俏

2006年10月，巴黎市政厅拍卖了法国总统希拉克出任市长时期收藏的数千瓶美酒。这些美酒被保存在巴黎市政厅一个可以容纳5000个瓶子的地窖中，贮藏条件优良，有专人负责看管。据英国《每日电讯报》报道，来自中国和日本的买家购得了这次拍卖中较早推出的一批标的，不过，英国收藏家史蒂芬－威廉姆斯最终以每瓶5000欧元的价格成功买下了2瓶顶级的1986年产罗马尼－康帝葡萄酒。

案例2　活人拍卖违法

2005年10月，一名马来西亚籍中间人为一名越南女子在吉隆坡郊区一个村庄主持了“拍卖新娘”活动，最后该越南女子被一名60岁的男子买走。

对此，越南驻马来西亚大使馆当天向马内政部发函，抗议马来西亚发生“拍卖越南新娘”事件，并要求马来西亚政府提供帮助，将整个事件调查清楚。越南妇女组织则呼吁马来西亚妇女组织伸出援手，防止类似事件再次发生。此前，越南外交部曾经针对类似事件警告说，越南女子与外国男士结婚必须建立在自愿和合法的基础之上。

三、拍卖特点

与其他买卖方式相比，拍卖有以下一些特点。

（一）公开竞价性

这是拍卖的典型特征，具体表现在两个方面。

1. 竞争性强

这是拍卖行为中包含的竞价因素所决定的。拍卖行为的竞争性主要表现在价格的竞争上，通常是一个竞价比较激烈的过程，许多买主相继出价，次数不限，相互展开竞争，致使拍卖标的的价格交替变化，最终走向成交。

2. 透明度高

这是拍卖行为中包含的公开因素所决定的。拍卖行为的公开性主要体现在操作的显性上，通常是一个当众实施的过程。商品买卖的时间、地点、内容、规则等都经事先公告，一般不对大众保密，这使其成为“阳光”下的交易。

欧美拍卖会现场

(二)中介服务性

这是拍卖的重要特征,表现为拍卖行往往一手托两家,为买卖双方提供中介性服务。

1. 信息服务

拍卖行发布拍卖公告,为买卖双方传递信息,提供信息资源的配置服务,使买卖双方由信息不对称逐渐达到一定程度上的信息对称,从而方便其进行市场决策,从事市场活动。

2. 拍卖服务

拍卖行会根据其行业的特点,适时组织拍卖活动,如相关商品拍卖等,在拍卖过程中,发挥市场中介组织的重要作用,维护拍卖活动各方当事人的合法权益。

(三)法律约束性

这也是拍卖的重要特征,表现为拍卖在实施过程中有法可依,有章可循,拍卖交易活动的各方当事人都应当依法操作,自觉规范自己的行为。

1. 有法可依

当前我国拍卖活动主要适用《中华人民共和国拍卖法》等,该法内容简洁,针对性强,是拍卖活动的行为准则和实施依据,有利于促进拍卖行业健康、稳定地发展。

2. 有法必依

拍卖是法律行为,业务范围广,涉及领域多。因此,无论从事何种拍卖活动,各方当事人都应当严格遵守法律,依法行使权利,履行义务,对自己的行为承担法律责任,要在法律允许的前提下追求经济利益,不得违法经营,损害他人利益和社会利益。

案例3　竞价激烈抢牌照

2001年8月,被炒得沸沸扬扬的德国3G牌照拍卖响槌。经过近14天173轮竞价的激烈争夺,德国政府通过此次拍卖共筹集到近1000亿马克的资金。

按照拍卖规则,竞买人必须在每一轮拍卖竞价过程中报出一个有效的竞价,而且这一轮竞价应比前一轮有效竞价至少高出10%。这就是说,德国第三代手机牌照拍卖的竞价是按指数级上升,节奏非常快,而且越是接近拍卖结束,越是有人不得不退出。

参加拍卖的各公司人马被安排在拍卖现场的一角,每天从早上8点坐到下午6点,只能各喊各的价,不得相互干扰,各公司代表与外界保持联系的唯一通道,就是一部电话和一台电脑,这部电话一头连着拍卖商,而另一头就是本公司的总部,用于及时听取公司总部的指令或收取传真件。在这种条件下工作,致使参加竞买的人们说有一种在黑暗中穿行的感觉。“我们好像在海底的潜水艇中工作。”他们中的一些人不无幽默地抱怨道。

案例4　竞买成功莫反悔

前不久,某法院委托拍卖公司对某娱乐艺术有限公司被查封的财产进行公开拍卖。经过激烈竞争,卢某最终以510万元的价格拍得标的物。按照合同,卢应在规定期限内将510万元成交价款汇入指定账户,但期满后卢却请求将付款期限延长2个月。延长期限届满后,卢仍然没有支付成交价款。对此,法院依法做出裁定,委托拍卖公司重新拍卖上述财产。

关于买受人卢某事后反悔的行为，法院执行局局长称，卢应当对这种不诚信的行为承担相应责任，再拍卖时，卢某不得参加竞买。并且，再拍卖的价款低于原拍卖价款造成的差价、费用损失及原拍卖中的佣金等，都将由卢某承担。

案例5　不付佣金难逃债

2005年11月，孟某在北京参加了由某拍卖公司举行的拍卖活动。孟某持315号牌参加了11月7日的拍卖活动，以33万元的价格拍得张大千作品《萧散老布衣》。之后，孟某按照拍卖规则，委托该拍卖公司竞投。11月8日，该拍卖公司持467号牌代孟某竞拍钱瘦铁作品《观瀑图》，成交价为10万元；《松下高士》成交价13万元；《隶书七言联》成交价为2万元；吴子深作品《远岫斜阳过横塘》成交价为10万元；梁启超作品《楷书十五言联》成交价为25万元。然而竞买成功后，孟某既没有在规定的期限内支付购买拍品钱款及成交价10%的佣金，也没有取走拍卖标的。

拍卖公司在多次寻找孟某未果后，于2006年9月起诉至法院要求孟某支付价款和取走拍品。上海某法院一审判决由孟某支付该拍卖公司拍品价款93万元及利息，另需支付从2005年11月15日起至双方交割日止按每日人民币50元保管费。

法官说，就本案判决有二种途径。一种就是本案判决的结果；另一种则是由拍卖公司另外举行拍卖活动，将孟某拍下的物品再拍卖给他人，若造成与孟某拍下的价格差，可就这部分的价格差价起诉孟某赔偿，这样对拍卖公司和委托人来说，能把绝大部分的价格钱款落袋为安。但是，本案件的原告拍卖公司却坚持要求孟某继续履行，法院也只能做出如此判决。

四、拍卖功能

拍卖的基本功能包括三个方面。

（一）价格发现功能

商品价格以商品价值为基础，是商品价值的货币表现，但它同时又受市场供求关系的影响。即一件商品，价值大则价格高，需求大则价格也高，价值和需求是制约价格变化的两个主要决定因素。这一点在拍卖过程中表现得十分突出，由此形成价格发现功能。

1. 改变定价方式

传统定价方式是先定价后销售，价格固定，定价人往往是卖方，定价基础是卖方对价值的衡量和需求的预测，价格因计算、决策而产生。引入拍卖机制后，出现了竞价定价方式。这种定价方式是先销售后定价，价格不固定，定价人往往是买方，定价基础是买方对价值的衡量和需求的把握，价格因竞争而产生。如在拍卖过程中，成交价格是通过竞买人相互交替出价，展开一定竞争后逐步产生，最后经拍卖师击槌（或以其他方式）确认的。

在这里，买卖双方不是按照卖方事先规定好的价格进行交易，也不是在拍卖现场讨价还价，而是买方掌握定价权，价格遵循买方的意愿变化，谁要求最迫切且出价最高谁就是价格的最后制定人，某项拍卖标的的成交价格便被其最终发现，公之于世。

西方拍卖火爆

2. 表现时点价格

以拍卖定价方式发现的价格具有明显的偶然性。它反映的只是某项拍卖标的在某个时间段内的价格状态，因而不具有必然性。由于这种时点价格不像固定价格那样是事先规定的结果，故其产生取决于多种因素，偶然性很大。

另外，正因为时点价格是在拍卖过程中偶然产生的价格，故其在与拍卖标的价值之间的关系方面，通常又具有双重性。其一是符合价值，即时点价格基本上反映拍卖标的的价值，与标的价值方向一致，比较准确地表现出标的价值的增值或贬值。其二是背离价值，即时点价格没有反映拍卖标的的价值，与标的价值方向相反，并未准确地表现出标的价值的增值或贬值。

再由于时点价格的产生受多种因素的影响,故拍卖当事人能够对其产生与否、价格高低与否进行预测,使其在一定程度上具有可预见性。如拍卖行通常以拍卖标的的底价(无底价时以过往同类标的的成交价)为界限进行时点价格预期,在增价拍卖中做价格上升的预期,在减价拍卖中做价格下降的预期;委托人的预期是希望成交的时点价格越高越好;竞买人的预期是希望成交的时点价格越低越好。

3. 影响市场行情

与固定价格相比,在拍卖过程中产生的时点价格具有瞬间提高拍卖标的的价值的作用,从而使某些拍卖标的能够以全新的面目出现在市场上,从而推动市场行情的变化。

另外,拍卖定价的结果之一,是某些拍卖标的的时点价格会迅速波及到同类市场,对相同商品甚至不同商品都产生一定的影响,起到某种示范作用。

再由于时点价格是通过拍卖活动创造的,故对于拍卖当事人来说,不同时间、不同地域、不同类别拍卖标的的时点价格,都能够成为今后从事拍卖交易的参考,只有重视和发挥这种借鉴作用,才能更有效地驾驭拍卖活动。

案例6　最低收购价早籼稻竞价销售

2006 年 1 月 21 日,国家粮食局会同国家发改委、财政部、中国农业发展银行、中储粮总公司等部门和单位,在江西省九江市南方粮食交易市场组织了最低收购价早籼稻竞价销售交易会。

这次交易会共安排早籼稻销售计划 51.1 万吨,承储库点分布在江西、安徽、湖北、湖南 4 省。其中:江西 350008 吨、安徽 30415 吨、湖北 34190 吨、湖南 98421 吨。共 216 家企业报名参加了此次交易会,实际购买企业 118 家,总成交量 471008 吨,成交率 92.16%。分省成交情况:江西 337975 吨,成交率 96.6%;安徽 10433 吨,成交率 36.7%;湖北 30988 吨,成交率 90.6%;湖南 91612 吨,成交率 93.1%。销售起拍价 1400 元/吨(仓内交货价,下同),实际成交均价 1420. 43 元/吨,最高成交价 1520 元/吨,最低成交价格为 1400 元/吨,成交总金额 6.69 亿元。

这次竞价销售最低收购价早籼稻,既满足了国内早籼稻用粮企业的需要,为今后销售最低收购价稻谷积累了一定的经验,又缓解了部分稻谷主产区基层收购库点仓容不足的矛盾,有利于保证储粮安全并为当年的粮食收购腾出仓容。

(二)资源配置功能

资源是人类生存和活动的基础。资源配置是指对各种资源进行有效组合与利用,从而获得最佳经济效益和社会效益。资源配置功能是拍卖活动的一项重要的功能。

1. 参与资源配置

资源配置通常采取两种手段,一种是计划手段,另一种是市场手段。

计划手段是指以行政手段为主进行资源配置,包括借助政府权力、政策法规等杠杆,其实质是政府宏观经济调控的一种表现。

市场手段是指以经济手段为主进行资源配置,包括借助竞争与价格等杠杆,其实质是企业微观经济发展的一种表现。拍卖作为市场手段的一种方式,具备积极参与资源配置的基本条件,能够在资源配置过程中发挥重要作用。

2. 适用稀缺资源配置

社会需求的无限性和社会资源的有限性,决定了资源配置的必然性和必要性。然而,社会资源的有限程度并不一样,它又具体划分为普通资源和稀缺资源,或者可以说凡资源都具有稀缺性,但有些资源的稀缺性更为突出。

在参与资源配置的过程中,拍卖方式的适用范围十分单一,即它只适用于稀缺资源的配置,而不适用于普通资源的配置。如同样都作为生产资料的买卖,矿石、化肥等就不适用拍卖,但大豆、玉米、花生油等粮油商品就完全适用拍卖。原因之一在于,粮油商品是比矿石、化肥等商品稀缺性程度更高的社会经济资源,采取拍卖方式进行资源配置效果更好。

尽管拍卖适用稀缺资源配置,但拍卖并非用于配置一切稀缺资源。事实上,长期的实践表明,拍卖方式的适用范围十分特殊,即它只适用部分稀缺资源的配置,如粮油等商品;而不适用所有稀缺资源的配置,如鲜花、艺术品、金融不良资产等。

以拍卖方式配置稀缺资源,不仅具有适用范围上的单一性和特殊性,而且具有稳定性。所谓稳定性是指,由于我国国情所决定,在当前和未来一段历史时期内,拍卖活动始终会比较活跃,稀缺资源配置与拍卖方式之间的关系始终会比较密切,这使拍卖的资源配置功能必然具有一个长期和广阔的、稳定和充分的发展空间,从而有利于我国稀缺编资源的合理、优化配置,有利于各项措施事业的繁荣兴旺。

3. 体现资源配置比较优势

拍卖往往是针对同一项拍卖标的而有一个以上的竞买人出价购买,这就决定了竞买人要想夺得标的,必须多出价,价高者得。因此,采取拍卖方式进行操作,效果比招投标方式好。因为在拍卖过程中,每个竞买人都有多次竞价机会,而且都知道自己的竞争对手是谁,大家是公开竞争,胜败取决于即时出价,资源配置的必然性大。而在招投标中每个投标人的竞价机会只有一次,而且只知道自己出价多少而不知道其他人的出价,大家是在封闭状态下竞争,胜败取决于事先预测,配置的偶然性大。这表明,标的少买主多时,拍卖方式比招投标方式具有优势。

案例7　北京土地招拍挂4年赚百亿

据国土资源部称,2005年中国招标拍卖挂牌出让土地面积达5.72万公顷,占出让总面积的35.1%,比上年提高3个百分点。目前,经营性土地使用权出让制度,已经成为政府配置土地资源的重要方式。

从2001年11月到2006年4月,北京市在土地市场公开交易的土地是215宗,共1491公顷,总成交价为380亿元,其中121亿元是政府收益,比政府盈利预计多了47亿元。据悉,这是北京自2004年“8·31土地大限”全面实施土地招拍挂之后,首次传出的政府土地获利数字。

陈少湘在主持地产拍卖会

(三)商品买卖功能

商品进入市场是为了交换,交换的标志是买卖双方达成交易。交易手段多种多样,目的是促进商品买卖,满足社会需求。商品买卖功能是拍卖活动的一项基本功能。

1. 针对特殊商品的买卖

拍卖方式一般不用于普通商品的买卖,而主要用于特殊商品的买卖。所谓特殊商品包括以下一些:

(1)标准不易把握的商品

有些商品在质量、规格、等级等方面无法用统一的标准衡量,从而也难于用统一的价格衡量,故这些非标准化的商品更适用以拍卖方式买卖。如房地产、艺术品等。

(2)供求不易平衡的商品

有些商品虽然能够做到标准化,但由于其属于比较稀缺的资源,供求矛盾比较突出,甚至常常供不应求,故这些紧俏商品适用以拍卖方式买卖。如木材、羊毛、皮张、水果、粮油等。

(3)价格不易确定的商品

有些商品由于性质或来源特殊,很难事先定价,故这些价格不明的商品更适用以拍卖方式买卖。如司法机关或行政机关依法罚没的物品,知识产权中的专利权、著作权等。

2. 满足特殊需求的买卖

社会经济的发展和社会生活的多元化,导致人们有多方面的需求。从竞买人的竞买动机来看,一方面是为了满足物质需求,另一方面则是为了满足精神需求或心理需求。后者属于比较特殊的需求,它对于拍卖能产生很大影响,具体表现为三种结构。

(1)从众倾向

这是指竞买人希望通过参加拍卖特别是竞价成功追赶某种社会潮流,唯恐跟不上他人的步伐,在拍卖过程中十分盲从,并无明确的竞买目的,属于“花钱赶时尚”型的需求者。

(2)求名倾向

这是指竞买人希望通过参加拍卖特别是竞价成功显示自己的身份、地位,炫耀富裕程度或者提高企业的知名度,获得强大的社会轰动效应等等,属于“花钱买面子”型的需求者。

(3)好胜倾向

这是指竞买人希望通过参加拍卖特别是竞价成功与竞争对手较量,在拍卖过程中向竞争对手示威,从而超过竞争对手,压倒竞争对手,达到争强好胜的目的等等，属于“花钱抢地盘”型的需求者。

案例8　萨达姆军装有买主

2005年12月，美国马尼恩国际拍卖行拍卖了伊拉克前总统萨达姆的一套军装。这套军装的起拍价为5000美元，成交价16400美元。

马尼恩国际拍卖行表示，买家是来自华盛顿州的一位私人收藏者。据悉，萨达姆的这套军装是2003年4月美军攻占巴格达机场后被第三步兵师的一名士兵发现的。这套橄榄色军装质地优良，做工精细，上装有两个上兜，两肩处有精致的肩章，绣有黄色的雄鹰和交叉的利剑，带有萨达姆的军衔。马尼恩国际拍卖行称其是伊拉克战争中的“绝版文物”。

这是马尼恩国际拍卖行自伊拉克战争打响以来第二次拍卖萨达姆的军装，第一件也是一名美军士兵从前线带回来的，当时拍卖成交价为2.4万美元。

五、拍卖条件

作为特殊的买卖方式或交易方式，拍卖必须具备一定的条件。现代意义上的拍卖至少应当包括四个必不可少的基本条件。

(一)买主的多数性

这是指竞买人的多数性，即竞买人在一个以上。

1.竞买人达到两个

这是买主多数性的一般表现。即在拍卖过程中，通常只有一个卖主(由拍卖机构充当)，而可能有两个或两个以上的买主(即竞买人)，从而得以具备使竞买人相互之间能就其欲购的拍卖标的展开价格竞争的条件。

但并非有两个以上的竞买人就必然会发生竞价行为。事实上，有时可能只有一个竞买人出价或者两个以上的竞买人都不出价，因此，竞买人数和竞价行为没有直接关系。如下所示：

2个以上竞买人：
- 出价(无竞价)→成交
- 出价(有竞价)→成交
- 不出价(无竞价)→流标

2.竞买人只有一个

这是买主多数性的例外表现。即在拍卖过程中，竞买人只有一个，竞买人相互之间的竞价行为不可能发生。

然而，只有一个竞买人同样可以进行拍卖活动。因为只要有一个竞买人就可能发生出价行为，从而在一定的价格条件下导致拍卖成交。如下所示：

1个竞买人{出价(无竞价)→成交
不出价(无竞价)→流标}

3. 条件的相对性

买主的多数性是拍卖的基本条件之一。但这项条件是相对条件而不是绝对条件,即拍卖的最佳状态是具备买主的多数性这项条件,然而并不排除只有一个竞买人也可以举办拍卖活动(法律另有规定的应从其规定)。

这表明,拍卖以有两个或两个以上的竞买人为原则,而以只有一个竞买人为例外。决定拍卖成交与否的是竞买人的出价而非竞买人的竞价。

案例9 只有一个竞买人的土地使用权拍卖会

2006年10月,某拍卖公司受法院委托,对一宗土地使用权进行公开拍卖。该宗土地使用权属商住用地,占地面积30多亩,位于城市较偏远的郊区,交通非常不便,且产权手续很不完善,需要补交相当大的一笔费用才能办理过户。由于该土地的自身条件较差,且价格也不是十分有吸引力,故虽然经过多方宣传及寻找客户,但直至既定拍卖时间前,也只有一位竞买人办理了竞买手续并交付了保证金。该宗土地使用权最终以底价由这位唯一的竞买人拍得。

后来,该执行案的有关当事人提出,这宗拍卖标的只有一位竞买人,没有"竞价"过程,不存在竞买,这次拍卖是否应该视为无效而予以取消?在该公司的耐心解释下,该当事人最终接受并认同这个结果是合法的。该公司认为,拍卖法中并无明确规定对于一个拍卖标的,至少须有两个竞买人或有两个以上的竞买人应价,这就说明立法的出发点是"规范拍卖行为,维护拍卖秩序,保护拍卖活动各方当事人的合法权益",保证拍卖标的在"公平、公开、公正"的原则下成交,而不只是在形式上追求竞价及价位的高低。因此在拍卖实践中,我们不应当存在一个标的只有一个竞买人是否合法的顾虑,而应当切实考虑客观现实,彻底放下这个人为的思想包袱。

(二)标的的同一性

这是指同一序号的拍卖标的没有差别,从而供竞买人在价格上展开竞争。

1. 标的相同产生竞价

在拍卖过程中,通常都是一物一竞价,即不同的竞买人对某一项(有时是一组或一批)完全相同的拍卖标的竞相出价,从而竞买。此时的拍卖标的对所有竞买人来说都一模一样,如竞买人不想出价,则只能等待下一个拍卖标的出现,而如有两个以上的竞买人相继出价,则必将发生竞价行为。这表明,针对同一标的,竞买人要么竞价,要么放弃,别无其他选择。

2. 标的不同依次竞价

标的的同一性并不是指每次拍卖只有一项拍卖标的,事实上在拍卖过程中,通常都有许多拍卖标的。因此,为了使每一项拍卖标的都有可能引起竞买人的价格竞争,一般都是事先将准备拍卖的标的编成序号,然后依次推上拍卖台供竞买人角逐。在这里,不同拍卖标的必须依次提供,否则将违背拍卖规则,破坏拍卖秩序。

(三)价格的差异性

这是指围绕拍卖标的有可能产生各种不同的价格,从而反映拍卖标的的价位水平。

1. 竞买人拉动价格

在拍卖过程中,竞买人通常一人一价或一人多价,即竞买人出价一次或出价多次,而如果其他竞买人也如此,则同一拍卖标的价位必然上升或者下降,从而逐渐走向拍卖成交的结局。这表明,价格的差异性源于竞买人,是竞买人竞价行为的结果。

2. 价格不断变化

在拍卖过程中,价格通常始终处于动态之中,而如果竞买人竞价激烈,则价格必将随时刷新且有时价格变化以秒计算,速度极快。这表明,价格的差异性还源于价格变化,是价格不断变化的结果。

案例10 "鱼王"拍出天价

2006年9月,在北京密云县"鱼王美食节"上,刚出水的分别重达17公斤、13.5公斤和12公斤的鱼王冠、亚、季军分别以23.6万元、15.1万元和10万元的价格被3名张姓竞买人拍得。

"鱼王"冠军是一条胖头鱼(鳙鱼),体长94厘米;鱼王亚军是一条长103厘米的草鱼;鱼王季军则是一条体重为12公斤的花鲢。它们的亮相引起在场观众的一阵阵惊叹。

按照拍卖规则,所有鱼王的起拍价都是2800元,且每次叫价不得少于500元。拍卖第一条鱼王时,20号竞买人首轮叫价就给出了"8800"的高价,引起现场一片嘘声。这一开场导致后面的疯狂竞价。最终,这条鱼王以10万元的价格由一位张姓先生拍得。很快,第二条鱼王被一名姓张的女士以15.1万元的价格拍得。

当工作人员把第三条重达17公斤的鱼王用冰柜抬上场时,全场爆出阵阵掌声,首轮叫价时,5号竞买人就报出了"5万8"的价格,这条鱼王最终以23.6万元的价格被8号竞买人拍得。

日本鲜鱼拍卖

（四）行为的对抗性

这是指竞买人相互之间的价格竞争，从而反映拍卖标的的市场需求程度。

1. 需求是对抗核心

竞买人展开竞争，竞价行为含有对抗性，原因是竞买人要争夺同一项拍卖标的，从而战胜竞争对手，达到成交目的。在这里，拍卖标的的稀缺性越强，市场需求越大，竞买人的竞争就越激烈，相互之间的对抗性就越强，拍卖成交的结果也就越理想。相反，如果拍卖标的没有吸引力，市场需求不大，竞买人之间就可能无对抗或者对抗不强，则表明拍卖活动不理想。

2. 价格是对抗基础

竞买人相互之间的竞争是资金实力的竞争，竞买人要想获得同一项拍卖标的，只能凭借价格说话，因此，价格是竞买人相互对抗的唯一基础。如在拍卖过程中，竞买人的出价越高，战胜竞争对手，夺得拍卖标的的可能性才越大，否则只能在相互对抗中失败。

（五）各项条件之间的关系

拍卖的四个基本条件相互密切联系。

其一，众多的买主，同一的标的，变动的价格是拍卖成立的前提条件。

其二，公开竞争行为即竞买人之间的对抗是拍卖成立的决定因素。

其三，买主是竞争主体，标的是竞争对象，价格是竞争手段。离开竞争，买主等于一言不发的观众；离开竞争，拍卖标的等于无人问津的商品；离开竞争，拍卖师报出的起始价格等于永不变化的砝码。因此，没有竞争就没有拍卖，拍卖机构的目的就是要使竞买人参与竞争，相互对抗，并在这种竞争和对抗中获得拍卖成交的理想结果。

六、拍卖原则

拍卖的基本原则是公开、公平、公正、诚实信用原则，简称“三公一诚”原则。

（一）公开原则

公开原则主要是指整个拍卖活动公开进行，遵守法律规定，接受舆论监督，成为一个自始至终具有很高透明度的商业过程。

1. 拍卖前的准备活动公开

（1）拍卖公告公开

拍卖机构应当把拍卖的相关信息，通过提前公开发布拍卖公告的形式向社会公众进行披露，包括拍卖时间、拍卖地点、拍卖标的、拍卖条件等内容，都应予以公开，以便吸引竞买人参加拍卖活动。

公开发布拍卖公告应当选择受众率高的传播媒体，从而使公告的公开性得到更充分的发挥。

（2）拍卖标的公开展示

拍卖机构应当把拟进行拍卖的商品（或者样品），通过预先公开展示的形式向社会公众进行介绍，包括商品来源、产地、性质、品种、成分、重量、质量、用途等内容，都应当予以公开，特别是提供给广大买主包括潜在买主，使其能在观展时亲眼目睹，鉴别品评。

公开展示拍卖标的应当选择各方面条件理想的场所，从而使预展的公开性得到更充分的发挥。

2. 拍卖中的实施活动公开

（1）拍卖会公开举办

拍卖机构应当在规定的时间和地点如约公开举办拍卖活动，并且不得以任何非正当的理由拒绝政府监管人员、媒体工作人员、普通公众等进场监督、观摩。

(2)竞买人公开竞价

拍卖机构应当确保每项拍卖标的都处于公开竞价的状态，即由相关竞买人面对面地公开出价，展开竞争。而且，拍卖师应当在公开竞价过程中随机公开做出选择，使最高应价者公开成交；或者在无法成交时使其公开流标。

3. 拍卖后的收尾活动公开

(1)成交手续公开办理

拍卖活动的特殊性决定，每项拍卖标的成交(或流标)后，该标的自身的拍卖活动即进入收尾程序，而其他拍卖标的仍继续进行拍卖。因此，依据拍卖规则及国际惯例，凡有拍卖标的成交，应当公开办理如下成交手续：

其一，由拍卖机构与买受人当场签署拍卖成交确认书。

其二，由委托人与买受人在全场拍卖会结束后订立买卖合同。

(2)拍卖标的公开交割

全场拍卖会结束后，委托人、买受人将各自的签约、结算等相关义务履行完毕，则由拍卖机构负责组织或协调拍卖当事人进行拍卖标的的交割。

(3)其他事宜公开处理

这是指对涉及未成交标的的一些相关事宜的处理。

其一，由拍卖机构向竞买人公开返还事先预收的拍卖保证金。

其二，由拍卖机构向委托人公开返还未能成交的拍卖标的(或样品)。

(二)公平原则

公平原则主要是指拍卖当事人应当根据公平、正义的观念确定各方面的权利和义务，各方当事人都不应侵害他人的合法权益，不得滥用自己的权利，各方当事人之间的法律关系平等，即当事人在拍卖活动中民事权利义务平等，民事法律关系平等，保证拍卖活动自始至终公平地进行。

1. 拍卖机构与委托人相互平等

拍卖机构与委托人建立行纪合同关系，双方依法享有和承担参与拍卖活动时各自的权利义务，拍卖机构不得以非公平的方式对待委托人。拍卖机构有知情权、鉴定评估权等；而委托人有底价确认权、撤销交易权等。

2. 委托人之间相互平等

所有委托人各自依法取得委托人资格，在拍卖活动中待遇相同，不受歧视。如都有拍卖标的瑕疵告知义务；都有获得成交价金的权利。

3. 拍卖机构与竞买人相互平等

拍卖机构与竞买人建立买卖合同关系，双方依法享有和承担参与拍卖活动时各自的权利义务，拍卖机构不得以非公平的方式对待竞买人。如拍卖机构有举办拍卖会的权利和义务；而竞买人有出席拍卖会的权利和义务。

4. 竞买人之间相互平等

所有竞买人各自依法取得竞买人资格，在拍卖活动中待遇相同，不受歧视。包括各自的竞买资格平等，无职业、财产等限制，也没有地位、级别等区别；竞买机会平等，拍卖标的对所有竞买人或在一定范围内对所有竞买人开放。

5. 拍卖机构与买受人相互平等

拍卖机构与买受人建立买卖合同关系，双方依法享有和承担参与拍卖活动时各自的权利义务，拍卖机构不得以非公平的方式对待买受人。如拍卖机构有在出现最高应价时击槌表示成交的权利和义务；而买受人有在成交后签署拍卖成交确认书的权利和义务。

6. 买受人之间相互平等

所有买受人都有平等的签约权、结算权、提货权等，在拍卖活动中不受歧视，待遇相同。

（三）公正原则

公正原则主要是指拍卖当事人应当依据公正、正义的观念维护各方的合法权益，不得保护一方，损害他方，不得滥用自己的权利，各方当事人在拍卖活动中的行为公正，保证拍卖活动自始至终公正地进行。

1. 拍卖机构的公正

其一，拍卖机构不在自己组织的拍卖活动中参与竞买，并不委托他人代为竞买，防止既当中介人，又当竞买人；

其二，拍卖机构不从事自行拍卖活动，防止既当中介人又当委托人；

其三，在拍卖活动中，拍卖机构不偏袒委托人、竞买人或买受人；

其四，在拍卖活动中，拍卖机构不与其他拍卖当事人恶意串通。

2. 委托人的公正

其一，委托人不参与竞买并不委托其他人代为竞买自己委托的拍卖标的；

其二，委托人不得相互之间或与其他拍卖当事人恶意串通。

3. 竞买人的公正

其一，竞买人应当公正地参加拍卖活动，并对自己的所有拍卖行为负责；

其二，竞买人不得相互之间或与其他拍卖当事人恶意串通。

4. 买受人的公正

其一，买受人应当对自己的所有买受行为负责，自觉履行拍卖成交后的义务。

其二，买受人不得相互之间或与其他拍卖当事人恶意串通。

（四）诚实信用原则

诚实信用原则是民事法律的基本原则，运用在拍卖活动中主要是指拍卖当事人应当讲诚实守信用，以诚实、善意的方式行使权利，以自觉、守信的方式履行义务，同时根据拍卖规则履行通知、协助、保密等附随义务，在不损害他人利益和社会利益的前提下追求自己的利益。

1. 拍卖当事人具备诚信意识

拍卖当事人在主观上必须具有诚实、守信、善意的心理状态，依据诚信的观念从事拍卖行为。

2. 拍卖当事人实施诚信行为

拍卖当事人在客观上应当于拍卖活动中言行一致，表里如一，忠于事实真相，不得欺骗他人，见利忘义，损人利己。

3. 拍卖当事人不规避法律和合同义务

拍卖当事人必须依法从事一切拍卖活动，在拍卖合同订立、履行、变更、解除以及中止等各个阶段，都始终如一地贯彻诚实信用原则，恪守诺言，相互配合。

案例11　“太师椅”拍出官司

2001年6月，吴先生从上海某拍卖公司以人民币4万元的价格，拍得4把标明制作于“民国时期”的红木灵芝冲天太师椅，并支付佣金4000元。

之后，吴从他人处了解到这4把椅子并非民国时期制作。吴为此与该公司交涉无果便向法院起诉，要求拍卖公司返还拍卖价款及佣金并赔偿经济损失。

法院通过鉴定确认红木椅子是“现代仿古红木家具”，与拍卖公司标明制作于“民国时期”不相符，由此判决该公司返还吴先生4.4万元拍卖价款及相应利息，吴则归还4把太师椅。但双方均不服一审判决，上诉至二中院。

二中院在查证后认为，委托人张某与该公司之间是委托拍卖合同关系，他们与吴先生之间是拍卖与买受关系，所以本案应适用拍卖法而不是消费者权益保护法。另外，拍卖公司没有就具体拍品的真伪做出免除瑕疵担保的有效声明，委托人张某没有将太师椅真实制作年代向拍卖公司和吴先生说明，因此二者都不能免除瑕疵担保责任。

法院最后判定：解除三者之间的拍卖与买受关系，吴先生返还张某太师椅，张某归还吴4万元及相应利息,若无力偿还则由该公司偿还,该公司同时返还吴拍卖佣金4000元及相应利息。

案例12　勾结画廊请“枪手”造假

2003年7月,王先生在一次拍卖会上,花3.08万元买到4张分别署名晏济元、阎松父、周北溪、岑学恭的画。其中一幅晏济元的《山水》,价格为1.55万元,王先生请晏济元的儿子晏秉正和晏济元本人过目,晏氏父子都否认这张画是真迹。后来,经过鉴定,王先生发现这些画全部是某书画社请“枪手”制造的赝品,然后委托重庆某拍卖公司拍卖的,最后该书画社退款2.3万元。

2004年,陕西一画廊老板组织了一批画,与重庆一家拍卖公司合作拍卖。在拍卖会现场,一个名叫曾天舒的书画收藏爱好者勇敢地站出来打假,据说他在场外打出了“80%是假货”的牌子,很快被警察带走。不过,在这场拍卖会上,市民李先生就是“不信邪”,他以12万元的代价买进张大千等大师的9幅名画。拍卖结束后,李先生请四川美术学院教授鉴定,结果被认为都是假画。

案例13　拍卖串通案

1994年,某公司因欠贷无力偿还,抵押的商业网点最终实施拍卖。竞买人周某为了个人利益,串通拍卖师,未进行拍卖公告,拍卖时又临时更换拍卖地点,拍卖会只有周某父子参加,最终周某以低于市场评估价6万余元的价格将商业网点“拍”得。

2006年8月,某市工商局接到举报,在当地某饭店有人正举行非法拍卖。根据举报,工商执法人员调查发现,这是一起典型的串通案。这场拍卖会的标的是一批化纤色布和坯布。先有30人串通以182万元拍得这批布,然后再次在这些人内部进行拍卖,拍得的221万元除去5000元费用后,其余38.5万元被他们非法平分。案件侦破后,工商部门对这30个当事人做出共计罚款212.8万元的处罚。据工商局执法人员说,这是该市迄今数额最大、涉案人数最多的一起恶性拍卖串通案件,在全省也首屈一指。

七、拍卖类型

根据不同的标准,拍卖可以分为不同的类型且相互之间还会有交叉。

第一,按法律角度划分有:自行拍卖和委托拍卖、法定拍卖和意定拍卖、强制拍卖和任意拍卖、定向拍卖和非定向拍卖、一次性拍卖和再拍卖等;

第二,按拍卖标的角度划分有:有形财产拍卖和无形财产拍卖、动产拍卖和不动产拍卖、公物拍卖和非公物拍卖等;

第三，按拍卖方式角度划分有：增价拍卖和减价拍卖、投标式拍卖和非投标式拍卖、有底价拍卖和无底价拍卖、有声拍卖和无声拍卖、限时性拍卖和非限时性拍卖等。

（一）增价拍卖和减价拍卖

增价拍卖又称“估低价拍卖”或英格兰式拍卖，它是指价格上行、先低后高的拍卖方式，即竞价由低至高依次递增，直到以最高价格成交为止。减价拍卖又称“估高价拍卖”或荷兰式拍卖，它是指价格下行、先高后低的拍卖方式，即竞价由高至低依次递减，直到以适当的价格成交为止。

1. 二者竞价方向不同

增价拍卖要求竞买人遵守标准加价幅度，从起始价开始逐次由低至高出价；而减价拍卖要求竞买人遵守标准减价幅度，从起始价开始逐次由高至低出价。

国外汽车拍卖

2. 二者竞价场面不同

在增价拍卖中，由于竞买人的出价可能会越来越高，致使拍卖现场的竞争气氛也会越来越浓厚，从而出现一个个十分热烈的场面，把成交价格一次次推向高峰,并产生一定的经济效益和社会效益。而在减价拍卖中,由于竞买人的出价可能会越来越低,致使拍卖现场的竞争气氛也会越来越清淡,从而出现一个个并不热烈的场面,把成交价格一次次引向低谷,并产生一定的经济效益和社会效益。

3. 二者适用范围不同

增价拍卖更适用于高值拍卖标的的拍卖活动,如不动产、财产权利等。因为它实行价高者得规则,能充分利用竞价中形成的价格杠杆,实现稀缺资源配置的最优化;而减价拍卖更适用于低值拍卖标的的拍卖活动,如动产等。因为它可以利用竞买人担心某项拍卖标的被他人抢先购得的心理,迫使其在价位较高时出价,以第一次应价成交。

(二)强制拍卖和任意拍卖

强制拍卖是指国家机关依照法律规定,将其查封、扣押的标的进行的拍卖。任意拍卖是指民事法律关系当事人(如公民或组织)根据本身意愿将其所有或占有的特定标的进行的拍卖。

1. 二者的主体和性质不同

强制拍卖的主体一方是国家机关,拍卖属于国家行为,表现为国家对民事法律关系的干预,是一种强制执行行为;而任意拍卖的主体双方均为民事法律关系当事人,表现为买卖双方相互之间的合意,拍卖属于民事行为,是一种自愿行为。

2. 二者的实施和依据不同

强制拍卖可由特定的国家机关自行拍卖,也可委托拍卖机构拍卖,拍卖必须以生效的法律文书及其他经司法机关确认的债权文书为依据;而任意拍卖通常由委托人委托拍卖机构拍卖,拍卖必须以其对标的拥有所有权或处分权为依据。

3. 二者的原则和目的不同

强制拍卖贯彻执行国家强制债务人清偿债务的原则,拍卖目的在于清偿债务,而任意拍卖执行财产流转中公平合理的原则,拍卖目的在于换价,并非与清偿债务有直接关系。

(三)动产拍卖和不动产拍卖

动产拍卖是指以动产为拍卖标的的拍卖。不动产拍卖是指以不动产为拍卖标的的拍卖。

1. 二者的拍卖标的不同

动产是指能移动但不会减少、损害其经济价值的物品,而不动产是指不能移动其位置或移动后会减少、损害其经济价值的物品。最高人民法院《关于贯彻执行中华人民共和国民法通则若干问题的意见(试行)》第八十条规定:"土地、附着于土地的建筑物及其他建筑物,建筑物的固定设备为不动产。"《担保法》第二十九条规定:"本法所称不动产是指土地以及房屋、林木等地上定着物。本法所称动产是指不动产以外的物。"

2. 二者的成交标志不同

动产拍卖成交额一般以拍定物的即时取得并实际占有之转移为形式,而不动产拍卖成交一般以拍定物的财产所有权的转移为形式。

(四)有底价拍卖和无底价拍卖

有底价拍卖是指拍卖前设立最低售价或保留价的拍卖。无底价拍卖是指拍卖前不设立最低售价或保留价的拍卖。底价和保留价、最低售价是一回事。

1. 二者的成交条件不同

在有底价拍卖中,竞买人的最高应价必须等于或高于底价才能成交;而在无底价拍卖中,竞买人的最高应价一经产生就可以成交。

2. 二者的适应对象不同

有底价拍卖通常用于价值高的标的物(如不动产财产权利拍卖、强制拍卖);而无底价拍卖通常用于价值低的标的物拍卖(如动产拍卖、任意拍卖)。

(五)投标式拍卖和非投标式拍卖

投标式拍卖亦称"密封递价拍卖",是指拍卖人事先公布拍卖标的相关情况及拍卖条件,其中又有公开底价和不公开底价两种形式,但竞买人均在规定时间内将其竞价载入密封标单交拍卖人(邮递或亲送),再由拍卖人在规定时间内统一开标,择优选取中标者(公开底价与否与密封无关)。非投标式拍卖是指普通拍卖,即公开形式的拍卖。

1. 二者的竞买环境不同

在投标式拍卖中,没有拍卖会的组织形式,公开性不够;而在非投标式拍卖中,有拍卖会的组织形式,竞买人之间面对面竞争,公开性较强。

2. 二者的竞买条件不同

在投标式拍卖中,竞买人通常只有一次竞价机会,不能根据拍卖过程中的变化而及时调整竞买决策,可选择性不强;而非投标式拍卖则相反。

3. 二者的竞买结果不同

在投标式拍卖中,拍卖人在一定条件下,既可以当众开标,也可以秘密开标,而若属后者,则透明度不够,易产生暗箱操作;而非投标式拍卖则相反。

（六）一次性拍卖和再拍卖

一次性拍卖是指只经过一次拍卖程序就拍定的拍卖，再拍卖是指必须经过两次以上拍卖程序才拍定的拍卖。

1. 二者的发生原因不同

一次性拍卖是委托人在正常情况下提起的委托拍卖。而再拍卖一是因初次拍卖中无人竞买或竞买人出价太低未能成交而由委托人提起的新的委托拍卖，二是因初次拍卖虽成交但买受人未按时支付价款等导致违约解除合同而由拍卖人提起的自行拍卖。

2. 二者的底价数额不同

在有底价拍卖中，一次性拍卖的底价略高于再拍卖，而再拍卖的底价略低于一次性拍卖。

3. 二者的拍卖关系不同

一次性拍卖通常只涉及一人次买受人；而再拍卖则可能涉及二人次以上的买受人，如拍卖成交会形成与原买受人和新买受人的关系。

（七）现场拍卖和网上拍卖

现场拍卖又称传统拍卖，是竞买人亲临现场竞价的拍卖方式，竞价发生地是拍卖现场；网上拍卖又称新型拍卖，是指竞买人通过互联网竞价的拍卖方式，竞价发生地是电子计算机。

1. 二者的空间性不同

现场拍卖通常都在一个固定的场所进行，占有一定的自然空间，即有拍卖活动的举办地点；而网上拍卖借助电子计算机进行，故不占有任何自然空间，即没有拍卖活动的地点。

2. 二者的人员集中性不同

现场拍卖通常采取公众集会的形式进行，由拍卖机构举办一场或若干场拍卖会，故其间人员集中；而网上拍卖不采用公众集会的形式进行，竞买人通过一台台电子计算机参加拍卖活动，故其间人员分散。

3. 二者的法规状况不同

目前国内关于现场拍卖的法规比较健全，从而有利于维护交易秩序，依法规范现场拍卖行为，防范相关风险；而目前国内关于网上拍卖的法规尚不完善，因而还不能有效维护交易程序，依法规范网上拍卖行为，也不利于防范相关风险。

(八)人工拍卖和电子拍卖

人工拍卖是指借助人力进行的拍卖方式,电子拍卖是指借助电子设备进行的拍卖方式。

1. 二者普及性不同

人工拍卖历史悠久,迄今为止已在国内外许多领域应用。由于这种拍卖方式不受地域和设备的限制,故易于被人们所接受,社会普及率很高;而电子拍卖历史较短,迄今为止尚未在国内外许多领域应用。由于这种拍卖方式受到地域和设备的限制,故不易于被人们所接受,社会普及率较低。

2. 二者便捷性不同

人工拍卖简单易学,操作方便,故易于被人们所掌握,属于大众化的拍卖方式;而电子拍卖在操作上具有一定的复杂性,故不易被初学者所掌握,属于高档次的拍卖方式。

3. 二者适应性不同

人工拍卖的场所通常并不固定,可以在任何场所进行,这使它的业务适应性较强,能保证在任何条件下进拍卖交易;而电子拍卖的场所通常比较固定,只能在已经安装和调试好相关电子设备的室内场所进行,这使它的业务适应性较差,不能保证在任何条件下进行拍卖交易。

4. 二者科技含量不同

人工拍卖主要发挥人力的作用,并非依靠科学技术手段,故人工拍卖方式科技含量低,属于劳动力密集型操作;而电子拍卖主要发挥物力的作用,并非依靠劳动力手段,故电子拍卖方式科技含量高,属于技术密集型操作。

八、拍卖术语

拍卖术语是拍卖过程中的常用专业用语,它包括三部分。第一部分涉及拍卖当事人,即拍卖当事人术语;第二部分涉及拍卖价格,即拍卖价格术语;第三部分涉及其他方面,即拍卖其他术语。

(一)拍卖当事人术语

1. 拍卖机构

拍卖机构是指具有法定资质的专门从事拍卖活动的市场中介组织,一般是法人或者非法人企业或者事业单位。

2. 委托人

委托人是指委托拍卖机构拍卖商品的自然人、法人或者其他组织。

3. 竞买人

竞买人是指参加竞买拍卖标的的自然人、法人或者其他组织。

4. 买受人

买受人是指以最高应价购得拍卖标的的自然人、法人或者其他组织。

(二)拍卖价格术语

1. 底价

又称“保留价”。它是指确认竞价成交的最低价格,即委托人允许拍卖标的通过拍卖活动合法转让的价格下限。底价通常保密,竞买人的出价低于底价时,拍卖师不得击槌(或以其他方式)表示成交。

2. 起始价

又称“起叫价”。它是指拍卖师(或拍卖机构)针对某项拍卖标的首先宣布的竞价基数,即允许竞买人由此开始进行竞买的价格界限。竞买人的竞投价只能等于或者高于起始价,否则无效。

3. 竞投价

又称“应价”。它是指竞买人针对某项拍卖标的的出价,可以在拍卖师击槌前随时做出。竞投价不受次数限制,竞买人可以多次出价(包括有间隔出价或者无间隔出价)。但在拍卖过程中如无任何竞投价出现或虽有竞投价出现但不符合底价要求,则表明有拍卖标的流标。

4. 竞价阶梯

又称“价格幅度”或“叫价幅度”。它是指竞买人出价时,按照事先约定的一定数额的价格梯次进行,而非无规律地随意出价,从而保持不同出价之间的合理密度,达到节省时间、稳定有序从事拍卖的目的。

5. 增价

增价是指竞买人上增叫价,即竞买人出价越来越高,逐渐递增。在拍卖过程中,通常竞买人按照拍卖机构规定的增价幅度有规律地增价。

6. 减价

减价是指竞买人下减叫价,即竞买人出价越来越低,逐渐递减。在拍卖过程中,通常竞买人按照拍卖机构规定的减价幅度有规律地减价。

7. 最高价

又称“最高应价”或“落槌价”、“成交价”,它是指确认竞买人竞价成交的最后价格,即拍卖机构允许拍卖标的通过拍卖活动合法转让的价格上限。最高价形成之后（有底价时应当达到底价），拍卖师应当击槌表示成交。

8. 购买价

购买价是指拍卖成交后，通常由竞买人向拍卖机构和其他相关机构支付的成交价金、成交佣金和其他应计费用（包括包装费、保管费、保险费、滞纳金等）。

（三）拍卖其他术语

1. 保证金

又称“履约金”。它是指在拍卖过程中，拍卖机构或其他相关机构用以制约竞买人和买受人信用，防范其道德风险的一种特殊的债权担保方式，通常以货币形式出现并划分为两种类型。一种是拍卖保证金，由竞买人按照一定数额向拍卖机构支付；另一种是成交保证金，由买受人按照一定数额向拍卖机构支付。

2. 佣金

又称“交易服务费”。它是指拍卖机构因提供市场中介服务而向拍卖相关当事人收取的酬劳，通常以货币形式出现并划分为两种类型。一种是买方佣金，由买受人按照拍卖成交额的一定比例向拍卖机构支付；另一种是卖方佣金，由委托人按照拍卖成交额的一定比例向拍卖机构支付。

3. 击槌

又称“落槌”。它是指拍卖师确认竞价成交的一种方式。此种方式历史悠久，已沿用几千年，并成为国际惯例。通常击槌前拍卖师还要当众报价三次，然后才击槌表示成交。一般来说，三声报价并非法律规定，而同样是长期以来拍卖行业约定俗成的国际惯例，但目前在有些国家已成为法律规定。

第二节　拍卖行业

一、拍卖的起源与发展

拍卖是个古老的行业，世界各国都有存在，发展轨迹大同小异。然而，拍卖具体是何时出现、何时产生至今已不可考。

了解拍卖可以按照行为、机构、行业的先后顺序入手，这也是人类社会任何一种经济现象从无到有、从弱到强的历史逻辑。

（一）拍卖行为的出现

拍卖产生于古代奴隶社会，是东方国家的专利。作为一种零星行为和社会经济现象,拍卖在外国要早于中国。

人类历史上的拍卖行为最早见诸于文字记载,是公元前500年左右古希腊著名历史学家希罗多德对古巴比伦(公元前1894—前729年)婚姻市场上的一段描述。他说,当时每年在每一个村落都举行一次拍卖会,适婚女子集中起来,想要择偶的男子站在外面围成一圈,拍卖人则按照漂亮、丑陋、残疾的出场顺序,将女子一个个依次拍卖。针对相同的女子,哪个男子出钱最多,即可得到这个女子,买她为妻,成为新郎。这便是拍卖史上赫赫有名的“新娘拍卖”事件。

欧美早期拍卖

拍卖介入婚姻,男子竞价择偶,是古巴比伦自始至终盛行买卖婚的必然结果和新的交易方式。公元前18世纪颁布的《汉谟拉比法典》曾规定,婚约缔结后,未婚夫须向其岳父交纳一笔聘金和聘礼。聘金是未婚妻的买身费,而聘礼则是保证履行婚约的定金。后来,在买卖婚中又采取拍卖方式,于是便使新娘的身价得到最大限度的升值,这无疑是古巴比伦人的一大发明。无怪乎希罗多德对此赞誉说:“这乃是他们的风俗中最好的”,“最聪明的”。

尽管新娘拍卖是对广大妇女的侮辱,但事件本身又证明,拍卖历史悠久,距今至少已达2700余年。

继古巴比伦之后,拍卖活动在公元前末期,又开始较大规模地兴起于古希腊、古埃及和古罗马。如公元前5世纪的希腊有奴隶拍卖、采矿场和诉讼罚没财产等拍卖。公元前305年至前30年时期的埃及托勒密王朝有王仓磨粉设备、国有打谷工具、王室土地、公共工程等拍卖。

古巴比伦、古希腊、古埃及的拍卖是世界拍卖史上的第一个里程碑。其特点是:拍卖内容单一,拍卖标的匮乏,拍卖以人为主,兼拍其他,反映了奴隶社会买卖婚姻引入竞价因素,奴隶主对奴隶的欺压等。当时没有拍卖机构,拍卖人均为社会贤达之类,或由宫廷选派的人士主持拍卖;拍卖亦未形成规模,表现为零星性、散见式的一种拍卖活动,不是人们普遍运用的买卖方式。

作为一种经济行为,中国古代封建社会时期才出现拍卖活动,且与佛教有关。据考证,中国古代的拍卖有称“唱卖”的,来源于佛教处理亡僧衣物的方式,7世纪时在中国佛教寺庙中已渐流行。《十诵律》一段条文称,佛言:“从今日听众僧中卖衣,未三唱,应益价。”“三唱未竞,益价不犯。”这里所说的“三唱”指最后叫价三次,“益价”当加价讲,“犯”表示抵触;故此句大意为,拍卖衣物时,凡叫价未满三次时,竞买人即可继续加价而不受限制,直至拍卖标的被卖出为止。另据《通典·食觅·田制》记载,唐玄宗开元二十五年(737年)诏令:“诸以财物典质者……经三周年不赎,即行拍卖。”这是中国古代较早使用“拍卖”一词的例证。

(二)拍卖机构的产生

拍卖行产生于古代罗马,是古罗马对世界的一大贡献。

罗马共和时期(公元前510—前27年),拍卖得到空前发展。在保留奴隶拍卖的基础上,出现了战利品拍卖和商品拍卖。每当战争发生,大批商人就随军出发,一旦罗马获胜,他们便在战场上就地竞买士兵们掠夺到的多余战利品。此时,士兵将长矛插在地上,四周堆满各种拍卖物,包括铠甲、军服、武器和生活用品等。通过拍卖,士兵普遍都能大发一笔战争财,而随军商人则接着转手倒卖,亦从差价中不少赚钱。

除了士兵和商人参与拍卖,罗马执政官常用拍卖方式处置敌产,而罗马皇帝则拍卖皇宫物品扩充财源,就连皇帝禁卫军也把拍卖作为生财之道。公元193年3月,在位不足百天的罗马皇帝佩提那克斯被握有皇帝废立之权的禁卫军士兵所谋杀,在选择新君的过程中,财迷心窍的禁卫军竟决定将堂堂皇位在两名争权者之间拍卖。结果,出价最高的罗马大富翁狄狄乌斯·尤利安努斯获胜登基,他给有关士兵每人6250德拉克玛(古希腊含银货币),总计相当于现金数百万美元。这便是拍卖史上脍炙人口的“皇位拍卖”事件。

由于古罗马拍卖的火爆,原本分散兼营拍卖的拍卖人便逐渐被专门从事拍卖的拍卖商所取代,后来一些拍卖商又单独或合伙组建机构,成立门店,开设了拍卖行。关于这点,较早见诸于文字记载的是罗马著名讽刺诗人尤维那尔对罗马城内人们去拍卖行找工作的描述,其诗句有“争先恐后四处奔走,拍卖行里谋职心切”,时间为公元前2—1世纪,距今2200年。

古罗马拍卖是世界拍卖史上的第二个里程碑。其特点是:拍卖内容丰富,拍卖标的广泛,举凡动产和不动产,有形财产和无形财产;小到衣布酒茶,大到房屋土地;上至皇位国家,下至隶畜官爵;无一限制,均可拍卖。

更准确地说,罗马时期的拍卖是人类历史上拍卖发展过程中的第一个高峰。它突出地表现为拍卖性质、拍卖范围、拍卖数量、拍卖方式等方面的巨大变化。有任意拍卖,也有强制拍卖;有自行拍卖,也有委托拍卖;有民间拍卖,也有政府拍卖;有平民拍卖,也有皇室拍卖;有商业拍卖,也有公益拍卖;等等。这些拍卖活动不但涉及到经济、司法领域,而且涉及到政治、军事领域,令人眼花缭乱,叹为观止。

总之,罗马时期的拍卖为近代拍卖奠定了基础,构造了轮廓,确立了模式,创制了法规,积累了经验,堪称近现代拍卖的源泉和鼻祖。就连英文“Auction”(拍卖)一词,也直接来源于拉丁词语“Auctio”、“Autuc”(意均为“增加”),这使人有理由相信,古罗马拍卖正是当今国际通行和最时兴的“增价拍卖”方式的起始和雏形。

与古罗马相比,中国的拍卖活动要滞后得多。据史料显示,中国直到奴隶社会后期才有商业拍卖活动,但拍卖机构出现却是近代的事情。如明代小说《醒世恒言》载,明嘉靖年间(1522—1565年)江苏吴江县织工施复,因缫丝技高,所织绸质好,每每“拿上市去,人看时光彩润泽,都增价竞买,比往常每匹平添多银子”。然而,尽管这里已经多少包含了一些拍卖因素,但严格说来并非真正的拍卖,当然也谈不上拍卖商,更没有拍卖行。

近代,随着中国对外贸易的增加,特别是鸦片战争失败,中国沦为半殖民地半封建社会以后,西方资本主义国家便将更加先进的拍卖机制引入中国。中国最早的新式拍卖活动发生在广州,来华外商经常以此销售商品,如印花布的拍卖。上海则是中国拍卖行的发源地,中英《南京条约》后,旅沪英侨曾于1872年在上海开设鲁意师摩洋行,主营拍卖业务。

(三)拍卖行业的形成

拍卖行业萌芽于古代罗马,但正式恢复和形成却是在17、18世纪的近代欧洲。

1660年,英国出现旧船、废船拍卖;1689年又有绘画及手稿拍卖;1739年首次拍卖房地产;等等。与此同时,逐渐兴旺的欧洲拍卖业还从事跨国经营,远及英国、荷兰、法国相继在北美建立的殖民地。1662年在荷属殖民地新阿姆斯特丹(今纽约市)有土地拍卖;1717年在英属殖民地波士顿有名人藏书拍卖。种种迹象表明,到18世纪,拍卖作为一个国际性的行业已经形成。

近代欧洲拍卖是世界拍卖史上的第三个里程碑,并因此次出现人类历史上拍卖发展过程中的第二个高峰。主要表现为:

1. 拍卖机构大量出现

1744年和1766年,当今世界两大拍卖行——索思比(另译苏富比)和克里斯蒂(另译佳士得),分别在伦敦成立。当时伦敦已有60家大大小小的拍卖行,拍卖业十分红火。1744年3月,苏富比举办首次拍卖会,拍卖标的是某贵族遗留的数百本书籍,拍卖成交额826英镑。1766年12月,佳士得举办首次拍卖会,拍卖标的是某贵族的各类遗物89件,拍卖成交额176英镑。在世界两大行成立前后,还有目前世界上著名的拍卖行相继问世。如1705年的奥地利陶洛士拍卖行,1766年的伦敦塔特索尔马匹拍卖行,1796年的英国菲利普斯文物艺术品拍卖行和1852年的巴黎德鲁奥拍卖行等。

2. 拍卖市场初步形成

随着拍卖活动的大规模开展,欧美国家的拍卖业开始进入鼎盛时期。从英国伦敦到德国汉堡,从奥地利维也纳到美国费城,功能齐全的新型拍卖行大量露面,悬挂独特的拍卖标志——蓝白方格拍卖旗的门店随处可见。以这些拍卖地区为核心,欧美国家的拍卖市场日益建立起来,这些城市也分别成为拍卖业集中发展的固定场所,尤其是逐渐形成以专营某些拍卖标的为特色的拍卖中心。如荷兰以拍卖农副产品见长,英国以拍卖艺术品、马匹、羊毛、茶叶见长,美国则主要拍卖欧洲大陆来的生产资料等。

3. 拍卖法规逐渐完善

近现代拍卖业集中在欧美国家,因此这些国家关于拍卖的立法也较为健全,并且产生了十分重要的国际影响。概括起来说,这些拍卖立法,或散见于有关商品买卖的综合性法律文本中,或涵盖于涉及拍卖的专门性法律文本中。1677年,英国《禁止欺诈法》中已含有拍卖条款;1845年出台《拍卖商法》,1867年实施《土地拍卖法》,1893 年又在《货物买卖法》中设立拍卖条款。与英国相比,美国的拍卖法律要晚许多,直到 1901 年,美国才在《统一商法典》中明确设立拍卖条款。

二、我国拍卖业历史与现状

(一)近代中国拍卖业的发展

欧美拍卖之风影响中国,始于近代鸦片战争前后,特别是清道光年间(1821—1850 年)。在此之前,拍卖在中国一直是空白。正如西方学者所说:"这种销售方式在东方根本不受欢迎,因为讨价还价才是人们的传统。"

中国最早的拍卖发生在广州。随着中外商事交往的加强,来华洋人经常举行拍卖,如英国东印度公司,就曾广为从事此项营生。19 世纪 20 年代初,东印度公司定期在中国拍卖鸦片。有资料说:"以 1813 年为例。这一年,印度上等鸦片'公班土',每箱成本费是 237 卢比(印度货币),它的拍卖价格,包括印度的鸦片税在内,每箱 2428 卢比,两者差额为 2191 卢比,超过原来成本 9 倍。"相比之下,1821 年东印度公司公司运送一批印花布"在广州拍卖脱手",却因为国人不认洋货而使进口商"亏本 60% 以上"。

中英《南京条约》以后,欧洲人曾在上海开设"幸福拍卖行",并在北京建立了分行。从此,由洋人主持的拍卖活动日益增多。他们往往在街头巷尾张贴"拍卖招贴",向公众传递商品交易信息,"至期插标门首,聚买客,一人高立,持物叫卖,不售则更易一物。价既相当,即拍掌以应。"不久,随着上海商业地位的日益突出,市内国人仿效洋人从事的拍卖活动也逐步兴起,国人创办的拍卖行也应运而生,并渐成规模,其鼎盛时期多达二三十家。

在北京,法国人品德曾于 19 世纪末最先开设一家"品德拍卖洋行",专门主持王公大臣、高官显宦家藏的珍奇文物、古董字画的拍卖,从中渔利不少。其操作办法是:拍卖会前 3 天,由拍卖行在卖主家中划出一块地方,将全部拍卖物品对外公开展示。与此同时,拍卖行在京城各种报纸上和街巷中大事刊登、张挂关于拍卖的广告、招贴和传单,吸引买主前往看货。拍卖举行时,品德亲任主拍,将一件件拍品过手成交。通常,这家拍卖行都要向卖主提取约 20% 的拍卖佣金。有时,它还利用卖主知物不知价的缺陷,将那些最有价值的东西以卑鄙手段自购下来,然后倒卖国外,牟取暴利。

北京自光绪庚子年(1900 年)后始有国人经营的拍卖行。这些拍卖行拍卖各类物品,又因其以叫价方式营销,故亦称"叫卖行"。进入民国年间,外资北京幸福拍卖行改为由国人接办,行址设在东单北大街。不久,中资“公易拍卖行”又在西长安街诞生。这两家拍卖行当时专以拍卖法院罚没财产和大户废弃物品为主。

(二)新中国拍卖业的发展

新中国建立之后,在 50 年代仍实行过一段时间的拍卖制度,主要用于司法判决和赈灾救济诸方面,均起过一定的积极作用。

1958 年,由于受“左”的思想的严重干扰,植根于旧中国的拍卖行在国内被全部取缔,拍卖活动从此偃旗息鼓,拍卖槌声从此再无所闻。

当蓝白方格旗在新中国重新挂起时,已经是 20 世纪 80 年代。中国共产党十一届三中全会以来,我国实行改革开放政策,以后又明确提出实行社会主义市场经济体制,从而使我国沉寂多年的拍卖业又有了赖以生存的条件。可以说,我国拍卖业的复苏,是社会主义市场经济发展的产物;同时,拍卖业的发展,又在一定程度上反映了市场经济发展的进程。

1986 年 11 月,新中国第一家拍卖行——国营广州拍卖行,在政策开放的大潮中破土而出。于是拍卖之风重新席卷中华大地,拍卖槌声开始此起彼伏,不绝于耳。

80 年代末期,国内拍卖业的发展一帆风顺,拍卖市场祥云一片,拍卖业务前景看好。由于拍卖是新生事物,故每逢拍卖举行,拍卖场内便人头攒动,拍卖场外亦门庭若市,有前来打探消息的,有购票观看实战的,更多的则是蜂拥而至的竞买人,给各类拍卖机构带来了无限商机。

1985 年 10 月 8 日,上海海事法院依据事实和中国法律,在上海以 43 万美元的价格拍卖了巴拿马籍货轮“凤莫娜”号;1986 年 7 月,沈阳一家亏损严重的小型国营商店被拍卖;同年 9 月,破产企业沈阳防爆器材厂被拍卖;1987 年,新疆毛纺原料公司在乌鲁木齐首次采用国际惯例进行羊毛拍卖尝试,取得良好效益;同年 12 月,深圳市率先采用拍卖方式有偿转让国有土地使用权获得成功;1988 年,全国各地相继出现各种全民所有制小型企业的拍卖活动。

1987 年 10 月,沈阳市拍卖行正式挂牌营业,从而成为新中国第二家、北方第一家国有拍卖机构。该行开始仅有员工数名,且地处偏僻,但生意却十分兴隆。在头 2 个月内,该行创下了总成交额 40 多万元的拍卖纪录。拍卖标的有工商、公安部门罚没的收录机、自行车及一些工厂闲置不用的旧车床等设备。2 年后,这家拍卖行因经营有方,事业趋旺,立马鸟枪换炮,告别小街门脸,从蜗居陋巷之处,喜气洋洋地迁进一幢大楼。

在信托贸易公司基础上组建的北京市拍卖市场，也有类似的经历。该行建于1988年5月，在成立的头3年内，共举办各类拍卖会24场，拍卖槌敲了又敲，总成交额一路上升到248万元，除上缴国家财政收入46.7万元外，还获得了13.8万元的纯利润，这是信托公司过去连想都不敢想的事。

1988年11月，我国第一部企业破产法开始正式实施，这使更多的企业被迫依法“死去”，纷纷被推上拍卖台。然而，刚刚问世不久的各地拍卖机构则闻讯大喜，颇有连交好运之感。1989年9月16日，上海物资拍卖行受该市虹口区人民法院委托，公开拍卖了上海首家破产企业——上海新光五金厂。其全部动产包括机床设备、电工器材、工量具配件、原材料和产品等，价值计约20万元。与此同时，国内部分技术水平低、规模小、效益差，适合于分散经营的国有小型工商企业也纷纷向社会公开拍卖，具有挂档加速之势。加上土地拍卖、房屋拍卖等各类拍卖，亦在拍卖机构内相继挥槌，遂使国内拍卖业出现了小步快跑的好兆头。

在短短的几年内，拍卖从恢复到发展，在推进中国经济体制改革进程中发挥了积极作用。

1989年3月，国务院批转国家体改委《1989年经济体制改革要点》中明确要求，要在若干中心城市试办拍卖市场，开展各类公物的拍卖业务。随后，原国家体改委决定，在沈阳、北京、广州、天津、上海、哈尔滨、大连、重庆等城市进行试点，恢复拍卖业。这是我国政府首次在正式文件中对拍卖业加以承认。1990年10月，我国第一个运用拍卖方式进行大宗粮食交易的市场在河南省郑州市成立；1991年6月，我国第一家综合性的动产拍卖行在深圳挂牌开业。1992年8月，国务院办公厅发出《关于公物处理实行公开拍卖的通知》，决定改革现行的公物处理办法，逐步建立和完善公物处理的公开拍卖制度。1993年以来，各类拍卖企业快速发展，拍卖活动日益频繁。

这一切都说明，中国拍卖业已逐渐走向成熟。不久，我国拍卖活动便由沿海向内地、由大城市向中小城市延伸。拍卖的服务领域涉及商业、物资、纺织、邮电、房产、金融、文物、土地管理、城市园林等各个领域。拍卖范围逐步拓宽，由前几年主要是执法机关的罚没物品，扩大到不动产、土地使用权、房屋、文物、字画、邮品、稀见图书、音乐作品、科技成果、小型企业、破产企业、市场摊位、汽车牌照、电话号码、体育明星的金牌，以及无线电传呼频率等，从有形财产发展到无形财产，充分体现了公开、公平、公正的原则，为价格不确定的商品（如房地产、企业产权、半旧物品和贵重物品等）、非正常流通商品（如执法机关缉私、罚没的物品，无人认领的物品等）提供了有效的流通渠道，实现了这些商品的最大价值。目前，实行拍卖的商品一般都增值30%以上，在增加国家财政收入，促进廉政建设等方面，发挥了积极的作用。

自1986年我国改革开放之后第一家拍卖企业——国营广州拍卖行恢复至2006年，中国拍卖业已走过了20年的发展历程。20年来，中国拍卖业恢复发展迅速。拍卖企业数量从1986年的1家发展到4055家，国家注册拍卖师已有7221人，拍卖从业人员突破6万人，拍卖业务的触角已经涉及到了社会经济生活的各个方面。

中拍联会议现场

（三）我国拍卖业未来走向

自1986年拍卖业复出以来，经过20余年的发展，我国拍卖业已取得空前的进步。然而，国内拍卖业在机制创新和业务创新方面还显得苍白无力，相当滞后。据此我们认为，今后，我国拍卖业应从以下几个方面把握其发展趋势，才能将这个小行业尽可能做大，以满足市场经济发展的客观需要。

1. 关于拍卖连锁经营

连锁制是一种现代化的企业组织形式和经营方式，源于西方国家，近年来十分流行。连锁制的实质是现代化工业大生产原理在流通业、服务业等行业中的应用,具有广泛的行业适应性,其核心是标准化、专业化和统一化的结合,尤其追求企业识别、经营理念、基本运作、特色服务和科学管理统一,因此,很早便被国外拍卖业所采纳。如世界两大拍卖行索思比和克里斯蒂,战后逐渐引入连锁经营的机制,并从国内连锁向国际连锁发展,目前已形成覆盖全球的强大拍卖网络,首屈一指的两大拍卖帝国。

这表明,拍卖业实行连锁经营,不失为一个正确的发展方向。就我国而言,拍卖连锁制至少有两点优势。

其一,有利于企业规模化经营。这是拍卖连锁制的关键所在,它能使拍卖的专业化经营和分散化开店相结合,从而产生规模经济效益。

众所周知,拍卖业是专业程度化较高的特殊行业,并非各类不同层次社会群体均能很好胜任的行业,故应严格市场准入,控制独立法人企业的数量。然而目前国内的现状却是,一方面不设区的市等行政区域在千方百计上拍卖行,另一方面一些省、市的拍卖行过多且滥,造成拍卖市场无序竞争,难以产生拍卖龙头企业。大企业活不痛快,小企业死不了,整个拍卖业始终在一个较低的水平上运行。对此,实行拍卖连锁制,有可能打破这种困惑的局面,重点是营造比较宽松的政策法律环境,尤其要破除地方保护主义障碍,允许和扶持大拍卖企业跨地区设立分支机构,使连锁经营成为拍卖企业的一项创新机制得到推广,最终通过市场优胜劣汰,达到减少独立拍卖企业法人数量,净化拍卖市场,推动拍卖企业规模化发展的目的。

其二,有利于提高政府监管质量。这是拍卖连锁制的重要作用所在,它能使政府监管部门降低监管成本,加大监管力度,从而更加有效地维护拍卖市场秩序,为拍卖业的稳定发展提供良好服务。

近年来由于各级政府机构多次改革,小政府大市场的格局已经形成,各级政府所面临的拍卖业监管压力日益增加,故在人手少、任务重的情况下,大力推行拍卖连锁制应说好处极大。首先,政府面对的监管对象可以相应减少,无异是政府减负的一项措施。如我国金融业一直实行天然连锁制,国内各类银行 20 多家,各自的分支机构成千上万,但中央银行的监管对象只是各类银行的总部,而不去直接监管它的众多分支机构,监管任务相对较轻,便于集中精力提高监管质量。这无疑是拍卖业监管应当借鉴的。其次,政府用于监管的成本支出可以相应减少,同样是政府减负的一项措施。如独立拍卖企业法人数量不多的话,政府部门用于人力、物力、财力、时间等的监管成本必然会大幅度下降,这对于政府监管质量的提高无疑十分有利。

2. 关于拍卖混业经营

混业经营是现代企业发展战略的重要组成部分，通俗地说就是企业的多元化发展、多角化经营。古往今来，拍卖业与许多行业具有天然联系，特别是与典当业、旧货业、寄售业、零售业、批发业等行业，关系更为密切，从长远观点看，混业经营已是各国许多行业当前和未来的一个重要发展方向，拍卖业亦如此。

在国外，许多大拍卖公司兼营房地产开发、保险代理，同时兼做借贷业务，即为客户提供融资服务，有的拍卖行同时也是典当行，即向客户提供质押担保贷款服务。如索思比的融资服务分为两种模式：一种是委托人贷款，由委托人以拟上拍的，通常是价值较高的绘画、珠宝或其他拍卖标的作为担保，在拍卖会举办之前获得一笔短期融资，融资额度最高通常为拍卖估价的40%，但下限在美国为5万美元，在英国为2.5万英镑。这种融资实际上是拍卖行在拍卖前向委托人预付一部分成交价，尽管存在一定风险，但拍卖行也有利可图。另一种是买受人贷款，由买受人以拍卖会上竞买成功的拍卖标的作为担保，向拍卖行融资，融资额度根据具体情况而定。如1987年11月纽约索思比拍卖凡·高的名画《鸢尾花》，5390万美元成交，澳大利亚买家艾伦·邦德向拍卖行贷款2700万美元，融资比例高达拍卖成交价的50%，双方皆大欢喜，竞买人获得了拍品，拍卖行还有利息收入。

另如奥地利最古老的陶洛士拍卖行，长期以来附设典当业务，集拍卖与融资于一身，混业经营十分成功。该行接受动产质押放贷，规定典当期限3个月，并允许到期续当3个月，直到6个月后当户仍不赎当，典当物品才视为死当公开拍卖变现。

在国内，拍卖业与典当业陆续复出初期，很多拍卖行于典当行均联体署名，混业经营，称“××拍卖典当行”或“××典当拍卖行”，一面经营拍卖，一面经营典当，使这两个古老而新兴的上下游行业共同发挥市场经济条件下特有的功能。后因多种条件制约，拍卖与典当才被人为分开。

由此可见，拍卖混业经营是市场经济的必然产物，它并不影响社会的专业化分工，而是相近行业的交叉渗透，优势互补，更有利于企业的多元化发展。从国内来看，当前一些大拍卖公司实力雄厚，完全有条件跨行业经营，拓宽拍卖企业业务范围，有益无害。建议政府监管部门借鉴国外经验，根据国际惯例，优先支持效益良好的拍卖企业混业经营，使这样的企业在与拍卖相关的行业中同样做大，促进拍卖业与相关行业的共同发展。

当然，我们也要认识到有些行业的混业经营操作目前尚存在政策和法律障碍，但这并不妨碍政府和企业在政策和法律允许的条件下变通处理。如由政府优先考虑和审批一些拍卖业中的龙头企业进入典当业发展，使其为典当业带来新鲜血液，反过来又促进拍卖业的不断繁荣。

总之，我国拍卖业的未来发展前景十分可观，成长空间比较广阔，这些都离不开机制创新和业务创新。作为企业，要有战略眼光和创新思路；作为政府，要有服务意识和切实措施；如此则中国拍卖业幸甚。

案例14　我国拍卖业快速发展

据商务部统计，《拍卖法》实施前的1996年，全国拍卖企业只有580多家，年拍卖成交额约100亿元人民币；而10年后的2005年，全国拍卖企业已增加到4000多家，年拍卖成交额达2640亿元。

目前拍卖市场的委托已呈现多元化，拍卖委托来源逐渐从司法机关"罚没物资"扩展到金融机构、国资部门和企事业等社会各方面。据商务部近5年的监测情况看，政府委托占拍卖业务的30%左右，法院委托占23%，金融资产机构委托占15%，其他机构和个人委托占32%。拍卖标的的种类也不断增加，标的物从最初的一般性物资类扩展到政策允许流通的动产、不动产和财产权利。

但我国拍卖业与国际拍卖业比较，仍存在市场集中度弱、业务结构不合理、竞争环境有待完善、专业人才储备不足等问题，在社会上拥有较高知名度和信誉度的企业为数不多。未来10年应是拍卖业规范整合和细分专业的阶段。

案例15　浙江省拍卖成交额突破千亿

自1989年11月浙江省拍卖业恢复以来，全省累计拍卖成交额已达1700亿元，在促进商品流通、加速司法结案、盘活存量资产、推进国企改革、活跃文化市场等方面发挥了积极作用。特别是近年来，浙江省拍卖业进入了一个快速发展期。至2005年末，全省已有拍卖企业238家，净资产额10.55亿元，从业人员近3000人，拍卖规模名列全国各省区市同行前茅。

值得一提的是，自然人和其他社会法人委托拍卖的份额逐年提高，文化艺术品拍卖市场逐步形成，成为当前浙江省拍卖业发展的两大亮点。其中文化艺术品拍卖2005年成交额达12.35亿元，成为国内继北京、上海之外的第三大文化艺术品拍卖市场。

案例16　重庆拍卖业亏损400万

如今"槌声一响、黄金万两"的拍卖行业，开始日子难过。据悉，2006年重庆市拍卖业亏损402万元，而2004年为盈利466万元，这是重庆拍卖业1990年以来首度出现的行业亏损。重庆全年的拍卖成交额33亿元与上一年持平，拍卖场次增加178场，同比增加19.9%，但拍卖行业业绩却大幅度下滑。

亏损受两大新政影响。首先是最高法院“限佣令”，司法强制拍卖的佣金由原来的双向收费，变成只向买受人单方收取，且按照标的分档收取，该司法解释自2005年1月执行。这样，同样标的得到的佣金收入，在2005年以后，只有2004年时的30%左右了。其次，重庆联交所主导国有资产处置，所有国有经营性资产，无论涉讼还是非讼，都要求纳入重庆联交所处置。拍卖所得佣金，由重庆联交所和拍卖公司按照比例分成。

另外，2005年重庆新批准20家拍卖公司，总量达到77家，而总盘子变化不大，自然粥少人多，竞争加剧也是亏损原因之一。

三、外国拍卖业历史与现状

（一）国际拍卖行业的发展

拍卖产生于奴隶社会，历史悠久，绵亘古今，其存在和发展到目前已有几千年的时间。长期以来，拍卖在商业活动中一直被人们所重视、利用和推崇，特别是在古代亚洲一些国家和近现代欧美各国。

历史表明，拍卖活动的确源远流长。不过，外国有些学者认为，拍卖活动的起源肯定早于古巴比伦时期，并且提出拍卖能够产生的三项社会自然条件，即适度规模的人口（由此形成买卖双方）、剩余产品的出现（由此形成拍卖标的）和货币制度的存在（由此形成竞价付现）。按照这种理论，早于古巴比伦1000多年建立且奴隶制度十分发达的古埃及，完全具备了拍卖存在的基本条件。另据国外一些学术著作所说，古希腊荷马时代（公元前1000—前700年）就有奴隶拍卖。但目前皆因未有充分详实的史料为之佐证，故此言仅属推测而已。

继巴比伦之后，拍卖活动在公元前末期，开始较大规模地兴起于古希腊、古埃及和罗马。

公元前5世纪，希腊主要工商业城邦在希波战争取得胜利后，逐渐进入经济繁荣时期。其中雅典处于古代希腊城邦经济的高峰，它的国内外贸易迅速发展。由于商品经济中奴隶劳动的广泛使用，奴隶买卖便日益增多。在雅典城内，奴隶与其他商品一齐陈列于市场，或按他们的性别、年龄、特长等标价平卖，或采取公开竞价拍卖的方式出售。当时，社会上活跃着一小批专事买卖奴隶的职业商人，有些还兼充巧舌如簧的奴隶拍卖人。除此之外，古希腊行政当局和司法机关，还经常通过拍卖方式分别向民间出售一些采矿场，或诉讼罚没来的财产，只是规模远远小于奴隶拍卖。

在埃及，托勒密王朝（公元前305—前30年）时期的拍卖活动十分兴盛，主要表现为拍卖标的的种类有所增加。由于托勒密王朝仍然实行埃及传统的手工业和商业的国家专卖制度,因此,在政府代理商垄断经营下,拍卖标的基本上不涉及普通商品,但是,政府在拍卖大宗动产和不动产方面却迈出了很大一步。比如动产,国家常不定期地拍卖原属于王室但一直对外出租的财产,并且允许无偿付能力的债务人财产经法院判决后进入拍卖市场;再如不动产,特别是在国内阶级矛盾激化的托勒密王朝后期,政府为了各方面的经济需要,便把一些王室土地、公共工程拍卖掉,以图换取有限的收益来支撑日益空虚的国库。随着拍卖活动的不断发展,埃及的专职拍卖人也渐次出现,他们主要由宫廷选派或由社会贤达充任。

与希腊和埃及相比,古代掀起拍卖高潮的是共和时期(公元前510—前27年)以后的罗马。自公元前5世纪起,罗马疯狂进行对外军事扩张,在数百年之间,先后统一意大利半岛,占有西西里、科西嘉、撒丁等岛屿、波河流域、大部分西班牙、小亚细亚西部、北非的一部分地区,并趁版图增加之机,建立起行省制度,开始称霸地中海。在长期的掠夺战争中,罗马商人和士兵找到了一条共同发财至富的道路。

对外战争不仅使罗马士兵大规模参与拍卖,而且为罗马的奴隶拍卖创造了必要条件,使其达到了前所未有的繁荣阶段,成为罗马拍卖业中的强项和主要部分。当时,战俘、破产的债务人和被劫掠的人口是罗马奴隶的三个主要来源,他们中有相当一部分是经拍卖方式售出而沦为奴隶的。随军商人大量拍卖于战场上廉价购得的战俘及和平居民为奴,收税官吏拍卖被征服地区不堪罗马重税压榨而破产的居民为奴,海盗们则将趁乱抢劫的人口拍卖为奴。受罗马士兵拍卖战利品的影响,奴隶拍卖人往往也在拍卖地点如城市广场、集市上竖起长矛,权做拍卖标识,招揽顾客。他们还给拍卖奴隶做好特殊标记:双腿涂白粉,头戴花冠或羊皮小帽,颈上挂着一个小牌,上书出身、年龄、特长等等自然情况。据统计,公元前168年第三次马其顿战争仅伊庇鲁斯一带就有15万人被卖为奴;前102年罗马执政官马略战胜条顿野蛮人,有9万人被卖为奴。如此众多的奴隶,除了在奴隶市场上被标价出售外,其中便有不少是通过拍卖方式成交的。

公元前88—前83年,罗马执政官苏拉率军征战东方和黑海南岸古国本都,他将拍卖引入海外统辖区,用于处理敌产,扩充财源。公元前80年,罗马法学家西塞罗在法院做出的一个判决中提出,将诉讼委托人用做担保物的财产强制拍卖,从而再次确认拍卖在司法审理财产纠纷案件中的重要作用。公元前47—前44年在位的罗马独裁者恺撒和公元161—180年在位的罗马皇帝奥里利厄斯,执政期间都曾因国库空虚、财政拮据而大动拍卖念头,他们先后拍卖过皇室的家具、物品和一些传世之宝,用于支付政府所欠下的巨额债务。

纵观古代历史，罗马时期的拍卖的确开了一代先河，它为近现代拍卖奠定了广泛和牢固的基础，其特点概括起来有以下三个方面。

1. 拍卖物范围扩大化

在罗马，凡值钱者均可拍卖。现代拍卖中的大宗项目——文物艺术品拍卖，在当时也已经出现，罗马人常把雕像、挂毯乃至宫殿和国家遗迹当做拍卖物。公元10年，罗马诗人奥维德在他作品中还提到，政府为在各个行省推行包税制，便将国家税收权拍卖给出价最高的包税人或高利贷者，由其负责组织收税。罗马时期拍卖标的种类空前丰富的程度，远远超过古希腊和古埃及。尤其是罗马士兵和商人首创的战利品拍卖，使拍卖从传统的奴隶拍卖、土地拍卖、罚没物品拍卖等相对狭小的圈子里跳出来，开始形成日趋繁荣扩大的商业性拍卖，和以普通商品为拍卖物的拍卖。

2. 拍卖人类型多样化

罗马时期拍卖标的范围的扩大，不可避免地决定了拍卖人成分的复杂，这是因为，在拍卖中自行拍卖多于委托拍卖，拍卖人往往就是出卖人。如从事商业拍卖的商人、士兵等，从事奴隶拍卖的奴隶主、官吏、海盗等，从事剧本、书籍、手稿拍卖的作家等；他们直接面对竞买人，与普通买卖所不同是只是销售方式。然而，由于拍卖在罗马国家中的广泛应用，特别是罗马一些最高统治者对拍卖的青睐和钟爱，遂使社会上专兼职拍卖人乃至拍卖商逐渐增多，并开始形成一支势力不断壮大的队伍。当时，政府传令官是正式拍卖中众所周知的兼职拍卖人，每逢拍卖举行，传令官便事先发出口头通知或书面公告，确定拍卖时间和地点，然后，由传令官提交拍卖标的参拍并确定拍卖底价，直到负责主持将拍卖标的拍定，即售给出价最高的竞买人为止。

3. 拍卖活动规范化

罗马国家法制健全，这使拍卖活动很早就有法可依，且多数相当规范。如当时比较流行的一种拍卖形式，共有四方当事人：(1)享有拍卖标的权益的出卖人；(2)组织拍卖活动间或提供拍卖经费的经纪人；(3)发布拍卖信息并主持拍卖活动的传令官；(4)参加拍卖的竞买人和买受人。对此，罗马法律规定，经纪人不可或缺，并将收取少量的服务性佣金；传令官作为拍卖人，并充当出卖人的代理人；竞买人权利最小，必须受出卖人所定拍卖规则的制约，不得中途撤回出价；而出卖人则权利最大，可以在任何条件下随意拒绝竞买人的叫价要约。此外还规定："在拍卖中，凡叫价非经落槌则不成交。"至于在民事诉讼中，罗马法关于拍卖方面的规定，更是所在多有，具体详尽。如被告藏躲影响法庭传唤，则法院裁判官可颁令允许原告占有被告的财物，并给予其拍卖权；又如债权人可申请法院判决酌量扣押债务人的财产两个月作担保,若仍未获清偿便予逐一拍卖折抵;等等。

然而,由于史料所限,有关罗马时期拍卖行的具体情况迄今尚不掌握。但罗马已存在拍卖行这一商业中介机构,却是无可否认的客观事实。

欧洲中世纪是世界拍卖业的衰落、萧条和停滞时期,在长达1000多年的时间里,西方各主要国家几乎都没有拍卖活动。其中有十分复杂的原因,诸如封建社会自给自足的自然经济占统治地位,生产主要是为了满足封建主阶级的需要;封建土地所有制使占人口绝大多数的广大农民对地主有很强的人身依附关系,加之实行实物地租,造成货币流通量相对减少;在商品经济中发展起来的城市始终受着强大的封建政权的控制,城市工商业长期服从于封建统治阶级的需要;等等。因此,受各方面条件的限制,人们在交换中,往往更习惯于在城乡举行的定期集市上以货易货或平价买卖,而不采取耗费货币量大的拍卖方式。

美国内战时期的奴隶拍卖

直到封建社会末期和资本主义早期,随着商品经济的进一步发展,销声匿迹的拍卖业才在欧美各国重新崛起,渐趋繁荣:拍卖商层出不穷,拍卖行此伏彼起。

自16世纪以来,由于沟通世界的新航路的开辟,使欧洲商路和贸易中心从地中海区域转移到大西洋沿岸。于是,新兴的海上强国葡萄牙、西班牙和英国便相继利用其所处的优越地理位置,大规模从事商业和奴隶贸易。期间,奴隶贩子广泛推行拍卖方式,使奴隶拍卖风行一时。在西班牙南部港市塞维利亚,市场上奴隶拍卖每日可见,成为一大景观;在美洲殖民地,英国的奴隶贩子将从非洲买来的奴隶拍卖给当地的种植园主;就连利欲熏心的船主们自己也趁运输之便从事异地奴隶拍卖。

与此同时,各国的商业拍卖也迅速兴起,并且出现了一些专门的拍卖行。1556 年,法国根据一项法令成立了首家官办的"法庭拍卖事务所",用来经营对死刑已决犯或未决犯遗产的估价和拍卖业务。1577 年,尼德兰资产阶级革命期间,根特市(今属比利时)的"18 人委员会"曾建立专门机构,负责没收和拍卖天主教会的财产。1602 年,荷兰成立了最早享有贸易特权的"东印度公司",在商业销售中,它聘用专人对外拍卖从殖民地剥削和掠夺来的原料和农产品。1660 年,英国还有一些关于私立拍卖行拍卖旧船、废船等生产资料的记载。

17、18 世纪,欧美国家的拍卖业迅速发展。其中,尤以伦敦的索思比拍卖行和克里斯蒂拍卖行最负盛名。

索思比拍卖行建于 1744 年。它的创始人是伦敦的书商兼出版商塞缪尔·贝克,最初只从事谢世贵族的藏书拍卖,是英国第一家专以售书为业的拍卖行。首次拍卖在同年 3 月举行,全部拍品是数百本所谓涉及风雅文学所有领域的珍奇书籍,营业额 826 英镑,这在当时已是一大笔钱。1778 年贝克死后,其侄儿约翰·索思比继承他的全部遗产,包括接办这家拍卖行。索思比以自己的姓氏命名了该拍卖行,并将拍卖业务广为拓展,开始涉及书籍以外的绘画、珠宝、古币、酒类及家具等,加上其经营有方,谋略过人,致使索思比拍卖行在同业中很快就崭露头角,且后来居上,直至今日成为英国最大、名列世界第一的国际性拍卖行。

克里斯蒂拍卖行建于 1766 年。苏格兰人、退役英国海军军官詹姆斯·克里斯蒂是其首任老板。他从伦敦的一个小拍卖商干起,经过十数年艰苦奋斗才置起自己的这份产业。该行一开始便以拍卖文物艺术品为主,具有强烈的贵族风范,特别是 1778 年它成功地拍卖了几幅先为英国第一任首相私人收藏,中经转手俄国女皇叶卡捷琳娜二世名下,后又属于一所修道院主要藏品的名画,遂使自己名气大增,商誉卓著,不久就成为英国拍卖业中的佼佼者。目前,有 200 多年历史的克里斯蒂拍卖行已是世界第二大国际性拍卖行,仅次于索思比。

近现代拍卖行产生以来,经过数百年的发展沿革,各方面都有很大变化。

1. 由小到大一路坎坷

早期的拍卖行,不但数量少、规模小,而且兼营性质的居多,往往与城市的公共社交场所相结合,成为其附属机构。1744 年,英国伦敦一家名为"弗吉尼亚与波罗的海”的咖啡馆开张营业,店内设有一个拍卖处。其日常经营的商品和定期拍卖的船货,大多数都来自北美殖民地的种植园或波罗的海沿岸地区,故名。当时,这类兼营拍卖行风险较小,生意兴隆。它以拍卖为副业,因此不必为一时无货可拍而发愁,通常都能稳坐钓鱼台。同时,一旦旺季来临,它立刻就能将拍卖转为主业,旋即大发其财。在这种情况下,一些唯利是图的商人纷纷开设此类拍卖行。据统计,1766 年伦敦约有 60 家各类拍卖行,其中不少属于兼营性质。

各类拍卖行从小到大、由少渐多,是与其营业地址的分布和拍卖场所的选择分不开的。一般来说,拍卖行在发展初期,就十分重视设店于闹市或在知名度高的社交场所内从事拍卖活动。例如,英美国家的早期拍卖行,通常习惯于在人流涌动、信息量大、影响力强的旅店、酒吧、咖啡馆等公共建筑物中进行。现存英国 1689 年 2 月的一份早期原始拍卖目录曾记载,一次“绘画及手稿拍卖”是在富有的绅士阶层经常光顾的“巴巴多斯咖啡馆”举行的。该目录指出:“近来由于社会名流参加拍卖活动,促进了拍卖制度的发展”,并且提到,印有拍卖规则诸如“任何人不得竞价购买自己的画”的公告,长期陈列于拍卖场所。时间略晚于它的另一份拍卖目录也表明,一场为期 3 天的拍卖会定于同年 3 月在伦敦繁华地区——海关旁边的泰晤士街上的“斯迈西斯夫人咖啡馆”举行。另据现存美国最早的一份拍卖目录显示,1717 年 7 月 2 日,在波士顿“布朗咖啡馆”举行了一次关于历史名人埃比尼泽·彭伯顿著作的拍卖会。法国的拍卖行也是如此。1852 年,德鲁奥拍卖行在一片欢呼中开业,从而取代比利恩拍卖行成为巴黎的拍卖中心。从二行法文店名均冠以“旅馆”字样,即可略见一斑。

拍卖行借助公共场所开展业务、扬名天下的做法,既有可观的经济效益,又有广泛的社会效益,不但促进了拍卖行的壮大发展,而且迄今已成为世界各国拍卖行所一致继承的历史传统和效仿的商业惯例。

另一方面,精选营业地点也是拍卖行十分注重的问题。以百年老店克里斯蒂拍卖行为例,它 1766 年诞生时,只是伦敦帕尔马街一家寒酸、简陋的小拍卖行。为了追求名人效应,从而拓展业务,1779 年,它便迁往舍姆贝格宫附近与英国当时的著名画家托马斯·盖恩斯伯勒的住宅为邻。在此,克里斯蒂本人利用他与盖恩斯伯勒及另外两位著名画家雷诺兹和戈里克过从甚密的便利,除了定期拍卖这些画家的作品外,还拍卖了许多英、法两国贵族们收藏的名画珍品。于是,克里斯蒂拍卖行很快就声望渐隆,特色昭著,不但长期成为政府特许的英国皇家艺术学会会员展览作品的画廊,并由此进身欧洲文物艺术品中心之一,规模日益扩大;而且成为伦敦市内首屈一指的上流社会人们经常公开聚会的重要场所,代表绅士阶层高贵典雅的一种身份,催客到此一游。1823 年,该行又另辟新址,搬到伦敦的心脏地区——圣詹姆斯广场的国王街,即现在的营业地,同样位居要处,人所瞩目。目前,英国首都知名的15家大拍卖行绝大部分都位于富裕的伦敦西区。其中仅繁华的新邦德街就集中了索思比拍卖行、菲利普斯拍卖行、格伦迪宁拍卖公司和帕蒂克—辛普森拍卖行等4家。

19世纪初期以来,由于汽车、火车的普及,发达的公路网和铁路网开始在欧美国家出现,这使拍卖行的地理分布也发生了相应的变化。它们通常都设置于人员穿梭往来的交通枢纽站,以图吸引顾客,招揽生意。尔后,随着商品经济的进一步发展,西方国家的城乡差别逐步缩小,于是,原来位于城市的拍卖行趁机不断向乡村扩展,一向冷落的乡村也如雨后春笋般地建立起各种拍卖行,造成拍卖业的空前繁荣,拍卖行遍布各地,规模越来越大,影响越来越强。在英国,除了伦敦的几家最著名的大拍卖行外,全国城乡亦有许多其他拍卖行。在美国,则是小拍卖行包打天下,如在纽约市的第四十二街和佐治亚州府亚特兰大市。

世界进入资本主义发展的鼎盛时期之后,一些实力雄厚的拍卖行便开始向海外进军。它们纷纷在全球各地设立分行,形成一个十分强大的拍卖业网络,遂使拍卖行从过去纯粹单一性的国内商业机构变成日益国际性的跨国公司。这些拍卖行因其在国际拍卖领域具有举足轻重的地位,故能轻而易举地操纵国际拍卖市场上各类拍卖标的诸如工业原料、农副产品、文物艺术品等的拍卖价格,从而在一定程度上对世界经济的发展产生相当有力的影响。

2. 公司模式企业招牌

拍卖行在发展过程中,其规模数量由小到大,其组织形式也由简到繁。几百年来,世界各国的拍卖行无论在外部实体形态方面还是内部产权制度方面,几乎都经历了一个从独资、合伙到公司的渐进演变过程。

早期的拍卖行,由于业务量小,资本无需很多,所以均为独资结构,甚至拍卖商就是拍卖行的代名词,二者不分彼此。在英国,索思比的创建人是一介书商,克里斯蒂的奠基者是一名小拍卖商;至于后来出现、迄今亦为世界大户的菲利普斯拍卖行,其头位老板哈里·菲利普斯原是克里斯蒂拍卖行里的首席职员。他在为克里斯蒂效尽犬马之劳并有所积蓄后,便于1796年辞职单挑,创办了自己的这家拍卖行。在中国,清末上海的不少拍卖行也属于个人独资的私营企业。民国前后,北京还有外商开设的独资拍卖行。如法国人品德曾在崇文门内建立过一家"品德拍卖洋行",专门主持王公大臣、高官显宦家藏的珍奇文物、古董字画的拍卖,从中渔利不少,并将那些最有价值的东西以卑鄙手段自购下来,然后倒卖国外,牟取暴利。

随着拍卖业的繁荣兴旺,为适应市场需求,一些资本少、财力小的个体经营的拍卖行便不断向合伙经营形式过渡。1861 年,索思比拍卖行接纳了另外两位出资人的股份,更名为“索思比、威尔金森、霍奇拍卖行”。此后,借助资金充盈、实力大增的威力,截至 20 世纪 20 年代中期,该行一直雄居欧美拍卖业之首,并日益名冠全球。而与索思比并驾齐驱、难分伯仲的克里斯蒂拍卖行,则早其两年,即 1859 年就走上了合伙之路。那年,富商威廉·玛索和托马斯·伍德兹携资加盟克里斯蒂,于是,一个以“克里斯蒂、玛索、伍德兹拍卖行”命名的新机构得以问世。相比之下,各方面均略逊一筹的菲利普斯拍卖行,经营未满半个世纪,便于 1840 年菲利普斯死后率先摈弃独资模式,而由贵族博·布鲁梅尔等 4 人合伙接办。

进入 20 世纪之后,世界各主要国家的拍卖行又开始公司化。其中有些直接以某某公司命名,有些则虽仍叫拍卖行,但内部结构纯属公司。1924 年,索思比拍卖行三易其名,改称“索思比公司”。此前不久,克里斯蒂和菲利普斯也分别改称“克里斯蒂、玛索、伍德兹有限公司”和“菲利普斯、桑、尼尔拍卖行”。趁公司风靡全球之际,法国巴黎的帕勒斯·加利拉拍卖行、荷兰阿姆斯特丹的马克范·韦拍卖行、奥地利维也纳的陶洛士拍卖行、美国纽约的帕克·伯尼特拍卖行等等一大批欧美家喻户晓的、公司性质的拍卖机构更是相继出现。

拍卖行结构变化的三步曲,充分反映了资本主义市场经济发展过程中,拍卖企业与其他企业一样所经历的自身组织形式从低级到高级、由简单向复杂不断演进变化的必然趋势。正是这种变化,使一些老牌拍卖行资金日益雄厚,实力空前强大,业务更加娴熟,市场十分广阔,从而能在国内外拍卖业的盛衰兴亡之中,得以长久立于不败之地。

与此同时,西方国家在变革拍卖行组织形式的过程中,还很早就注意到同业行会(或协会)的建设。这种行会已不再是前资本主义时期的封建性行会,目的在于保护一定地域内狭隘的行帮利益,实行封建割据,限制自由贸易;而是为了打破地区封锁,发展自由贸易,维护会员之间公平竞争的权利,协调会员之间的经济利益关系。在这方面,英国尤为发达。1799 年 5 月,鉴于社会上一些拍卖行在经营中存在着严重的欺诈行为,恶名渐起,伦敦成立了英国乃至世界第一家拍卖业行业协会组织——“拍卖商特别协会”,旨在指导、监督拍卖行合法经营,规范其商业行为,并代表其切身利益。1886 年,英国又成立了全国性的“拍卖商和房地产经纪人协会”,从而把全国各地大大小小的拍卖商、拍卖行有效地组织起来。1947 年,因该协会喜获皇家特许殊荣,故又在机构名称前冠以“特许”二字,从而成为英国众多拍卖业协会组织中最具权威性的机构之一。

不难看出,行业协会的产生和发展,对拍卖行组织形式的变化势必产生一定的影响,二者有着十分密切的关系。由于不公平竞争受到遏制,非法经营难以施展,这就迫使拍卖行从企业内部的产权制度方面,适度扩大企业外延方面及其日常经营方法上多下功夫,寻找出路,从而或多或少地加快了拍卖行结构的调整变革,适应了拍卖业日益蓬勃发展的迫切需要。在这一过程中,有些拍卖行干脆就采取行业协会的组织形式,而不是公司。

(二)国际拍卖机构的类型

拍卖行的历史发展,始终比较突出地反映在其类型变化方面。近现代以来,拍卖行的基本类型,主要可从以下几个不同的角度进行划分。

1. 按所有制形式划分

这种划分包括民办和官办两类拍卖行。

资本主义国家实行生产资料私有制,因此,这些国家的拍卖行除极少数为国有国营外,绝大多数都是民办,即属于私人企业。其中民办拍卖行又以商办为主,是纯粹以营利为目的的商业机构。像西方发达国家一些名闻遐迩的拍卖行,从产生到现在,均属这种性质。此外,由于受到中世纪宗教传统的长期影响,欧美国家除商办拍卖行之外,还曾一度出现过教堂经营的僧办拍卖行。如19世纪前期,法国巴黎有一家无人不知的名为“教堂旧货店”的拍卖行,它经常拍卖绘画、家具、珍奇收藏品及大量的廉价旧货,不但标榜高雅斯文,而且声称要以拍卖所得去大兴善事,救济穷人。后来,因各国法律严格限制拍卖商的经营资格,非商办拍卖行便销声匿迹。但教堂与拍卖的这段姻缘却未因此断绝。如在美国纽约州,至今仍有教堂主办的拍卖,拍卖标的多为社会各界捐赠的物品,而拍卖性质也纯属义拍,成为定期举行的慈善活动。

社会主义国家出现以后,生产资料公有制的建立,决定了国有拍卖行即所谓官办拍卖行的大量产生。不过,这类官办拍卖行的雏形至少可以追溯到1871年法国巴黎公社革命期间。当时,新生的革命政权为筹集经费,应付复杂的政治和军事斗争形势,曾委托公社地产管理局负责主持一系列财产拍卖活动。为此,该局多次发表拍卖公告,公开拍卖各种物资,其中包括公社下令拆毁法皇路易十六赎罪教堂所得的建筑材料、各种生产工具、家具、服装、纸张等。但在社会主义条件下真正开国有拍卖行先河的却是前苏联。如在莫斯科举行的马匹拍卖,在列宁格勒举行的毛皮拍卖,都是由有关的国营贸易机构或协会专营或兼营的拍卖行主办的。

二次世界大战后,东欧国家相继实行社会主义制度,官办拍卖行也随之兴起,遍及各国,其中比较著名的有匈牙利布达佩斯文物收藏院拍卖局及波兰、捷克等国的马匹拍卖行。80 年代中后期至今，我国重新恢复建立的众多拍卖行亦属国有的官办性质，有些甚至连法人企业都不是，而是地方政府领导下的事业单位。

2. 按业务范围划分

这种划分包括专业性和综合性两类拍卖行。

专业性拍卖行是指经营范围狭窄、拍卖标的种类比较单一的拍卖行。这类拍卖行一般以专营某类拍卖标的为主，不营或很少兼营其他。如有专营不动产拍卖的英国伦敦奥尔索普拍卖公司，我国上海市房屋拍卖行，天津房地产拍卖事务所等；有专营文物艺术品拍卖的英国索思比拍卖行，克里斯蒂拍卖行，我国上海朵云轩艺术品拍卖公司，深圳市艺术品拍卖行等；还有专营纸币和奖章拍卖的英国格伦迪宁拍卖公司，以拍卖邮票为主的纽约索思比邮票拍卖公司及拍卖书籍文稿的英国布卢姆斯伯里书籍拍卖行、我国北京的中国书店拍卖公司等等；至于像汽车拍卖行，马匹拍卖行，果菜拍卖行，各类专项生产资料拍卖行，更是遍及世界各国，所在多有，不胜枚举。

美国马匹拍卖

综合性拍卖行则指范围宽广、拍卖标的种类比较丰富的拍卖行。这类拍卖行通常什么都卖，大到汽车、飞机、房屋、企业，小到首饰、古董、手稿、头发，凡有人买者，均可成为拍卖标的。换句话说，只要不违法，只要有货源，综合性拍卖行无所不卖。1858 年，法国巴黎的一家拍卖行曾将奥地利著名作曲家舒伯特的一份乐谱手稿拍得 4 万法郎的高价。而该手稿当年却是舒伯特贫困交加时，向一家餐馆老板换取一份土豆烧牛肉充饥的等价物，即现在世人皆知的名作——《摇篮曲》。

综合性拍卖行是适应商品生产和商品交换进一步发展，在专业性拍卖行基础上建立起来的。如直到 18 世纪中期英国工业革命开始以后，一些拍卖行才根据市场需要，陆续经营起紧俏生产资料像棉花、烟草等商品的拍卖来，从而一改以往只拍卖酒类、毛皮、艺术品等的传统格局，于是促进了综和性拍卖行的普及。目前，综合性拍卖行在世界各国同样多如牛毛。举例来说，英国有索思比拍卖行快卖部（系索思比的子公司），奥地利有陶洛士拍卖行，我国有北京市拍卖行，广东省古今拍卖有限公司，浙江城乡拍卖有限公司等等。

3. 按职能特点划分

这种划分包括中介性、自营性、联营性三类拍卖行。

中介性拍卖行是指介于买卖双方之间，具有行纪人性质的拍卖行。它通常专门接受卖方委托，吸引拥有商品的卖方前来进行参加拍卖。这类拍卖行以代销方式经营商品，同时从买卖双方那里收取报酬。近现代世界各国的绝大多数拍卖行都采取这种形式。如前述世界两大拍卖行索思比和克里斯蒂等，均属此类。再如名扬四海的英国赫德森海湾—安宁公司，它专营皮毛，但却很少自己出钱进货，是地地道道的中介性拍卖行。目前，我国各地的几千家拍卖行也几乎无不是中介性的。

自营性拍卖行则是指一些大企业为推销自己的商品而设置的拍卖行。这类企业集生产者与经营者于一身，拍卖行是附属机构，组织拍卖只是该企业销售商品的途径之一。如已有 320 多年历史的英国皮毛专业公司赫德森海湾公司，即赫德森海湾—安宁公司的母公司，在交易会中出售的大部分商品通常都是它自己花钱购进的。为了拓展业务，扩大市场，该公司在伦敦、纽约和加拿大蒙特利尔建立了三家皮毛拍卖行。另以美国福克皮毛公司为例，它是世界海狗皮加工和贸易的垄断者，集中了资本主义国家海狗皮贸易加工量的 90% 以上。该公司每年举行两次定期拍卖，以美国、加拿大、南非、乌拉圭四国政府的名义销售海狗皮。

与自营性拍卖行不同，联营性拍卖行是许多分散的生产商或销售商以公司或协会形式集中组成的拍卖行，目的是为了增加拍卖标的的数量和品种，以广泛吸引买主。这类拍卖行在本质上虽然具有自营性,但却是相互联合、共同拍卖,其参加者多属本小势弱之企业,单凭自身力量难以打开市场,只能走联合的道路,不过在组织内,每个成员仍可保持其独立性。如挪威奥斯陆皮毛拍卖公司,它拍卖的水貂皮是从该国6500多个养兽场场主那里收购来的,其大多数场主都是这家拍卖公司的娘家——挪威养兽场主协会的会员。

(三)国际拍卖机构的运营

拍卖行的营运变化主要表现在拍卖方式和操作手段两个方面,它使旧式拍卖行和现代拍卖行截然分开。

1. 在拍卖方式方面

增价拍卖古往今来始终占统治地位。所谓增价拍卖,亦称"英国式拍卖",它是指在拍卖中,拍卖标的的竞价由低至高,依次递增,直到以最高价格成交为止。这种方式起源于古代,流行于古罗马,近代则率先在英国得到恢复并发生了一系列变化。17世纪拍卖业在欧洲国家重新兴起时,拍卖方式除了早先的非限时式增价拍卖外,又出现了几种限时式增价拍卖。其中最著名且极普遍应用的是"烛光拍卖法",即点燃一英寸长的蜡烛开始进行计时拍卖,及至蜡尽火熄,结束竞价收盘,此前瞬间出价最高者便成为买受人。当时,英国人惯用此法拍卖动产,而法国人则看好此法拍卖不动产。据史料记载,直到20世纪30年代,这种限时拍卖方式还在英国流行,至今亦有所保留。另外一些限时方式还包括沙漏计时等等。实行这种限时拍卖制度,尽管能够减少轮番竞价造成的时间损耗,排除在规定时间终止后继续竞价的有效性,从而达到迅速成交的目的,但却不利于最大限度地实现拍卖标的价值。因此,随着时代的发展,限时式增价拍卖基本上已被淘汰。现代国际通用的增价拍卖方式,均为非限时性的。

在近代早期拍卖方式中,与增价拍卖同时出现的,还有减价拍卖,亦称"荷兰式拍卖",因其发端于荷兰而得名。它是指在拍卖中,拍卖标的的竞价由高到低,依次递减,直到以适当价格成交为止,由于这种方式具有明显的减价因素,故使许多买主常常坐等观望,以待时机,从而造成拍卖中缺乏必要的竞争性。同时,不断降低的价格在成交后也十分不利于卖主。为了扭转这种趋势,有段时间还出现了一种所谓混和式拍卖,即增价拍卖和减价拍卖相互衔接,交替进行。首先按增价方式拍卖,但第一轮产生的最高出价者并非拍定人,他还须再行出价一次。倘若第二轮其出价降低,则意味着头次出价无效,拍卖人不得接受,于是转入减价拍卖的程序。实践证明,此法不但难以成交,而且繁琐费时,因此,许多国家很快就将其废除了。目前,即使单一的减价拍卖也只应用于荷兰、德国、丹麦、比利时等少数几个欧洲大陆国家的某些领域。

荷兰不仅发明了减价拍卖，而且又于19世纪70年代创立了投标式拍卖，亦称“封闭出价式拍卖”或“邮递拍卖”。它是指在拍卖中，竞买人将出价载入密封标单寄交拍卖人，再由拍卖人统一开标，比较各方递价，最后确定最高出价者成交。荷兰当年曾主要将此法用于烟草拍卖，如今美国的木材、毛皮拍卖也惯用这种方式。但由于投标式拍卖不含公开性，竞买人之间互不知价，成交结果一般更有利于卖主，所以应用范围一直较窄。近来来，更多的倒是资本主义国家的政府在处理库存物资时，才对这种拍卖方式感兴趣。还有一种投标式拍卖是从日本兴起的，即所谓“日本式拍卖”。它要求可能的竞买人在同一时间当场口头报价，并允许每人再调整一次报价，最后由拍卖人确定最高出价者成交。这种方式实际上也类似于增价拍卖，但它是同时竞价，而非依次竞价且只竞价两轮。此法缺点较多，最为突出的是场内秩序混乱，清点比较费时，因此并不常用。

2. 在操作手段方面

首先是拍卖宣传工作逐步完善化。起初，拍卖行在组织正式拍卖前，一般是采取古罗马传令官所常用的那种张贴手抄告示的方法，集中发布信息，以便造成声势。1646年，法国首相、著名红衣主教马扎然将其部分财产提交拍卖，当时的拍卖告示中就有：“拟拍卖动产现均置放家中，将拍卖给出价最高的人。”后来，随着近代书报业的发展，拍卖行一面借助新闻媒体刊登拍卖公告，一面专门印制拍卖目录广为散发。1739年，《伦敦晚邮报》上有一则署名大拍卖商格雷特·皮扎的拍卖公告，内容是拍卖一名破产者的房地产，其中包括他在帕丁顿的二所房子。据此，英国学者认为，这是英国首例房地产拍卖公告，因此考证该国房地产拍卖至少源起那时。至1740年初，皮扎经营的拍卖行又利用报纸刊登了一则关于拍卖大宗地产的拍卖公告，并使用了“星期一降灵节下午3时”的措辞，以示醒目。

有段时间，在资本主义工业革命促进了欧美各国水陆交通业迅速繁荣的条件下，各类拍卖行还将大量的拍卖公告印制在船帮上或客货汽车及火车车身上，用来广泛传播拍卖信息，宣传拍卖机构。目前，由于现代拍卖业日益发展，许多拍卖行财力雄厚，一些著名报刊长期成为拍卖公告固定的媒介场所。如二次大战前，克里斯蒂的拍卖公告每逢星期一就出现在英国《每日电讯报》和《早邮报》上，而至星期二又在美国《时代》周刊上露面。

其次是交易手段逐步现代化。早期举行拍卖会时，由于各方面条件的限制，买主必须亲自到场，参加竞价。随着科学技术的更新和发展，先进的通讯设备也被引入拍卖。从19世纪起，电话开始广泛使用，这使一些不愿或不能到场的买主,可以通过电话方式或以电话指挥代理人参加拍卖。进入20世纪后,电报、传真机、越洋电话、移动式通讯的普及,更使拍卖活动如虎添翼,方便快捷。

此外,为了节省时间,提高效率,免去喊叫及清点的劳苦,在拍卖生产资料、农副产品等大宗货物的场合,荷兰还首先发明了"表盘式"竞价法,促进了拍卖交易手段的进一步机械化和电子化。按照这种方式,在减价拍卖中,竞买人面对一部特制的电子拍卖钟俯桌而坐。钟上刻度从1~100分别代表拍卖标的的应价位,唯一的指针由拍卖人操纵从某个价位开始自动逆时针旋转,表示不断降价。如竞买人愿意接受某个他中意的价格时,则可按动桌上的电钮使其停转,停转后指针所标刻度,即为成交价,而与此同时,和表盘相连接的信号盘上也如实显示出竞买人的号码予以确认。倘若有两个以上的买主按钮,则电子自动装置亦能迅即分辨出何者最先。如确属同时按钮,则可转入增价拍卖竞争。

在增价拍卖中,表盘法操作程序基本相同,仅有两点区别。其一是表盘指针从最低价位开始自动顺时针旋转表示不断增价;其二是倘若有两个以上的买主同时按钮,则指针继续转向高位,信号盘上则相应显示出这些买主的号码,表示在他们之间重开竞价,直至只剩下一个买主时为止,即此刻指针停转,确认成交。

(四)国际拍卖行业的特点

当代拍卖,全球仍以经济发达国家领先,集中表现在以下一些方面。

1.重视资本运作

维系企业可持续发展的动力之一是资金实力。对此,国外拍卖企业心知肚明,而且许多拍卖企业除做流通中介业务外,还从事多种经营,这就更需要以雄厚的资金作为其生存与发展的强大基础。

在国外,特别是美国的许多大拍卖企业为源源不断地获取资金,一般都选择主要的资本运作方式,即发行股票上市,成为上市的拍卖公司。如全球超级拍卖集团苏富比,虽以文物艺术品拍卖为其核心业务,但它同时又广泛经营不动产,开展向买家提供贷款的金融活动等,故其很早就在美国纽约证券交易所上市融资,依靠资本运作支持企业的多元化发展。

此外,一些中小拍卖企业也积极上市,参与资本运作。如美国弗吉尼亚州的里奇兄弟拍卖公司,1999年股票市值4.2亿美元,最高时平均每股27美元;另在纳斯达克上市的汽车保险拍卖公司,1999年股票市值也达到了1.4亿美元,且最高时平均每股24.6美元。

这表明,拍卖企业上市融资,已成为当代国际拍卖业的一大潮流。拍卖企业从事成功的资本运作(并不局限于发行股票一种),有利于其做大做强,有利于其进一步拓宽融资渠道和经营范围，无疑是拍卖企业迅速稳健发展的充分保证。

2. 实行连锁经营

连锁制是一种现代化的企业组织形式和经营方式。其实质是社会化工业大生产原理在流通业、服务业等行业中的应用，具有广泛的行业适应性。其核心是标准化、专业化和统一化的结合，尤其追求企业标识、经营理念、特色服务和科学管理的统一。连锁制的这些优点，于20世纪中后期逐渐被国外的拍卖企业所采纳。

目前，世界两大拍卖行苏富比和佳士得都普遍实行连锁经营机制，占领了世界拍卖市场的很大份额。截至20世纪末，苏富比在全球39个国家和地区、109个城市设有连锁拍卖机构（分公司）或办事处，其中在英国有2家分支机构、16家办事处；在德国有7家办事处；在美国纽约设有一个总部、27家办事处。佳士得则在全球46个国家或地区、134个城市设有连锁拍卖机构或办事处，其中在英国有2家分支机构、23家办事处；在意大利有9家办事处；在美国有3家分支机构、20家办事处。通过这种广泛的连锁经营网络，两大拍卖行不断扩大规模，经营触角伸向世界上的各个角落。

拍卖企业实行国际化连锁经营，有利于优化拍卖资源配置，合理调度和运用企业资金，有利于增强企业的市场竞争能力并提升企业的形象，因而是拍卖企业立足本土、走向世界的一条有效途径。

3. 专业分工明确

国际拍卖业的专业化分工现象非常突出。当前，除了少数拍卖企业之外，传统性质的综合性拍卖行已不多见。如世界两大拍卖行苏富比和佳士得，主要是侧重文物艺术品拍卖。尽管它们也从事多元化经营，但其企业的综合性仅体现在既做拍卖生意又做非拍卖生意两方面的结合上，而并非什么拍卖领域都涉及。

在美国，有专门经营汽车、工具、机器设备、公物或土地使用权等多种特殊拍卖标的的专业性拍卖行，相互分工明确，业务没有交叉，各自从事本企业最擅长的拍卖生意。就是汽车类拍卖企业，也有更细致的专业分工。如休斯顿汽车拍卖行，是北美最大的卡车拍卖企业，每周拍卖一次，每次拍卖500~600辆卡车。再如巴瑞特——杰克逊拍卖行，是世界上最大的老爷车拍卖行，2001年1月，曾一次拍卖850辆各式老爷车。

另外，像荷兰的花卉拍卖行、比利时的果菜拍卖行、澳大利亚的羊毛拍卖行、日本的鲜鱼拍卖行、斯里兰卡的茶叶拍卖行等，亦为全球著名的专业化拍卖企业。这些拍卖企业主要从事自己最擅长的拍卖活动，有符合专业化拍卖的软硬件设施，资源相对充足，技巧相对娴熟，且人才济济，管理到位，故拍卖成交率很高，远非一些综合性拍卖行可比。

美国花卉拍卖

4. 经济效益显着

企业以营利为目的，作为中介服务类的拍卖行也不例外。从世界范围看，许多拍卖企业因经营管理有方，近年来经济效益十分可观。

1999 年，苏富比共计拍卖成交 23 亿美元，其中文物艺术品 12.996 亿美元，占 58%；装饰艺术品 6.426 亿美元，占 28%；珠宝、书籍和其他标的 3.168 亿美元，占 14%；年度总收入高达 4.426 亿美元。2004 年的拍卖总成交额是 26.945 亿美元。据最近几年的统计，苏富比和佳士得两大巨头占全球文物艺术品拍卖成交额的九成，两大拍卖行无愧为国际艺术品拍卖市场的霸主。

在美国，其他年度总收入过亿美元的拍卖企业还有不少。如美国汽车保险拍卖公司 1999 年全年总收入 3.174 亿美元，而伯兹奇石拍卖行 1999 年全年总收入也在 2.102 亿美元，都称得上是美国拍卖经营效益高的大户。

特别值得一提的是世界上最大的专业性拍卖行之一——位于荷兰阿姆斯特

丹的阿斯米尔鲜花拍卖行。该行每天进行5万笔拍卖交易，全年拍卖成交30.5亿株鲜切花和3.7亿件观赏植物，出口24亿美元，约合200亿元人民币。

国外拍卖企业之所以能够取得如此引人注目的经济效益，与其实行现代企业制度，在市场经济条件下不断提高企业竞争力并保持和发挥行业优势，有着十分密切的关系。

西方绘画拍卖

案例17 英国伯瀚姆拍卖行

2004年6月，已有200多年历史的英国老牌拍卖行伯瀚姆在伦敦举办亚洲艺术品专场拍卖。本场拍卖共推出467件拍品，包括：明、清官窑瓷器，佛像雕刻，特别是一件来自北魏时期龙门石窟的佛座，上等玉雕等精美中国艺术品。除此之外，拍品中还包括一些日本艺术品以及来自泰国、缅甸等东南亚国家的早期铜、石雕像。

该公司始建于1793年，目前它不仅是发展最快速的拍卖行之一，而且也跻身于世界最古老和庞大的拍卖行之列。它的拍卖项目横跨70多种物品，包括瓷器、珠宝、家具、兵器、盔甲和老式轿车等。全年共举办700余场拍卖会，除在伦敦新邦德大街的总部外，还在英国各地设有22家办公室。在欧洲瑞士、摩纳哥、德国等地举办定期拍卖会。它的美国分公司每年举办约50场左右的拍卖会，以拍卖19世纪绘画和珠宝为主。

案例18　丹麦毛皮拍卖

丹麦的哥本哈根有世界上最大、最著名的毛皮拍卖行——哥本哈根毛皮中心。该拍卖行由丹麦毛皮动物养殖协会创办并经营，协会成立于1930年，现有会员2800家。该拍卖行的规模宏大，室内建筑面积达7.5万平方米，各种设施先进完善。该拍卖行每年举办6次拍卖会，拍卖季度一般从12月开始，紧接着的是次年的2月、3月、4月、6月和9月。每次拍卖会一般要持续3~5天，在每次拍卖之前有四五天的验货期，一个典型大拍卖日一般要持续8~10个小时。该拍卖行以拍卖水貂皮为主，占其全部拍卖量的90%，每次拍卖会大约要拍卖水貂皮200~300万张，年拍卖水貂皮总量近1300万张，占世界水貂年产量的一半，拍卖的水貂皮主要是丹麦产，也有挪威、瑞典、荷兰、芬兰产水貂皮。该拍卖行另外还拍卖大量的狐狸、青紫兰、羊羔皮、海豹皮、獭兔、波斯羔羊皮、浣熊、海狸鼠等其他毛皮。该拍卖行每年的拍卖额大约30亿丹麦克朗，95%都来自出口。每年参加哥本哈根拍卖会的客商大约有300~400个，来自世界25个国家，其中中国(包括香港)现在已成为哥本哈根拍卖行的最大买家。

案例19　荷兰花卉拍卖创纪录

2006年2月14日，荷兰花荷花卉拍卖市场的日拍卖额又一次创下纪录。这一天，其分别位于荷兰5个地方拍卖市场的拍卖总额达到6930万欧元。上一个日拍卖额的纪录是上年情人节创造的，那天的拍卖额为6430万欧元，相比增幅达到7.7%。

情人节前几天，花荷拍卖市场的5处拍卖市场异常繁忙，尤其是2月10日和11日，为这次拍卖纪录的产生打下了基础。目前，情人节和母亲节是花荷市场每年最繁忙的节日。2005年情人节，花荷市场所属的纳尔德维克拍卖市场一天拍卖了6800万支鲜花；瑞恩堡拍卖市场一天拍卖了6500万支切花；而在平时，这两处市场日均花卉拍卖量分别为4700万支和2500万支。

第二章　拍卖运行机制

第一节　拍卖法律关系

一、拍卖法律关系的构成要素

拍卖法律关系是指由于法律的调整，而在拍卖各方当事人之间所形成的特殊的社会关系。其构成要素包括拍卖法律关系的主体、拍卖法律关系的客体和拍卖法律关系的内容这三个要素，缺少其中任何一个要素，都不能构成拍卖法律关系。

(一)拍卖法律关系的主体要素

拍卖法律关系的主体，是指拍卖法律关系的参加者或当事人，通常比较广泛。按照当事人的性质分类，拍卖法律关系的主体包括自然人、法人和其他组织；按照当事人的角色分类，拍卖法律关系的主体包括拍卖机构（市场中介组织）、委托人、竞买人、买受人等。其中拍卖机构、委托人、竞买人是首要的和主要的主体。

(二)拍卖法律关系的客体要素

拍卖法律关系的客体，是指拍卖主体的利益对象，即拍卖法律关系主体享有的拍卖权利和承担的拍卖义务所共同指向的事物。它主要表现为各种形态和类型的拍卖标的。

(三)拍卖法律关系的内容要素

拍卖法律关系的内容，是指拍卖主体的权利义务，即拍卖法律关系的主体享有的拍卖权利和承担的拍卖义务。其中不同的主体分别具有不同的权利和义务。

二、拍卖法律关系的产生、中止和终止

（一）拍卖法律关系的产生

拍卖法律关系的产生是指由于拍卖合同的缔结，在拍卖各方当事人之间形成了一定的权利义务关系。

在拍卖实践中，拍卖合同通常主要表现为拍卖行纪合同（委托合同）和拍卖成交合同（买卖合同）。与其他合同的订立相同，这两种合同的订立也采取要约和承诺方式，但后者的订立方式比较特殊。

1. 拍卖行纪合同

它是拍卖机构以自己名义为委托人从事贸易活动的合同。通常委托人处于要约人地位，要约以书面方式做出；拍卖机构处于承诺人地位，承诺也以书面方式做出。

2. 拍卖成交合同

它是拍卖机构和竞买人之间形成的合同，通常竞买人处于要约人地位，要约以应价方式做出；拍卖机构处于承诺人地位，承诺以击槌方式做出。

（二）拍卖法律关系的中止

拍卖法律关系的中止是指由于一定情形的出现，致使拍卖当事人之间的权利义务关系停止履行，待中止事由消失后再行恢复。通常有下列情形之一的，应当中止拍卖：

1. 没有竞买人参加拍卖的；
2. 第三人对拍卖标的所有权或处分权有争议并当场提供有效证明的；
3. 委托人在拍卖会前以正当理由书面通知拍卖机构中止拍卖的；
4. 发生不可抗力或意外事件致使拍卖活动暂时不能进行的；
5. 出现其他依法应当中止的情形的。

（三）拍卖法律关系的终止

拍卖法律关系的终止是指由于一定情形的出现，致使拍卖当事人之间的权利义务关系归于消灭。

在拍卖实践中，拍卖法律关系的终止分为正常终止和非正常终止两种情形。

正常终止，是指拍卖各方当事人因履行或者不履行有关合同或者约定的权利义务，所导致的拍卖法律关系的终止。履行完毕而终止的称成交或流标；不履

行而终止的称违约。

非正常终止,是指拍卖各方当事人按照有关合同或者约定履行权利义务完毕之前,由于一定情形的出现,所导致的拍卖法律关系的终止。通常有下列情形之一的,应当终止拍卖:

1. 司法机关或者行政机关认定委托人对拍卖标的无所有权或者处分权并书面通知拍卖机构的;

2. 拍卖标的被认定为赃物的;

3. 委托人在拍卖会前以正当理由书面通知拍卖机构终止拍卖的;

4. 发生不可抗力或意外事件致使拍卖活动无法进行的;

5. 拍卖标的在拍卖前毁损或者灭失的;

6. 出现其他依法应当终止的情形的。

三、拍卖法律环境的变化

(一)拍卖主体多元化及法律适用

在我国现阶段,谁是合法的拍卖主体?合法拍卖主体是否有多种类型?拍卖法的适用范围是什么?这些始终是人们争论不休的问题。

1. 拍卖主体多元化

众所周知,尽管拍卖是特殊的买卖方式,但它却不是仅限于极少数民事主体才能够从事的活动。在我国现阶段,依据各类法律、行政法规的规定,拍卖活动的合法主体至少包括以下一些类型,表现为多种拍卖主体并存。

(1)拍卖企业

1997 年 1 月实施的《中华人民共和国拍卖法》第二条规定:“本法适用于中华人民共和国境内拍卖企业进行的拍卖活动。”第十条规定:“拍卖人是指依照本法和《中华人民共和国公司法》设立的从事拍卖活动的企业法人。”由此可见,依法设立的拍卖企业有权从事拍卖活动。目前我国有拍卖企业 4000 多家,拍卖从业人员 6 万多人,可以说,他们是我国拍卖活动的主力军,是业务最直接的、占据市场份额最大的拍卖主体。

(2)人民法院

1991 年 4 月施行的《中华人民共和国民事诉讼法》第二百二十三条规定:“被执行人未按执行人通知履行法律文书确定的义务,人民法院有权查封、扣押、冻结、拍卖、变卖被执行人应当履行义务部分的财产。”由此可见,人民法院行使强制拍卖权,是由其强制执行行为的特殊地位所决定的。尽管 1998 年 7 月

《最高人民法院关于人民法院执行工作若干问题的规定(试行)》第四十六条规定:“人民法院对查封、扣押的被执行人财产进行变价的,应当委托拍卖机构进行拍卖。”但这并不等于民诉中的拍卖规定失效,更不等于法院拍卖权的丧失。

(3)海事法院

作为专门法院,海事法院与普通法院性质不同,但它同样享有强制拍卖权。1994年7月《最高人民法院关于海事法院拍卖被扣押船舶清偿债务的规定》第七条规定:“拍卖船舶委员会由海事法院指定本院执行员和聘请会计师、验船师三人或五人组成。拍卖船舶委员会的任务是组织对船舶进行鉴定、估价、主持拍卖,并负责与买方签署拍卖成交确认书;拍卖成交后,办理船舶移交手续,签署船舶移交确认书。”这里明确赋予拍卖船舶委员会享有船舶拍卖的强制拍卖权。对此,2000年7月施行的《中华人民共和国海事诉讼特别程序法》又进一步加以规定。

(4)政府土地行政主管部门

1999年1月施行的《中华人民共和国土地管理法实施条例》第二十二条第(四)款规定:“通过招标、拍卖方式提供国有建设用地使用权的,由市、县人民政府土地行政主管部门组织实施,并与土地使用者签订土地有偿使用合同。”这里提到的是由土地行政主管部门“组织实施”土地使用权的招标或者拍卖,可见土地行政主管部门有权从事土地使用权拍卖活动。

以上分析告诉我们,我国现阶段拍卖主体的结构具有多元化、多层次的特点。其中,广大拍卖企业是最主要的拍卖主体,但却不是唯一的拍卖主体;除了拍卖企业之外,还有人民法院、海事法院、政府土地行政主管部门等非企业性质的拍卖主体。这四类拍卖主体都是合法的拍卖主体,其法律地位是明确的,其权利义务是充分的,因此其拍卖行为是有法可依、合法有效的。

2. 拍卖法律适用多元化

拍卖主体的多元化决定了拍卖内容的多元化,同时也决定了不同拍卖主体及其所从事的拍卖活动,必须由不同的法律规范调整,从而导致拍卖法律适用的多元化。

从拍卖内容即拍卖标的的角度划分,拍卖企业和人民法院是综合性拍卖主体,而海事法院和土地管理部门是专门性拍卖主体,故它们分别适用不同的法律规范。

(1)综合性拍卖主体的法律适用

拍卖企业是主要的拍卖主体,享有综合任意拍卖权,即其拍卖内容的复杂性决定其法律适用是《拍卖法》。所以《拍卖法》第二条规定:“本法适用于中华人民共和国境内拍卖企业进行的拍卖活动。”第三条规定:“拍卖是指以公开竞价的形式,将特定物品或者财产权利转让给最高应价者的买卖方式。”可见拍卖企业的拍卖标的,既包括有形财产又包括无形财产,既包括有形财产中的动产又包括其中的不动产,拍卖标的十分广泛。

相比之下,人民法院是重要的拍卖主体,享有综合强制拍卖权,其拍卖内容的复杂性,决定其法律适用是《拍卖法》、《民事诉讼法》等。如《拍卖法》第九条第二款规定:“拍卖由人民法院依法没收的物品,充抵罚金、罚款的物品以及无法返还的追回物品,适用前款规定。”尽管当前我国尚未出台强制执行法,但近年来在关于该法的草案征求意见稿中,已经明确表达了人民法院行使综合强制拍卖权的立法意向。如2001年5月完稿的《民事强制执行法草案(第二稿)》第二百三十一条提出:“拍卖可以由执行法院自行拍卖,也可以委托拍卖机构拍卖。拍卖不动产的,由执行法院自行采取招标投标方式进行拍卖。委托拍卖机构进行拍卖的,执行法院应派员对拍卖活动进行监督。执行法院自行拍卖的,必要时应组织拍卖委员会进行。”此处表明,人民法院在强制拍卖中涉及的拍卖标的同样十分广泛,包括动产、不动产和财产权利等各类强制执行标的。即使人民法院委托拍卖机构进行强制拍卖,其拍卖标的的广泛性也是不言而喻的。

(2)专门性拍卖主体的法律适用

海事法院是特殊的拍卖主体,享有专项强制拍卖权,即只负责对船舶和船载货物进行强制拍卖。其拍卖内容的单一性决定其法律适用是1992年11月施行的《中华人民共和国海商法》和上述《海事诉讼特别程序法》等。如该《程序法》第三十四条第一款规定:“拍卖船舶由拍卖船舶委员会实施。拍卖船舶委员会由海事法院指定的本院执行人员和聘请的拍卖师、验船师三人或者五人组成。”第四十九条第一款又规定:“拍卖船载货物由海事法院指定的本院执行人员和聘请的拍卖师组成的拍卖组织实施,或者由海事法院委托的机构实施。”

相比之下,土地行政主管部门也是特殊的拍卖主体,享有专项任意拍卖权,即只负责对国有土地使用权进行任意拍卖。其拍卖内容的单一性决定其法律适用是1991年1月修订施行的《土地管理法》、1995年1月施行的《中华人民共和国城市房地产管理法》和上述土地管理法实施条例等。如《城市房地产管理法》第十一条第一款规定:“土地使用权出让,由市、县人民政府有计划、有步骤地进行。出让的每幅地块、用途、年限和其他条件,由市、县人民政府土地管理部门会同城市规划、建设、房产管理部门共同拟订方案,按照国务院规定,报经有批准权的人民政府批准后,由市、县人民政府土地管理部门实施。”第十二条第一款则规定:“土地使用权出让,可以采取拍卖、招标或者双方协议的方式。”此处表明,国有土地使用权出让,无论采用何种方式,包括拍卖、招标或者协议,均由土地行政主管部门负责依法实施。又如2001年5月30日国务院《关于加强国有土地资产管理的通知》第三条规定:"商业性房地产开发用地和其他土地供应计划公布后同一地块有两个以上意向用地者的,都必须由市、县人民政府土地行政主管部门依法以招标、拍卖方式提供,国有土地使用权招标、拍卖必须公开进行。"再如2002年7月施行的国土资源部《招标拍卖挂牌出让国有土地使用权规定》第二条第一款规定:"在中华人民共和国境内以招标、拍卖或者挂牌方式出让国有土地使用权的,适用本规定。"挂牌交易方式是近年来土地行政主管部门创新的一种土地使用权交易方式,它当然只能适用土地法律调整。

以上分析告诉我们,我国现阶段存在着两大类拍卖活动,一类是拍卖企业从事的拍卖活动,主要由《拍卖法》调整;另一类是非拍卖企业从事的拍卖活动,主要由《拍卖法》之外的其他相关法律规范调整。诸如国有土地使用权拍卖,由于其拍卖主体、拍卖标的、拍卖程序的特殊性,便决定了它基本上不由《拍卖法》调整,而是适用于有关土地方面的法律和行政法规。

这一点也可以从《拍卖法》的立法背景及过程得到证明。其中有两件事。

第一件。1996年6月,国内贸易部长陈邦柱在《内贸部关于<中华人民共和国拍卖法(草案)>的说明》中指出:"目前,我国的拍卖活动主要有两种:一是依法成立的拍卖企业(即拍卖人)接受委托举办的拍卖活动;二是人民法院依法行使强制执行权进行的拍卖活动。由于人民法院依法行使强制执行权进行的拍卖活动,是强制执行的一种措施,《民事诉讼法》对此已作了原则规定,根据最高人民法院的意见,草案没有将其纳入调整范围。因此,草案规定:'本法适用于中华人民共和国境内拍卖人进行的拍卖活动。'"这表明,《拍卖法》(草案)第二条认为,《拍卖法》不适用于人民法院的强制拍卖。

第二件。1996年7月4日,全国人大法律委员会主任薛驹在《关于拍卖法(草案修改稿)修改意见的汇报》中指出:"草案修改稿第二条规定:'本法适用于中华人民共和国境内拍卖人进行的拍卖活动。'有的委员提出,本条规定的拍卖法的调整范围不够明确。国有资产的产权交易、土地使用权出让与转让、人民法院强制执行的物品的拍卖应当由其他有关法律调整,并非都由拍卖企业拍卖。考虑到本法是调整拍卖企业进行的拍卖活动,建议该条修改为:'本法适用于中华人民共和国境内拍卖企业进行的拍卖活动'(新修改稿第二条)。"这表明,《拍卖法》草案新修改稿第二条认为,《拍卖法》不仅不适用人民法院的强制拍卖,也同样不适用国有资产的产权交易、土地使用权的出让与转让,包括土地使用权的拍卖。

案例20 旅游用海拍卖出让

“995万第一次,995万第二次,995万第三次,好,成交!”随着拍卖师的槌声落地,2006年12月22日,三亚市百福湾26公顷海域5年的使用权,被三亚某公司成功拍得。来自国内外数十家实力雄厚的企业参加了此次竞拍。据了解,旅游用海实行公开拍卖出让,在国内尚属首次。

三亚海域广阔,是全国海洋大市之一。全市海岸线约占海南省海岸线的七分之一,海域面积5000平方公里,共19个海湾,三亚百福湾是其中之一。该海域位于亚龙湾西侧,系朝东北向开敞的次级岬角海湾,它隶属亚龙湾但又具有独立旅游功能,拥有种类繁多的海岸侵蚀地貌和独特瑰丽的珊瑚礁景观,是海上水肺潜水、浮潜等旅游娱乐活动的极佳海域。

相关人士表示,三亚百福湾使用权公开拍卖,是三亚市海域使用管理史上里程碑式的盛事。根据《中华人民共和国海域使用管理法》的规定,海域使用权除行政审批出让外,还可以通过招标和拍卖的方式出让。三亚市国土资源管理部门此次推出海上旅游开发价值比较高的百福湾海域实行公开拍卖,旨在通过尝试为旅游海域公开拍卖积累更多的经验,为三亚市海域使用权设置闯出一条新路子,为以市场配置海洋资源创造出一个切实可行的模式。

案例21 林地拍卖做大“绿色银行”

近几年,山东省某县不断创新林业产权改革机制,他们按照“树随地走,谁造林谁所有”的原则,对集体林地采取拍卖林木所有权或承包给农户等措施,把林木确权到户,切实保护林木所有者的合法权益。县里还制定了林权有序流转制度,并明确规定林木的所有权和林地使用权可依法继承、抵押、担保、入股,经营者可根据市场需求和培育目标自主确定采伐年限,极大地调动了群众参与植树造林的积极性。

自2005年以来,该县林地拍卖成交额3000多万元。其中某镇自2001年就开始推行林业产权制度改革,已累计拍卖宜林地1.2万亩,拍卖成交额460万元。

案例22 法官客串“拍卖师”

2004年6月24日,某法院执行庭举行了一次十分罕见的“拍卖会”:神圣的法庭变成了“拍卖场”,执行法官客串了一回“拍卖师”。

“被申请执行人李先生的房屋地处红运花园某单元7楼B座,面积170多平方米。”上午9时30分许,法院3楼中法庭内聚集了一起借款纠纷案的当事人和代理人,以及几名参与竞价的市民,执行庭法官一席话宣告此次变卖活动正式开始。

“20.6 万元!”一竞价市民首先报价。旁边一竞价市民立即报出:“20.7 万元!”随后,真正有意参与竞价的 3 位市民每次加价 1000 元进行角逐。“21.3 万!”一市民这次加价 2000 元。“成交!”法官见再没人竞价,法槌一敲。9 时 39 分,李先生的房屋最终被这名姓范的先生“拿下”。

买主范先生与另 2 名竞价者不同,后者是申请执行人特邀来参与竞价的,而范先生却是到法院办事偶然碰上的。

“法院组织竞价变卖的前提条件是:双方自愿向法院申请,要求对用于偿还债务的财产不委托评估和拍卖,而是由法院直接组织变卖,且买家由双方自行联系。”该院法官介绍说,法院组织了这次竞价变卖活动,不仅为当事人免去了场地费和变卖费,还为其节省了上万元拍卖费等。该院表示,他们将把这种便民式的阳光执行方式进行到底。

(二)拍卖监管多元化及法律适用

拍卖主体多元化使拍卖企业的活动范围受到了很大限制,拍卖企业能够占有的拍卖市场份额明显减少。然而,来自政府和司法机关的拍卖监管多元化则使拍卖企业的活动方式也受到很大的制约,其中有些还会产生各种弊端。

当前比较突出的表现集中在文物监管、工商监管、国资监管及其他监管等领域。

1. 文物监管

文物拍卖是拍卖领域中一个十分特殊的组成部分,历来受法律限制较多,目前在我国尤其如此。

(1)文物拍卖主体的设立

《拍卖法》第十一条规定,设立拍卖企业由省级人民政府主管部门审批。第十三条规定:“拍卖企业经营文物拍卖的,应当有 1000 万元人民币以上的注册资本,有具有文物拍卖专业知识的人员。”这里强调设立文物拍卖企业应当具备两个条件,一是企业注册资本金达到 1000 万元,即超过非文物拍卖企业下限注册资本金 100 万元 9 倍;二是企业员工中应有人掌握文物拍卖专业知识,即了解和熟知文物拍卖。然而,2002 年 10 月修正实施的《文物保护法》和 2003 年 7 月施行的《文物保护法实施条例》却大大提高了文物拍卖企业设立的门槛。三法相比至少有以下两个重要的变化。

一是提高行政审批级别。《文物保护法》第五十四条第一款规定:“依法设立的拍卖企业经营文物拍卖的,应当取得国务院文物行政部门颁发的文物拍卖许可证。”这表明,文物拍卖企业设立的行政审批权由地方政府已经上收至中央政府,各级地方政府再无权审批文物拍卖企业。

二是提高人员素质标准。该法实施条例第四十条规定:“依法设立的拍卖企业从事文物拍卖经营活动的,因当有5名以上取得高级文物博物专业技术职务的文物拍卖人员,并取得国务院文物行政主管部门发给的文物拍卖许可证。”这表明,“具有文物拍卖专业人员”已经被“取得高级文物博物专业技术职务的文物拍卖人员”所取代,而且每个文物拍卖企业应当有5名这样的人员。

与此同时,《文物保护法》还提出了四项进一步限制文物拍卖企业设立的严格措施。

第一,文物商店不得设立经营文物拍卖的拍卖企业;

第二,文物行政部门的工作人员不得举办或者参与举办经营文物拍卖的拍卖企业;

第三,文物收藏单位不得举办或者参与举办经营文物拍卖的拍卖企业;

第四,禁止设立中外合资、中外合作和外商独资的经营文物拍卖的拍卖企业。

以上表明,依《文物保护法》及其实施条例的规定,文物拍卖的市场准入条件空前严格,进入文物拍卖领域的商业机会空前减少。

苏富比拍卖会

(2)文物拍卖活动的实施

依据《拍卖法》,拍卖企业可以在设区的市设立。因此,《拍卖法》第八条第二款规定:"委托拍卖的文物,在拍卖前,应当经拍卖人住所地的文物行政管理部门依法鉴定、许可",便是指地方一级政府文物主管机构有文物拍卖的鉴定审批权。然而,《文物保护法》及其实施条例的出台,使这种情况发生了根本的改变。

一是提高行政审批级别。《文物保护法》第五十六条第二款规定:"拍卖企业拍卖的文物,在拍卖前应当经省、自治区、直辖市人民政府文物行政部门审批。"即是说,过去由设区的市以上的政府部门审批,而现在必须经由省级政府主管部门审批。同时要求:"省、自治区、直辖市人民政府文物行政部门不能确定是否可以拍卖的,应当报国务院文物行政部门审批。"

二是实行拍卖备案制。上述条款还规定,拍卖的文物在拍卖前除经省级政府主管部门审批外,"并报国务院文物行政部门备案。"即是说,拍卖任何一件文物,无论文物级别如何,都必须上报中央,让国家知道。

三是实行指定购买制。《文物保护法》第五十八条规定:"文物行政部门在审核拟拍卖的文物时,可以指定国有文物收藏单位优先购买其中的珍贵文物。购买价格由文物收藏单位的代表与文物的委托人协商确定。"这里是说,文物行政部门有权将拟拍卖的珍贵文物停止拍卖,不走拍卖程序,而扮演中介人的角色,为委托人与购买人牵线搭桥,提供交易方便。

文物拍卖政策法律环境的变化,势必对拍卖业造成一定的冲击和影响,更重要的是引起连锁反应。

2. 工商监管

2001 年 1 月 15 日国家工商局公布《拍卖监督管理暂行办法》,提出拍卖备案制和现场监管两项举措。如要求"拍卖日前 7 天内"备案和"拍卖活动结束后 7 天内"备案。这不仅与《拍卖法》中的保密规则相冲突,而且产生以下影响:

(1)成本过高

一是加重企业负担,提高了经营成本。二是加重了执法机关负担,提高了监管成本。

(2)效果不好

有些已流于形式。

3. 国资监管

2001 年 11 月 2 日财政部公布《关于上市公司国有股被人民法院冻结拍卖有关问题的通知》。其中第四条第一款规定:"拍卖人受托拍卖国有股,应当于拍卖日前10天内在国务院证券监督管理部门指定披露上市公司信息的报刊上刊登上市公司国有股拍卖公告。”此处规定了拍卖公告的发布时间和拍卖公告的指定载体，与《拍卖法》的规定存在差异。

2004年1月9日，国资委和财政部联合公布《企业国有产权转让管理暂行办法》。其中第四条规定：“企业国有产权转让应当在依法设立的产权交易机构中公开进行，不受地区、行业、出资或者隶属关系的限制。国家法律、行政法规另有规定的，从其规定。”第五条规定：“企业国有产权转让可以采取拍卖、招标投标、协议转让以及国家法律、行政法规规定的其他方式进行。”这里规定了产权转让的场所。但产权转让与股票转让不同，后者已经无纸化可利用电脑操作，而现场拍卖都去一个地方恐怕难以实现。

4. 其他监管

(1)法院

近年来我国司法机构介入拍卖很多。如2001年9月21日，最高人民法院出台《关于冻结、拍卖上市国有股和社会法人股若干问题的规定》。其中提到了拍卖公告的发布和在媒体发布拍卖公告等本应由拍卖机构自主决定和遵循的拍卖程序问题。如第十四条规定：“拍卖股权，人民法院应当委托拍卖机构于拍卖日前10天，在《中国证券报》、《证券时报》或者《上海证券报》上进行公告。”第十三条规定，三次拍卖仍未成交的，便不再继续拍卖而采取折价抵偿方式实现债权。

规定的过于具体，拍卖公告媒体也要指定，司法机构的审判主业似乎会受到干扰。

(2)邮政

2000年6月20日，国家邮政局和国家工商局公布了《集邮市场管理办法》。其中第十三条规定：“集邮票品的拍卖活动应当遵守拍卖法律、法规以及国家邮政主管部门有关集邮票品的行业管理规定。拍卖活动主办单位应于拍卖活动15日前向省邮政行业管理部门提交邮资票品清单，办理备案手续。”这里提到的拍前备案制是15天，比工商备案早8天，而备案制的实施也比工商备案早半年。

另在第三十二条中规定：“对于罚没的普通邮票，拍卖底价不得低于面值，拍卖未成交的，造册后销毁。”那么，罚没邮票由谁拍卖呢？此处并未明确。但按《拍卖法》第九条第一款的规定，国家行政机关依法没收的物品，应当由政府指定的拍卖人进行拍卖。至于拍卖未成交的即予销毁，也让人感到缺乏必要的法律依据。

通过以上拍卖监管多元化的分析我们不难发现，拍卖备案制已让拍卖企业疲于奔命,有些拍卖标的还会碰到双重备案,如文物拍卖、邮品拍卖等,中国拍卖业的生存和发展的确艰难,拍卖业的政策法律环境远不尽如人意。

案例23　拍卖行进入监控视线

"拍卖是一种特殊的商品流通方式,具有竞争性强透明度高等特点,可是近几年,拍卖会却成了一些人谋取私利的工具。"

日前,某省工商局合同处处长开篇点题,直指拍卖市场软肋。他列举了一组数字,目前该省注册的拍卖企业共有178家,执业拍卖师223人,从业人员已经达到了2500多人。仅2005年,拍卖成交额就达到了80多亿元。可省商业厅提供的数字显示,去年该省拍卖会多达3300多次,但在工商部门进行备案的仅有998次,备案数量占拍卖会的总数还不足三分之一,那么另外未备案的2000余场拍卖会,是否存在违规行为,尚无法判断。

此外,依据80亿的拍卖成交额计算,全省拍卖行收取的佣金高达1.6亿元左右,但有统计数据显示,178家拍卖行中,竟有64家亏损,占到了总数的36%。高场次对比低备案,高收入对比高亏损,拍卖市场优劣竟如此失衡。目前,省内已有几家拍卖行进入了省工商局监控的视线。

案例24　征收个税监管拍卖

从2007年5月1日起,个人通过拍卖市场拍卖财产获得的收入要征收个人所得税。计征办法有两种:一种是按照应纳税额的20%计征;第二种是针对不能提供合法、完整、准确的财产原值凭证,不能正确计算财产原值的,按转让收入额的3%征收个税。

依此,委托人委托拍卖的拍品成交后,其成本将从10%(佣金)增加到13%(佣金加个税)于是,拍品的起拍价有可能抬高,即其中的3%个税有可能会被委托人折合进起拍价中,在成交的情况下,转嫁给买受人;但为了取得拍品,拍卖行也有可能为这3%的个税买单,只向委托人收取7%的佣金。

由此看来,个税征收动真格,能够打压某些拍卖会在一定程度上存在的"顶价"现象。比如说,一件书画作品,委托人的心理价位为2000元,拍卖行为了吸引买气,说服委托人以500元起拍,允许委托人自己举牌顶价,或者拍卖行安排内部人顶价,一直顶到2000元才罢手。如果在2000元以下没有真实买家举牌,由内部人或委托人"买受",则不收佣金或象征性收取佣金。这种无成本或微成本的操作明摆着是在欺骗真实买家。新规执行后,这种暗箱操作的刚性成本就是3%的个税,委托人或拍卖行"顶价"时就要考虑考虑了。

第二节　拍卖交易规则

一、价高者得规则

（一）价高者得规则的含义

价高者得规则是指根据竞买人的最高应价确认拍卖成交的一种制度。按照这项规则，竞买人的出价必须达到最高价才能成交。

1. 增价拍卖中价高者得

它要求在拍卖过程中，竞买人以增价方式出价，价格上行，直至达到最高价（有底价时应当达到底价）时落槌成交。

2. 减价拍卖中价高者得

它要求在拍卖过程中，竞买人以减价方式出价，价格下行，直至产生最高价（有底价时应当达到底价）时落槌成交。

（二）价高者得规则的适用特点

1. 价高者得规则是客观的规则

价高者得规则在适用过程中首先表现为它是一项客观的规则。该规则在运用时，不以拍卖当事人的身份地位、主观意志等为转移。在竞买人方面，无论其竞买何种拍卖标的，都必须按照价高者得的规则，同拍卖机构达成拍卖交易。在拍卖机构方面，无论其规模大小、资金实力如何、经营管理水平高低，也都必须按照价格优先的规则，满足竞买人的竞买需求。总之，作为一项客观规则，拍卖各方当事人都不应当偏离价高者得规则从事拍卖活动。

2. 价高者得规则是相对的规则

价高者得规则在适用过程中还同时表现为它是一项相对的规则。该规则在运用时，不可避免地会受到竞价行为一些状况的制约，从而使它成为一项并非绝对的规则。其中，最常见的且能够直接对抗价高者得规则的是底价规则。即在有底价交易中，尽管出现了最高应价，但由于该价位不符合底价要求，仍然不能达到拍卖成交的目的。另外，诸如无人竞价导致流标，两个以上的竞买人同时出价等，这些都可能成为拍卖过程中制约价高者得规则正常运用的因素，从而又成为拍卖的障碍。

(三)价高者得规则的效力范围

1. 价高者得规则约束拍卖机构

这种结果是最直接的约束。因为价高者得规则发挥效力的过程就是约束拍卖机构的过程。

在拍卖过程中,由于只有拍卖机构(通过主持拍卖的拍卖师)具备确认最高应价即确认拍卖成交的资格,因此,价高者得规则首先是对拍卖师的约束,即未出现最高应价时,拍卖师不得击槌(或以其他方式)表示成交。

2. 价高者得规则约束竞买人

在拍卖过程中,竞买人必须出最高价(有底价拍卖应当符合底价要求)才能购买拍卖标的,成为买受人。这项规则对所有竞买人都一视同仁,必须遵守。

3. 价高者得规则约束委托人

即拍卖标的以最高应价成交后,委托人必须予以接受,而不得以任何理由反悔,否则应当承担相应的法律责任。

案例 25　武昌地价创新高

2007 年 4 月 24 日上午,武汉市国土资源和房产管理局成立后的首次土地拍卖会在土地交易中心二楼举行,7 宗地块除武昌徐家棚的一宗流拍外,其余全部成交,总金额达 17.488 亿元。

武昌中南街民主路 624 号的居住兼容商业金融业地块,总用地面积仅 20.6151 亩,争夺非常激烈。6 家开发商参与竞价,历经 2 个多小时近 300 轮的激烈角逐,将出让价从 1.005 亿元人民币,拉至 1.55 亿元,涨幅达 54%,成交地价约 751.87 万元/亩,楼面地价高达 3759 元/平方米,为迄今武昌地区的最高地价。

桥口区宗关街一号地块竞价场面也是热火朝天。3 家开发商频频举牌,10 万元一加价,竞价始终呈胶着的态势,经过近 60 轮“拼抢”,某集团最终以 9920 万元将其收入囊中。

二、底价规则

(一)底价规则的含义

底价规则是指根据竞买人的出价与底价之间的关系确认拍卖成交的一种制度。按照这项规则,竞买人的出价必须达到底价才能成交。

国内地产拍卖热火朝天

1. 底价与出价

在有底价拍卖中，竞买人可以按照竞价阶梯反复出价，而且无论怎样出价均不受底价限制。因为竞买人通常不知道底价，故其出价可能低于底价、等于底价或者高于底价，然而都是有效出价。

2. 底价与成交价

在有底价拍卖中，由于竞买人的出价是一个动态过程，即价格递增或者递减，故底价作为其中的一个价位，又往往起着调节最高应价的作用。换言之，竞买人的出价必须等于或者高于底价，才有可能被确认为成交价，否则便属于不能导致成交的出价，而只能流标。这表明，竞买人的有效出价并不完全等于成交价，只有符合底价要求的有效出价才能成为成交价。

（二）底价规则的适用特点

1. 底价规则适用于有底价拍卖

按照是否有底价的标准划分，拍卖分为有底价拍卖和无底价拍卖，因此，底价规则只适用有底价拍卖而不适用无底价拍卖。

2. 底价规则能够对抗最高价

在有底价拍卖中，拍卖时的最高价是竞价成交的必备条件，但却不是充分条件和前提条件。竞价成交的充分条件和前提条件是最高价达到底价，即仅有最高价还不能成交，必须是出现等于或者高于底价的最高价才能够成交。在这里，底价规则是一项客观的、绝对的规则，是唯一能够对抗最高价的规则。相反，最高价不能对抗底价。

（三）底价规则的效力范围

1. 底价规则约束拍卖机构

这种约束也是最直接的约束。因为底价规则发挥效力的过程就是约束拍卖机构的过程。

在有底价拍卖过程中，由于通常只有拍卖机构（包括主持拍卖的拍卖师）知道拍卖标的的底价，并且知道当最高价出现时是否符合底价要求。因此，底价规则必然是对拍卖师的进一步约束，即已经出现最高价但不符合底价要求时，拍卖师不得击槌（或以其他方式）表示成交。

2. 底价规则约束竞买人

在拍卖过程中，当竞买人的最高价未达到底价时，拍卖进入流标状态，拍卖师应当停止拍卖，竞买人应当停止竞买，这是对底价规则的服从。

3. 底价规则约束委托人

即拍卖标的的价位达到底价并且以最高价成交后，委托人必须予以接受，而不得以任何理由反悔，否则应当承担相应的法律责任。

案例26　拍卖未到达底价又拍卖

某拍卖公司受法院委托拍卖某市国际货代储运公司60%投资权益（采用有底价增价拍卖）。该公司于拍卖前10天在本地发行量较大的报纸上刊登了《拍卖公告》，就相关拍卖事宜制订了拍卖专场资料。公告刊登后，即有6名竞买人在规定期限内交付保证金进行登记。拍卖如期举行，在拍卖会现场，委托人以密封形式递交了起拍价，拍卖师自160万元的起拍价开始起拍，有一竞买人进行应价，因标的物有担保瑕疵，拍卖师等待几分钟后仍无人加价，拍卖师宣布该应价尚未到底价。

此时，已应价的竞买人首先提出要求报出底价，其他竞买人也均纷纷表示要求报出底价，拍卖师即当场咨询了委托方，经委托方同意，拍卖师报出了此标的底价170万元，已应价的竞买人再次举牌应价，拍卖师等待一会后再无人加价，拍卖师三次报价后击槌成交。

事后，有人提出异议，认为密封的底价经报出后，应宣布流拍，重新公告再次拍卖,否则应认为拍卖无效。

三、审核规则

(一)审核规则的含义

审核规则是指对拍卖的主体和客体进行检查核对的一种制度。按照这项规则,拍卖当事人有权相互审核并对拍卖标的进行审核。

1. 主体审核

这里主要是指拍卖机构对委托人和竞买人的审核。

其一是对委托人的审核。审核重点在于通过必要方法,了解和确认被审核对象是否具备委托人的资格条件,故属于资质审核。

其二是对竞买人的审核。审核重点在于通过必要方法,了解和确认被审核对象是否具备竞买人的资格条件,也属于资质审核。

2. 客体审核

这里主要是指从是否适合拍卖的角度对拍卖标的进行审核。

首先应当审核权利瑕疵。即看拍卖标的是否存在流通上的法律障碍,如权属是否明确,是否禁止流通物或限制流通物等。

其次应当审核物品瑕疵。即看拍卖标的是否存在流通上的物品障碍,如真伪如何,品质高下,价值大小等。

(二)审核规则的适用特点

1. 以形式审核为主

在拍卖过程中实施的各种审核通常属于形式审核,即拍卖当事人作为非专业审核人员对拍卖主体和客体履行一种审核义务。这种审核不是专业机构及其工作人员的实质审核,如公安机关对居民身份证的审核,工商行政管理机关对企业证照的审核,文物艺术品鉴定机构对书画瓷器的审核等等。因此,这种审核之结果难免存在误差。

2. 秘密审核与公开审核相结合

拍卖机构对委托人和竞买人的资质审核以及对拍卖标的的审核往往采取秘密审核方式,即审核过程及其结果不对外公开,亦不向第三人披露。

竞买人对拍卖标的的审核,则往往采取公开审核方式,即通过拍卖标的的预展进行审核,公开了解和掌握拍卖标的的相关信息,为参与竞买拍卖标的做准备。

(三)审核规则的效力范围

1. 审核规则约束拍卖机构

作为拍卖的中介人,拍卖机构对买卖双方均负有诚信责任。因此,拍卖机构有义务对拍卖的主体和客体进行形式审核,从而最大限度地杜绝违法违规行为发生,维护拍卖秩序,保护拍卖各方当事人的合法权益。

2. 审核规则约束买卖双方

竞买人和委托人应当贯彻审核规则,确保通过具备合法资质的拍卖机构参与拍卖,并应对拍卖标的进行自我鉴定,从而自愿参与拍卖,否则不得向拍卖机构主张瑕疵担保权利。

案例27　审核不严拍卖无效

1999年7月8日,某市拍卖行受国税局委托,对一批香烟进行拍卖,计有:中华牌香烟100条,三五硬包窄盒香烟300条,铁盒小熊猫牌香烟150条,芙蓉王香烟500条。当日签署了委托拍卖合同书。签署合同的同时,某市国税局提供了抵税扣押拍卖物品书面材料和市烟草专卖局鉴定报告书(报告书的内容是所有香烟均属真品)。

1999年7月10日该拍卖行在某市日报上发布了拍卖公告。公告注明:所有香烟整体拍卖,底价16.7万元。竞买人必须具有烟草经营权才能参加竞买。有意者请带本人有效身份证件和本人具有的烟草经营权证件及2万元保证金到该行办理竞买登记手续。

1999年7月17日上午,竞买人陆续办理参加竞买手续,13位竞买人进入会场,观看者也持票入场。整个会场座无虚席。拍卖师宣读拍卖规则及注意事项后,拍卖会正式开始。经过几轮激烈竞价,最后拍卖师以最高报价20万元落槌。随后签署拍卖成交确认书、拍卖笔录。摄像师把整个过程录制完毕。公证处做了公证又提供了公证书。

拍卖成交后,买受人18号李某以资金没有筹集全,先交了10万元,剩10万元3日内交齐。第二天,也就是1999年7月18日,8号竞买人赵某向该拍卖行提出疑义,提出18号李某无竞买资格,他的烟草专卖经营权是伪造的。并称该拍卖行与竞买人有串通嫌疑,拍卖无效。

而后,8号赵某向市中级人民法院诉讼,状告拍卖行。认为拍卖行整个拍卖过程是与竞买人18号李某恶意串通,被告的行为严重侵犯了其他竞买人的合法权益,请求法院判决确定双方签署的拍卖成交确认书无效。1999年7月26日法院立案受理。

1999年8月15日,市中级人民法院经查证18号买受人的烟草经营权证件系伪造后,做出一审判决:鉴于被告在本次拍卖中未能掌握竞买人提供所具备基本条件的真伪,导致拍卖行为无效,对此后果,应承担过错责任。判决:被告与买受人签定成交确认书无效,由拍卖人、原买受人赔偿原告经济损失各500元。但所告竞买人与拍卖人恶意串通不成立。根据《拍卖法》第三十九条第二款的规定,原买受人支付第一次拍卖中本人及委托人交纳的佣金。再行拍卖的成交款低于原拍卖价款时,原买受人补足差额。

1999年8月20日,原买受人对此判决不满意又向高院上诉,高院驳回诉讼请求维持原判。

四、保密规则

(一)保密规则的含义

保密规则是指对拍卖的重要信息进行保密的 种制度。按照这项规则,拍卖当事人对合同约定的相关内容保守秘密。

1. 底价保密

这是贯彻保密规则的一项十分重要的要求。在有底价拍卖中,如果委托人与拍卖机构约定对拍卖标的底价必须保密的,双方都应当按照约定,严格履行底价保密义务。

底价保密的目的是防止底价泄漏,从而造成拍卖风险。但在拍卖实践中,有时底价也可以公开。然而,公开的前提首先是应当得到委托人的允许和同意。

2. 客户资源保密

这是贯彻保密规则的又一项十分重要的要求。无论是在有底价拍卖中还是在无底价拍卖中,拍卖机构都应当根据合同约定,对买卖双方即委托人,竞买人、买受人的相关资料进行保密,而不得向第三人披露。

这里所说的客户资料主要是指上述拍卖当事人的姓名(名称)、身份、拍卖标的的去向及用途等。但如果拍卖当事人允许和同意对外公开某些相关资料,则拍卖机构可不为其保密。

(二)保密规则的适用特点

1. 保密规则受合同制约

无论在何种类型的拍卖中,保密规则都受到拍卖当事人合同的制约。即哪些拍卖信息应当保密,完全取决于拍卖当事人之间的明确约定,如底价保密是委托人与拍卖机构的约定,客户资料保密是买方与拍卖机构的约定等等。由此可见,未经合同约定的拍卖内容,拍卖当事人任何一方均可不履行保密义务。

2. 保密规则的针对性不同

这里是指拍卖方式不同,保密规则的适用对象也有所不同。如底价保密规则只适用有底价拍卖而不适用无底价拍卖,而客户资料保密规则则既适用有底价拍卖也同时适用无底价拍卖。

(三)保密规则的效力范围

1. 保密规则约束拍卖机构

在拍卖实践中,拍卖机构通常是保密规则的主要义务人,即拍卖机构要比其他拍卖当事人承担更多的保密义务。因为,作为拍卖中介人的特点,决定拍卖机构知晓和掌握买卖双方的重要信息,所以,贯彻保密规则首先是对拍卖机构的约束,要求其不得违背合同约定的保密义务,从而损害其他拍卖当事人的合法权益。

2. 保密规则约束委托人

在有底价拍卖中,底价保密规则不仅约束拍卖机构,而且也同时约束委托人。由于委托人具有拍卖标的底价的确定权,因此,底价一经产生,并且如果需要保密,则委托人也责无旁贷,应当自觉履行保密义务。

案例 28　有效保密成功拍卖

2007 年 4 月,某拍卖公司举行了某市检察院办公用房及土地使用权拍卖会,该标的建筑面积共计 9284.9 平方米,土地使用权面积 3977.92 平方米。

本次拍卖会竞买人共有 3 位,由于此次拍卖参加报名的竞买人为数不多,为防止竞买人恶意串通,拍卖公司对竞买人的详细资料进行保密,采用各竞买人分开报名的形式,并要求意向竞买人在公告规定时间内将保证金缴至指定账户。该标的起拍价为 3272 万元,经过 34 轮次激烈竞价,由 1 号竞买人最终以 3600 万元的价格成交。拍卖公司通过全新的尝试,充分利用拍卖的优势,致使拍卖成交价高于拍卖底价 382 万元,实现了闲置国有资产的价值最大化。此次拍卖在防止竞买人恶意串通的经验,也值得其他拍卖机构借鉴。

香港房产拍卖会

五、保证金规则

(一)保证金规则的含义

保证金规则是指制约竞买人和买受人信用,防范其道德风险的一种特殊的债权担保制度。按照这项规则,竞买人应当根据合同的约定向拍卖机构(或其他指定机构,下同)提交性质不同的保证金。在拍卖实践中,保证金通常由两部分构成,而且既可以合并收取也可以分别收取。

1. 拍卖保证金

拍卖保证金又称交易保证金,它是由竞买人提交,用于获得竞买资格的前提条件之一,但拍卖机构和竞买人有其他约定的除外。

2. 成交保证金

成交保证金又称履约保证金,它是由竞买人或买受人提交,用于制约买受人履约行为的保证金。

(二)保证金规则的适用特点

1. 预先收取

这是收取保证金的通常做法。即在收取时间上,拍卖机构应当预先收取保证金,从而使其能够有效发挥担保作用。

其一是在拍卖前向竞买人合并收取两种保征金,使提交保证金成为竞买人办理拍卖开始手续及成为买受人的重要内容之一。此类做法资产拍卖常见。

其二是在拍卖前向竞买人收取拍卖保证金,而在拍卖成交后、签订成交合同前向买受人收取成交保证金,使提交保证金成为买受人办理拍卖收尾手续的重要内容之一。此类做法粮油拍卖常见。

2. 一次性足额收取

这同样是收取保证金的通常做法。即在收取方式上,拍卖机构应当一次性足额收取保证金。

在拍卖实践中,保证金有时还可划分为基础保证金和追加保证金两种类型,特别是针对成交保证金更加如此,即拍卖机构预先一次性足额收取的属于基础保证金,但由于拍卖情况发生变化,拍卖机构还可以根据合同约定收取追加的保证金。如成交价超过预期价位时,拍卖机构便可以向成交人追加保证金,从而强化其履约意识。

3. 数额自由约定

保证金作为一种债权担保方式,至今在我国并没有专门的法律规定,特别是保证金的数额并非法定,故在拍卖中,保证金的数额只能由拍卖当事人协商确定。即在收取数额上,通常是由拍卖机构与竞买人或买受人自由约定,按照拍卖标的底价的一定比例收取。确定比例大小的原则是必须能够对竞买人和买受人产生有效约束,少了不足以约束竞买人和买受人,多了对竞买人和买受人是一种负担。

4. 类型可以转换

其一是拍卖保证金的转换。在拍卖实践中,拍卖保证金有时可以转换为成交保证金,然而,成交保证金却不能转换为拍卖保证金。因为拍卖保证金在前,成交保证金在后,通过竞价行为,某些竞买人会成为买受人,此时,如买受人已预先向拍卖机构提交过拍卖保证金,则根据合同约定,在其签订成交合同之前,便可将同等数额的拍卖保证金转换为成交保证金。

其二是成交保证金的转换。买受人签订成交合同后,其中买受人提交的成交保证金可以抵做成交价款。如果是合并提交的保证金则可以一并转换为成交价款。

5. 具备条件应当返还

拍卖结束后，凡竞买人提交拍卖保证金参与拍卖但未成为买受人的，拍卖机构应当在一定期限内将拍卖保证金一次性足额返还竞买人。另外，如买受人在签订合同前又提交成交保证金的，其原先提交的拍卖保证金也应当返还。如合并提交的保证金则可以一并返还。

（三）保证金规则的效力范围

1. 保证金规则约束拍卖机构

在拍卖过程中，拍卖机构与保证金的关系最为密切，通常要负责保证金的收取和返还。因此，贯彻保证金规则，公平合理地收取和返还保证金，不仅是拍卖机构的权利，也是它的义务，故拍卖机构必须认真做好这项工作，从而保证拍卖活动的正常进行。

2. 保证金规则约束竞买人

按照保证金规则，竞买人必须提交保证金后才能参与拍卖，这是竞买人的一项义务。所有竞买人都应当履行这项义务。

3. 保证金规则约束买受人

按照保证金规则，拍卖成交后，买受人应当提交成交保证金签订成交合同（买受人亦可将拍卖保证金转换为成交保证金）。买受人不提交的，视为放弃成交标的，无权签订成交合同，买受人原先提交的拍卖保证金不予返还。

案例29　买受人反悔后的保证金归属

某拍卖公司于2003年接受某法院委托，拍卖"开发区某山庄大酒店"标的。由于评估价格与实际状况不太符合，委托价格过高，造成拍卖成交困难。该公司通过积极工作，摸清标的瑕疵，促成重新评估定价，协调债权债务人关系，广泛招商等大量工作，于2004年4月20日举行拍卖会。会前，竞买人按照规定交纳了100万元保证金，办理了竞买手续。在随后举行的拍卖会上，某单位以2000万元拍得该标的，并当场签署成交确认书。

之后，在规定的时间内，买受人未按期缴纳款项。该公司多次以口头、函电、通知等形式催促其履行付款义务。买受人却以资金困难为由，提出延期付款要求。该公司在协调委托人后，同意延期付款，并签署延期付款协议。但延期付款期限届满后，买受人仍未付款。为此，该公司向买受人发出函件，要求其立即履行付款义务，否则将承担由此引起的一切后果。

随后该公司接到委托人某法院通知。法院称，因买受人未付清款项构成违约，拟重新拍卖，没收原买受人保证金并退回法院。

六、赔偿规则

(一)赔偿规则的含义

赔偿规则是指对拍卖当事人在拍卖过程中遭受的损害给予救济的一种制度。根据这项规则，拍卖当事人的损害方应当对受害方进行赔偿。

1. 拍卖行为导致的损害

这是指拍卖当事人的损害方因其拍卖行为对受害方造成的损害。通常有以下几种情况：

其一是拍卖机构造成损害。主要表现为发布虚假拍卖公告，泄露拍卖标的底价，与委托人或竞买人恶意串通，未达底价击槌(或以其他方式)表示成交，不依法合规办理正常的拍卖手续等所造成的损害。

其二是竞买人造成损害。主要表现为与拍卖机构恶意串通、相互之间恶意串通等所造成的损害。

其三是成交人造成损害。主要表现为成交后违约所造成的损害。如买受人不支付或不按时支付成交价款和佣金等。

其四是委托人造成损害。主要表现为泄露拍卖标的底价，与拍卖机构恶意串通，成交后不依法合规办理正常的拍卖手续等所造成的损害。

2. 拍卖标的导致的损害

这是指拍卖标的因其质量、数量、权证、保管、包装、运输等方面存在瑕疵对受害方造成的损害。

(二)赔偿规则的适用特点

1. 只适用拍卖

此处赔偿规则的适用范围仅局限于拍卖过程，不得超出拍卖这个范围。即因拍卖当事人损害方在拍卖中的过错(包括故意或过失)给受害方造成损害的，应当适用赔偿规则。

2. 不适用不可抗力

因发生不可抗力给拍卖当事人造成损害的，不应当适用赔偿规则，相关拍卖当事人依法免除责任。

(三)赔偿规则的效力范围

赔偿规则约束拍卖各方当事人,即无论是拍卖机构,还是竞买人、买受人、委托人,谁在拍卖中因自身过错给其他拍卖当事人造成实际损害,谁就应当依法承担损害赔偿责任。这项规则对所有拍卖当事人都一视同仁。

案例30 房屋面积"缩水"拍卖公司赔偿

通过拍卖公司竞买到门面房后发现建筑面积严重缩水,竞买人一怒之下将拍卖公司告上法庭。2007年3月23日,某市法院对该案做出一审判决:被告某拍卖公司于判决生效后3日内一次性退赔原告王某、曹某短少面积价款、拍卖佣金共计22.4万元。

2006年7月24日,拍卖公司刊登公告,称于2006年7月28日拍卖位于花山路一层4间门面房,建筑面积约162.17平方米,起拍价76万元。原告曹某与原共同竞买人陈某在交纳76万元保证金后参加了拍卖,并以最高应价122万元竞买成功。2006年8月15日,经拍卖公司同意,陈某将其全部权利义务转给原告王某。次日,二原告向被告支付了房屋价款122万元和佣金6.1万元。房屋移交后,在办理产权过户过程中,该房经房产部门测算,并在2006年9月13日颁发给原告的房屋产权证上登记为建筑面积134.26平方米。该登记面积比被告公示的面积短少27.91平方米。

法院认为:原、被告之间的拍卖成交后,双方即形成了拍卖合同关系,互为合同相对人。尽管拍卖合同是特殊的买卖合同,但在拍卖活动中仍不得违反诚实信用原则,拍卖人刊登的拍卖公告所公示的内容应当真实、合法。因此,对被告拍卖房屋短少27.91平方米的部分应视为瑕疵,此瑕疵被告在拍卖前并未申明,故对被告抗辩拍卖前已申明不承担瑕疵担保责任的主张,法院不予采信;对原告要求被告退赔短少面积的价款之请求,法院予以支持。

第三节 拍卖操作流程

一、征集拍卖标的

拍卖必须围绕一定的拍卖标的展开。征集拍卖标的是指拍卖机构作为中介方从参加拍卖的卖方处获得拍卖标的的过程,即接受卖方委托的过程。只有完成这个过程,拍卖机构才能根据拍卖标的的具体情况,有效组织拍卖活动。

（一）建立征集渠道

建立征集渠道可以采用多种手段，如发布信息、经人介绍、合作交往等，目的是发现货源，开辟市场，与卖方达成委托合同关系。

1. 自愿委托

即卖方主动选择拍卖机构，由该拍卖机构组织拍卖活动的一种拍卖委托形式，属于委托人找上门来的委托业务，在拍卖过程中比较常见。反映拍卖机构作为“坐商”的一种状态。

2. 寻求委托

即卖方经拍卖机构说服后被动选择拍卖机构，由该拍卖机构组织拍卖活动的一种拍卖委托形式，属于中介人找上门去的委托业务，在拍卖过程中亦比较常见。反映拍卖机构作为“行商”的一种状态。

香港“文革”瓷器拍卖

3. 竞争委托

即两个以上的拍卖机构经过相互竞争胜出后，才被卖方选择组织拍卖活动的一种拍卖委托形式，属于获胜拍卖机构争来的委托业务，目前在拍卖过程中已逐渐发展成一种趋势。反映拍卖机构之间市场竞争激烈的一种状态。

（二）筛选征集标的

并非所有征集到的拍卖标的都符合拍卖条件，因此拍卖机构对于征集到的拍卖标的必须进行精心筛选，才能最后确定哪些标的适合投放拍卖。筛选拍卖标的通常应当依据以下四个原则。

1. 合法原则

即拟参加拍卖的标的应当符合国家法律、行政法规的规定，从事其拍卖不得扰乱社会经济秩序，损害社会公共利益。对于国家根据需要下达指令性或者国家订货任务的，拍卖机构必须予以充分保障，而不得以任何理由予以规避。

2. 稀缺原则

即拟参加拍卖的标的应当是供求不易平衡、价格不易确定的稀缺性较高的社会资源，如不以拍卖方式进行配置就不足以达到社会资源有效配置的目的。因此，只有这样的拍卖标的才适合入选，而稀缺性不高或者没有稀缺性的标的，则没有必要以拍卖方式进行交易。

3. 市场原则

即拟参加拍卖的拍卖标的应当是流通性强，具有较高成交率的商品，故选择这样的标的，在拍卖过程中有行有市，容易出手，而那些有行无市甚至无行无市的商品，因其流通性差，甚至往往容易流标而不适合入选。

4. 质量原则

即拟参加拍卖的标的应当符合一系列质量标准的规定，包括国家标准、地方标准、行业标准和企业标准的规定。禁止入选伪造商品产地，伪造或者冒用认证标志、名优标志等质量标志的商品；禁止在拍卖标的中掺杂、掺假，以假充真，以次充好。

二、订立委托合同

在拍卖开始前，拍卖机构应当与委托人订立拍卖行纪合同，即委托合同，这是拍卖当事人形成《拍卖法》律关系的基础。

（一）合同类型

这里所说的委托合同即委托拍卖合同。

（二）合同主体

委托合同的主体由委托人和拍卖机构构成。从拍卖机构的角度出发，订立合同之前，拍卖机构应当充分考虑以下情况对委托人进行选择。

1. 委托人的民事行为能力

委托人应当具有完全民事行为能力，具备从事拍卖的资质条件，限制民事行为能力的人和无行为能力的人，通常不能充当委托人。

2. 委托人与委托事务的关联性

委托人应当对拍卖标的具有所有权或者处分权，如委托人与其所委托事务没有法律上的关联，则拍卖机构不应当与其订立委托合同。

3. 委托人的资信状况

委托人应当具备良好的资信状况，这是防范拍卖风险的重要条件之一，如委托人没有相应的资信能力，则拍卖机构不应当与其订立委托合同。

4. 委托人有无被禁止参与交易的情形

在某些市场领域，法律或行政法规可能禁止某些人进入市场参与交易，如文物、陈化粮的拍卖，因此，在委托人属于禁止参与交易的主体时，拍卖机构不应当与其订立委托合同。

（三）合同内容

所有委托合同原则上都适用《中华人民共和国合同法》中关于“行纪合同”的有关规定，然而拍卖当事人之间又可以根据拍卖活动的具体情况，约定合同内容。常见的委托合同内容主要包括以下一些条款：

1. 委托人、拍卖机构的姓名或者名称、住所；
2. 拍卖标的的种类、品级、规格、数量、质量等；
3. 委托人提出的底价；
4. 拍卖的时间、地点；
5. 拍卖标的交付或者转移的时间、方式；
6. 保证金及其支付的方式、期限；
7. 佣金及其支付的方式、期限；
8. 价款及其支付的方式、期限；
9. 违约责任；
10. 双方约定的其他事项。

案例31　未签《委托拍卖合同》带来麻烦

2001年5月，某拍卖行受信用社委托，对该信用社所属的染料化工厂整体设备进行公开拍卖。拍卖会上经过激烈的竞价，该批设备被郑某以人民币31.7万元拍得。几天后，郑某以该批设备委托人拒绝移交为由，向法院起诉拍卖行。

郑某认为，拍卖成交后，买受人当场把拍卖成交款和拍卖佣金按规定及时支付给拍卖行。而且拍卖行也明确表示，如果拍卖成交，可以协助为买受人在一周内移交该批设备。因此，起诉拍卖人不守信用，欺骗买受人，并因不能及时移交设备造成误工损失费8000元，应由拍卖行赔偿。

拍卖人说，委托人的该批设备权属清晰，资料齐全，然而由于时间过急，拍卖行与信用社平时关系密切，过于信任，没有签订委托拍卖合同。但拍卖人主动得几乎天天催促委托人尽快移交该批设备，拍卖人也数次陪同买受人到信用社协商移交事宜，但由于委托人称其中一部设备不是拍卖标的为由，拒绝移交。

委托人则陈述，该批设备在银行抵押为100万元，最终只是31.7万元拍卖成交，实在不合算。而且信用社承认工作中有失误，误把1999年新的设备也包括在标的内了。

后法院认定：

1. 拍卖活动是一种特殊的市场交易行为，第一被告拍卖行对该批设备的拍卖过程，虽然按《拍卖法》规定进行操作，但由于没有签订委托拍卖合同，本次拍卖活动无效。

2. 拍卖前，第一被告（拍卖人）与第二被告（委托人）虽然口头约定了各项事宜，也明确了双方权利和义务，拍卖中的规则也明确标的移交手续由第二被告负责，故责任在第一被告（拍卖人）和第二被告（委托人），违约责任应由拍卖人和委托人共同承担。

三、选择拍卖场所

除网上拍卖活动外，凡从事现场拍卖活动的，都应当有一个理想的拍卖场所，以便从客观物质条件方面保证拍卖活动的顺利进行。

一般来说，成功选择拍卖场所通常需要符合以下几项要求：

（一）适应性

按照不同的标准划分，拍卖场所有多种类型，如室内场所与露天场所，专业场所与简易场所，固定场所与临时场所等等，不同的场所适应不同的拍卖活动。

因此，选择拍卖场所应当根据本场次拍卖活动的基本特点，量身定做，对症下药，充分考虑到备选拍卖场所的适应性。如拍卖活动规模较大，层次较高，就应当选择大型室内场所，且应是专业化的固定场所；反之，则选择简易场所，临时场所甚至露天场所也未尝不可。

（二）实用性

拍卖的实践表明，理想的拍卖场所应当是一个具有多种功能的，实用性强的地方。如其所在区位比较理想，容量适中，交通便利；内部设施比较齐全，必要技术装备能达到现代化要求，且便于操作，从而有利于拍卖活动的顺利举办。

为此，国内一些拍卖机构完全可以自行设计或引进国外的一些较先进的拍卖设施，装备起较大型的、上档次的、专业化强的从事拍卖活动的固定场所，并且充分发挥这类场所的多元化功能，从而收到良好的实用效果。

(三)经济性

选择拍卖场所必须坚持勤俭节约的原则,关注成本管理,考虑投入产出,不能因盲目追求高档次、高品位而贪大求洋,挥霍浪费,从而造成拍卖机构额外的经济支出,甚至造成不必要的经济损失。

因此,不提倡每个拍卖机构都设立自己的、专业的固定交易场所,拍卖机构也无必要盲目上马电子拍卖系统等高科技设施,因为在目前情况下,利用简单场所、租赁临时场所是完全能够满足拍卖活动需要的。

四、发布拍卖公告

拍卖公告是拍卖机构在拍卖活动开始前,通过适当媒介形式向一定的社会层面所发出的拍卖信息,即要约邀请。其目的是广而告之,吸引意向竞买人参加拍卖活动。

(一)公告媒体

即拍卖公告的发布载体,通常有以下一些类型:

1. 新闻媒体

这是指以报纸、期刊、电视和广播等形式作为拍卖公告媒体,特点是传播网络遍及国内外,迅速及时,影响面广,受众量大,在公告媒体种类中占主要地位,通称“四大新闻媒体”。但相比而言,报纸是拍卖公告最常用的新闻媒体。

随着电子计算机的普及,网络媒体成为“第五大”新闻媒体,也是拍卖公告可以选择的发布载体。

2. 邮政媒体

这是指通过邮递网,把印制好的拍卖公告有计划、有选择地直接寄到客户手里,或附在报刊内送给客户。利用邮政媒体发布拍卖公告,最适合向特定的目标客户传递拍卖信息。

(二)公告内容

拍卖公告的内容通常有以下一些:

1. 拍卖的时间和地点;
2. 拍卖的方式;
3. 拍卖标的;
4. 拍卖标的的展示时间和地点;

5. 参与拍卖应当办理的手续；

6. 需要公告的其他事项。

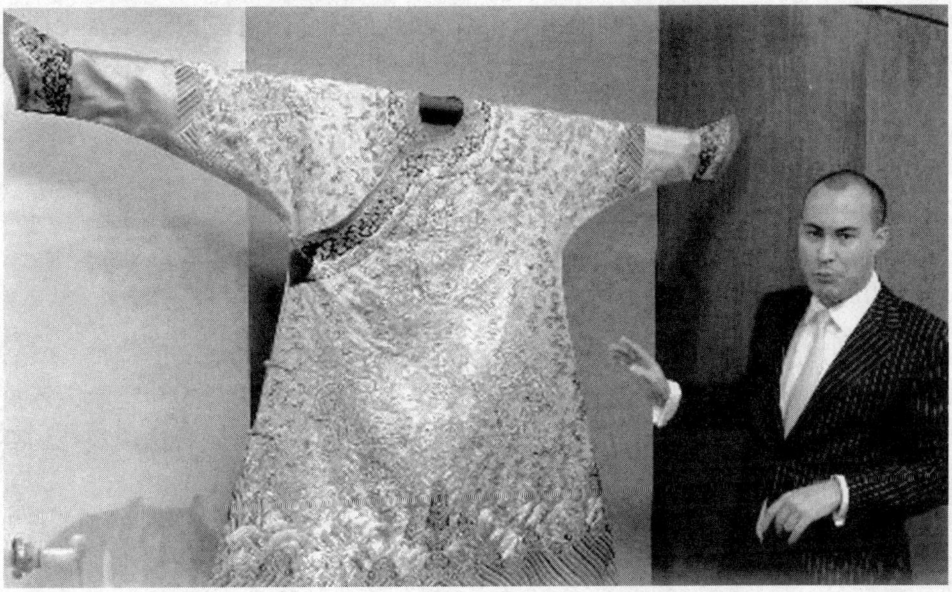

香港拍品预展

（三）公告时间

拍卖公告属于事前信息，含有预告性质，必须在拍卖活动开始前进行发布。然而，拍卖公告因拍卖的类型及时间、地点所不同，故决定其在拍卖活动正式举行之前发布的时间也不同。

一般而言，重大拍卖活动可较早发布公告，通常是提前半个月至一个月左右；而普通拍卖活动可较晚发布公告，通常是提前7至10日不等。总之，如无法定公告时间的要求，则拍卖机构可自行决定拍卖公告的发布时间。

（四）公告体例

公告体例是指公告行文的基本格式，通常由标题、正文、结尾三个部分组成。

1. 标题

标题应尽量做到言简意赅，切忌过长。短的可直接用“拍卖公告”为标题；长的可添加公告“事由”为标题，如“×公司艺术品拍卖公告”、“×市罚没物品拍卖公告”等。需要注意的是,“事由”应突出醒目且高度概括。

2. 正文

正文应涵盖拍卖公告的所有必备内容,防止漏项。同时,在语言表述上应做到层次清楚,具体明确,有纲有目。为此,必要时可添加小标题,如“拍卖时间”、“拍卖地点”、“拍卖标的”等。

3. 结尾

结尾部分的内容主要是公布发布单位的相关信息,如联系地址、联系方式等,同时还应包括公告发布的时间。

(五)公告用语

公告用语应当规范,尤其是不用或少用生僻甚至易引起歧义的词汇、术语。如拍卖公告不应当写成“拍卖招商公告”、“招商信息”等,竞买人和竞卖人不应当写成“竞买者”和“竞卖者”等。总之,公告用语应尽量符合现行法律规范的要求和行业交易习惯。

案例32　借口拍卖公告掩盖悔约

某拍卖公司受海关委托拍卖一批数量为3700条的新轮胎,2000年6月7日在当地报纸和电视媒体上刊登《拍卖公告》,决定于6月14日上午10时在拍卖公司拍卖厅公开拍卖,公告中对这批轮胎的书面表述为“新胎一批”,并在拍卖公告中注明“详细清单备索”等字样及明确了标的展示期为6月9日至6月13日。

由于这批轮胎按当时市场价约为125万元左右,起拍价与市场价已相差无几,因此拍卖公司为吸引竞买人将竞价阶梯定为2000元。拍卖时,竞价异常激烈,尤其是52号竞买人柯某与另一位竞买人竞相加价,场面充满了火药味,52号竞买人更是频频举牌,丝毫不退让,最终以150万元天价拍得这批轮胎。柯某当即在现场与拍卖公司签署了成交确认书,这样一来,加上5%的拍卖佣金,柯某实际需要支付的款项为157万元,高出市场价约30万元。

然而7日后,柯某未持成交确认书来拍卖公司签署拍卖成交合同,亦未办理交款提货等手续。拍卖公司经多次催促后柯某仍未按规定期限来办理成交手续。于是拍卖公司通知柯某将其所交纳的20万元保证金予以没收,该批轮胎将择日再行拍卖。

柯某一方面为自己当日的冲动悔恨,一方面又不甘心如此轻易地将20万元拱手相让,于是给拍卖公司发来书面函件称:(1)拍卖公告中未能列明标的物的名称、规格、数量、质量等具体状况,当属无效拍卖。(2)本人事先并未查看标的物,而是委托朋友进行看货,看货时拍卖公司工作人员告知该轮胎产地为日本,而拍卖成交后他本人仔细核对,该轮胎大部分为马来西亚合资厂生产,而不同产地的轮胎价格相差悬殊,因此拍卖公司有欺诈和误导行为,拍卖公司应对此承担责任并退回所交保证金。但拍卖公司则拒绝退还保证金,并征得委托人同意后准备将轮胎再次拍卖。

五、展示拍卖标的

拍卖公告公布后,拍卖机构应当安排时间公开展示拍卖标的。这是拍卖机构应当履行的重要义务之一,它直接关系到其他拍卖当事人对拍卖标的多方面信息的充分了解,从而能够在很大程度上影响拍卖活动的成败。

(一)展示货样

即拍卖标的样品展示,它是指拍卖机构把从每个拟拍卖的货批中抽选出来的一定部分对外陈列,供拍卖相关当事人查看。

样品展示适用于大宗同类拍卖标的的交易。不同标的的样品可以取量相同,也可以取量不同,主要根据每种标的的类型、价值和标准来确定,如拍卖粮食与油料的抽样便不同。

拍卖机构应当保证样品的全部质量指标与拟拍卖的货批完全相符,并且能够充分反映它所代表的货批的全部特点。

有时,拍卖当事人不仅可以仔细查看样品,而且可以有偿提走样品进行详细分析研究或试用。

(二)展示货批

即拍卖标的大样展示,它是指拍卖机构将全部拍卖标的对外陈列,供拍卖相关当事人查看。

大样展示适用于少量不同类拍卖标的的交易。

尽管拍卖当事人一般出于对拍卖机构的信任,往往并不会完全整批查看,但拍卖机构却不应因此免去展示货批的责任和实施。

(三)展示时间

拍卖标的必须提前展示,然而展示时间长短如何,目前国内并不统一。一般而言,如无法定展示时间的要求,则拍卖机构可自行决定拍卖标的的展示时间。

六、办理拍卖手续

拍卖活动开始前，拍卖机构需要为竞买人办理相关的拍卖手续。办理手续通常重点涉及以下两个方面：

（一）竞买人资质证明

竞买人应当按拍机构的要求及时提供参与竞买的相关资质证明，供拍卖机构进行审核。经审核符合拍卖条件的，拍卖机构方可受理其参与拍卖活动，为其办理必要的拍卖手续，如发放竞价号牌、填写相关拍卖文书等。

常见的竞买人资质证明有以下一些：

1. 工商企业营业执照；
2. 法定代表人身份证或委托经办人身份证；
3. 授权委托书；
4. 其他资质证明。

（二）拍卖保证金

竞买人应当按拍卖机构的要求及时提供拍卖保证金包括竞买保证金和成交保证金，而且保证金必须在拍卖活动开始前一次性足额到账（拍卖机构的指定账户），由此竞买人方可取得参与拍卖的资格。

案例33　公告截止后办手续引发纠纷

某拍卖公司受市公安局下属保安服务公司的委托，公开拍卖保安服务公司所有的房产。并在拍卖会前8天在当地媒体发布了拍卖公告，公告载明起拍价60万元，报名时间为2001年8月25日至2001年9月2日，拍卖时间为2001年9月3日下午2时整。

竞买人洋某在看到公告后于8月28日办理了竞买手续，但直到9月2日下午4时，前来报名的只有洋某一人。可是到了9月3日上午，又有一位竞买人陈某要求参加竞买。由于超过了公告载明的报名截止时间（9月2日下午4时），重新公告，显然时间已经不够。为使本次拍卖会能顺利进行，拍卖公司征询了委托人的意见，也电话通知了洋某，他当时未提出异议。因此，该公司在收取了陈某的拍卖保证金后，为其办理了竞买登记手续，并领他进行了现场踏勘。

9月3日下午2时，拍卖会准时开始，拍卖师就报名时间问题，专门做了特别说明，二位竞买人都没有提出异议。经过一番激烈的较量，洋某最终以68.8万元的最高应价落槌成交，并当场签订了成交确认书。

可事后买受人洋某竟以该公司公告载明的报名截止时间为9月2日,本可以以60万元的底价成交,而现在却高出8.8万元成交,损害了他的利益为由,向法院提起诉讼。要求法院将所拍卖的房产以60万元的价格判归他所有,由拍卖公司赔偿8.8万元的损失。

七、实施拍卖行为

一般来说,拍卖活动总是通过一定形式和规模的拍卖会进行,拍卖会是拍卖机构具体运作的必要载体,拍卖的实施即拍卖会的举办。

(一)拍卖师主持拍卖

任何拍卖活动,都是以拍卖师为核心的实际拍卖操作运作过程,拍卖师是拍卖会的主持人。

1. 宣读拍卖规则

拍卖师宣布拍卖活动开始后,通常须首先当众扼要宣读该次拍卖会的拍卖规则。其主要内容一般是着重强调几个例行条款,如"价高者得","击槌表示成交","成交不得反悔,违约当受处罚"等,以便进一步提醒竞买人注意,严格按照拍卖规则行事。

2. 报出起始叫价

在拍卖过程中,拍卖师首先按照拍卖目录顺序依次宣布已轮到出售的拍卖标的的号码和内容,然后便高声报出该项标的的起始价,供竞买人展开竞争。此时,拍卖会场上通常会出现三种情况,需要拍卖师跟进处理。

(1)多人竞价

拍卖师报出起始价后,两个以上的竞买人轮番出价,竞价场面热烈,故拍卖师便可推波助澜,直到最后无人竞价时再收拾局面。

(2)一人竞价

拍卖师报出起始价后,只有一个竞买人出价,竞价场面冷清,故拍卖师便要加强动员,争取更多的竞买人参与竞价,把竞价推向成交。

(3)无人竞价

拍卖师报出起始价后,没有一个竞买人出价,故拍卖师应宣布流标,做无成交处理。

3. 击槌表示成交

木槌是拍卖师手中的特殊工具,拍卖师的击槌动作表示竞价成交。由于拍卖的类型不同,因此,拍卖师以槌击案的具体条件亦有所不同。

(1)在增价拍卖中

当出现最高应价(有底价竞价应达到底价)时,拍卖师为最高应价击槌表示成交。

(2)在减价拍卖中

当出现最先应价(有底价竞价应达到底价)时,拍卖师为最先应价击槌表示成交,此时的最先应价即为最高应价。

(3)三声报价

三声报价指拍卖过程中出现最高应价时,拍卖师便就最高应价先重复三遍,然后再击槌表示成交。如100万元是最高应价,则拍卖师通常可说:“100万元第一次”、“100万元第二次”、“100万元第三次”,三声报价后便以槌击案。

三声报价不是法律规定,在拍卖过程中没有法律效力,但三声报价制度是依据拍卖习惯设立的,长期以来已形成国际惯例和行业规则,对此,业内人士普遍认可并遵守。

国内房地产拍卖

（二）拍卖笔录和公证

笔录和公证是否成为拍卖的要件，各国法律对此规定不一。但拍卖笔录和公证具有实践中的必要性，而且一般比较流行，特别是在一些重要的拍卖活动中，更是如此。

1. 拍卖笔录

这是指拍卖机构指定专人对其拍卖过程所进行的书面记录，具体包括两个方面：

（1）笔录的实施

拍卖笔录是说明拍卖程序是否合法、正当及处理拍卖当事人之间纠纷的主要书面证据。因此，在内容上，拍卖笔录必须记载得详细明确，客观真实；在时间上，拍卖笔录必须记载得迅速及时，当场做成。

（2）笔录的内容

拍卖笔录主要记载拍卖的实施情况，一般包括拍卖会举办的日期、时间及地点等，拍卖标的的号码、种类、品级及数量等，拍卖成交事实或不成交或中止或终止的原因及情况等。在记载拍卖成交事实时，尤其应当明确记载成交价额，以备付款提货时查证。

2. 拍卖公证

这是拍卖机构委托国家公证部门指派专职公证人员对其拍卖活动的真实性和合法性予以确认，具体包括两种形式：

（1）场内公证

公证人员亲临拍卖现场，参加拍卖过程，并对这一过程进行公证，属于场内公证。它一般用于大型重要拍卖标的的拍卖活动，如国有土地使用权拍卖等。

（2）场外公证

公证人员不到拍卖现场，只在拍卖结束后，对拍卖当事人之间订立的有关合同进行公证，属于场外公证。它一般用于各类普通拍卖标的的拍卖活动，如某粮库小宗库粮周转拍卖等。

案例34　成交确认书产生异议

1998年8月，某拍卖行受法院委托，公开拍卖某市一座大厦第二十三层及地下车库房。这本是一次再普通不过的房产拍卖活动，但由于拍卖人与买受人对所签订的拍卖成交确认书文本文字叙述的不同理解，造成双方为各自利益互不相让，最后对簿公堂。

1999年7月21日，大厦买受人李某一纸诉状将拍卖行告上法庭，要求法院判令拍卖行立即向原告提供厦门市土地房产管理局承认的有效购房发票(房产专用发票);若被告无法提供有效购房发票,原告则保留请求解除购房合同的权力。

区法院认为,原、被告所签订的成交确认书系双方当事人的真实意思表示,合法有效。但被告作为一种中介机构,不具备开具房地产购房发票的资格,只能开具服务业专用发票(即佣金发票),无向原告提供购房发票的义务,故原告要求被告提供购房发票,不予支持,驳回原告的诉讼请求。

原告李某不服判决,市中级人民法院递交了诉状。市中级人民法院认为,被上诉人拍卖行作为中介机构接受本院委托进行拍卖,双方当事人所签订的拍卖成交确认书系当事人的真实意思表示,为合法有效。被上诉人在向上诉人收取拍卖款后,在扣除佣金后已将拍卖款转交委托人,并向上诉人出具全额收款收据及佣金发票。现上诉人主张被上诉人应依拍卖成交确认书第六条的约定,向其提供全额发票,因被上诉人除收取佣金外已将其余款项转交委托人,故上诉人的主张依据不足,应予驳回。原审判决驳回原告的诉求并无不当,应予维护。依照《中华人民共和国民事诉讼法》第一五十三条第一款第(一)项的规定,判决如下:驳回上诉,维护原判。

八、订立买卖合同

拍卖成交后,竞买人除了要与拍卖机构订立拍卖成交合同外,还应当与委托人订立买卖合同,这同样是拍卖当事人形成拍卖法律关系的基础。

(一)合同主体

买卖合同的主体由委托人和买受人构成。

(二)合同要件

这里的合同要件是指买卖合同的成立要件,并特指合同当事人一项。即订立买卖合同之前,买受人应向相对方委托人即卖方交付约定的成交保证金。

支付保证金是买受人的先合同义务,必须履行,从而成为买卖合同订立的前提。

(三)合同内容

买卖合同原则上都适用《中华人民共和国合同法》中关于“买卖合同”的有关规定,然而拍卖当事人之间又可以根据拍卖活动的具体情况,约定合同内容。

常见的买卖合同的内容主要包括以下一些条款：

1. 当事人的名称或者姓名和住所；

2. 标的；

3. 数量；

4. 质量；

5. 价款或报酬；

6. 履行期限、地点和方式；

7. 违约责任；

8. 解决争议的方法。

(四)合同时间

这里的合同时间是指买卖合同订立的时间。目前我国尚无关于拍卖中买卖合同订立时间的法律规定，通常都由拍卖机构与其他拍卖当事人约定。按照国际惯例和行业交易习惯，买卖合同一般遵循“尽速订立”的原则，如1至5天不等。

九、拍卖的结算

拍卖成交后，买卖双方都应当按拍卖规则的规定缴付必要的款项，这是买卖双方应当履行的重要义务和买卖合同顺利履行的前提条件。

(一)付款构成

1. 买方

买方应付款项通称购买价，其构成一般包括成交价金、成交佣金和其他应计费用。

2. 卖方

卖方应付款项主要是成交佣金。

(二)付款方式

买卖双方缴付各类款项，通常即可以使用现金支付，也可使用支票、汇票或信用卡支付。除拍卖成交后当场一次付款清结者外，买方均按照事先约定的成交价比例即时向相关机构支付一部分价款或定金。

(三)付款时间

付款时间通常由拍卖机构以拍卖规则的形式与买卖双方约定,并要求买卖双方严格遵守。

1. 价款

买方通常都按“尽速付款”条件支付。短则如7至10天不等;长则如30至50天不等。

2. 佣金

拍卖成交后,买卖双方应当按约定的比例即时向拍卖机构缴付成交佣金。

3. 其他费用

买方应当按拍卖规则的规定向卖方缴付约定的各种应计费用。

案例35 证据不足索债未果

某拍卖公司以孙先生拍得价值171万元的4件艺术品后,没有支付拍品价款和10%的佣金将其诉至法院,要求孙先生支付佣金34.2万元及其利息。2007年4月6日,某法院判决驳回了拍卖公司的诉请。

拍卖公司称孙先生在签署了“竞买登记单”,并阅读确认拍卖规则后,参加了“2005秋季拍卖会”。通过竞拍,孙先生拍得《麻姑献寿》、《芝鹿图》、《红枫飞禽》、《千年蟠桃》4件拍品,价款金额共计171万元。依据拍卖规则,孙先生应在此后7日以内支付拍品价款及10%佣金,同时委托方应付的10%佣金也由其支付。但经多次催告,孙先生至今未支付任何款项。因孙先生的行为已构成违约,故起诉要求其立即支付拍卖佣金34.2万元,并支付延期付款利息。

被起诉的孙先生却称自己根本没有参加拍卖公司自称的拍卖会。对此,拍卖公司提交了《成交确认书》4份作为证据,以说明孙先生确认购买4件拍品。孙先生看过《成交确认书》说:“这上面的签名不是我的呀!”为了确认证据的真实性,拍卖公司申请笔迹鉴定。经审查,该4份成交确认书中买受人一栏所签字迹与孙先生所留样本上的字迹存在明显差异,无法确认系同一人所签。结论是,该4份证据不能证明孙先生买受了所称的4项拍品。

法院经审理认为,拍卖过程均在拍卖公司的控制下,因此对孙先生参加拍卖并拍得4项拍品的事实负有当然的举证责任。纵观拍卖公司提供的证据,均未能证明相关事实。其中虽有拍卖公司提供的孙先生本人签字的竞买确认书,但仅凭该确认书尚无法认定孙先生领取了号牌并参加了拍卖会。同时根据拍卖方制订的“竞买人在领取竞买号牌前应当交纳保证金”这一拍卖规则,孙先生未交纳保证金,拍卖公司也承认未收到保证金。法院认为,拍卖公司因未能提供充分证据，应当承担不利的法律后果。

十、拍卖标的的交割

拍卖成交后，买卖双方都应当按拍卖规则的规定，妥善办理拍卖标的的交割，这是买卖双方应当履行的重要义务和买卖合同顺利履行的最后环节。

（一）交割方式

通常采取“先付款后提货”方式，即由买受人通过拍卖机构向委托人支付价款或同委托人订立买卖合同，并按约定时间缴付全部价款，然后按约定时间向卖方提清货物。

（二）交割时间

交割时间通常由拍卖机构以拍卖规则的形式与买卖双方约定，并要求买卖双方严格遵守。

1. 买方提货

买方提货期限较短，通常是自买卖双方订立买卖合同之日起20至30天内提清货物。

2. 卖方交货

卖方交货期限较长，通常是自买卖双方订立买卖合同之日起40至60天内交清货物。

第三章　拍卖师职业分类

第一节　普通拍卖师

一、性质与定位

普通拍卖师属于综合性拍卖师。这类拍卖师可针对各类拍卖标的展开拍卖主持活动,如拍卖动产、不动产或财产权利等,通常不受限制。

普通拍卖师适用范围较广,有利于各种拍卖活动的正常进行。但由于其专业性不够,故在某些拍卖领域如国有土地使用权拍卖、粮油竞价交易、艺术品拍卖等领域并不完全适用,而且还存在着法律上的局限性。

二、资格与认证

我国《拍卖法》和国家商务部《拍卖管理办法》对普通拍卖师的资格与认证均有比较详尽的规定。

(一)拍卖法的规定

《拍卖法》第十五条规定:"拍卖师应当具备下列条件:(一)具有高等院校专科以上学历和拍卖专业知识;(二)在拍卖企业工作两年以上;(三)品行良好。被开除公职或者吊销拍卖师资格证书未满五年的,或者因故意犯罪受过刑事处罚的,不得担任拍卖师。"

该法第十六条规定:"拍卖师资格考核,由拍卖行业协会统一组织,经考试合格的,由拍卖行业协会发给拍卖师资格证书。"

(二)拍卖管理办法的规定

《拍卖管理办法》第二十六条规定:"国家对拍卖专业技术人员实行执业资格制度,获得拍卖师执业资格证书的人员,经注册后,方可主持拍卖活动。本办法所称拍卖师是指经全国统一考试合格，取得人事部、商务部联合用印的，由中国拍卖行业协会颁发的《中华人民共和国拍卖师执业资格证书》，并经注册登记的人员。”

三、发展与规模

普通拍卖师早在古罗马时期就有出现，近现代以来世界各国大量存在。

我国普通拍卖师执业资格制度建立于20世纪90年代，至今已有10余年的时间。

1995年，原国家内贸部颁布了《拍卖管理办法》，对全国拍卖市场进行了初步清理、整顿，这项工作得到国务院和各地方的支持。内贸部在促进拍卖业立法的同时，还加强了人员培训，建立了持证上岗制度。内贸部会同公安部、文化部、文物局等成立了全国拍卖培训领导小组，对拍卖从业人员进行了持证上岗培训，几年就培训了1200多人。

1995年6月中国拍卖行业协会成立。该协会于1997年开始培训国家注册拍卖师，在上海培训4期，共计820人。1999至2000年分别在北京和广州各培训4期（即第五期至第八期），共计1474人。2001至2006年在北京培训10期（即第九期至第十八期），共计4927人。截至目前，我国共有普通拍卖师7221人。

这些拍卖师分布在全国各地。其中广东最多，高达1205人，占全国拍卖师人数的16.68%；江苏550人，占比7.61%；山东454人，占比6.23%。其他一些省市如北京299人，四川254人，黑龙江239人，湖南232人，河北221人，广西217人，安徽191人，江西130人等。其中拍卖师最少的是西藏，仅有9人。

案例36 青海省拍卖业现状

截止2005年底，共有拍卖企业14家，拍卖企业从业人员98人，其中：注册拍卖师12人，房地产评估师1人，旧机动车估价师7人，其他专业技术人员30人，具有拍卖从业资格的人员30人，全年举办拍卖会160余场，成交金额3.05亿元，上缴税金23.98万元。

直到1996年11月，该省才出现第一家拍卖企业，通过举办一些小规模的拍卖活动，也取得了一定的宣传效果，拍卖意识初入人心。到2000年后，随着市场经济体制改革步伐和经济结构调整力度的加大，拍卖业务逐渐增多，拍卖企业也陆续发展起来，但就其拍卖额来说，年拍卖额上亿元的企业仅有1家，1000～5000万元的企业6家，一般均在几百万元左右，多数企业都处于维持状态，更谈不上扩大经营规模。

四、执业与操作

在执业方面,《拍卖管理办法》第二十七条规定:"拍卖师只能在一个拍卖企业注册执业且不能以其拍卖师个人身份在其他拍卖企业兼职;拍卖师不得将《中华人民共和国拍卖师执业资格证书》借予他人或其他单位使用。"第二十八条第一款又规定:"拍卖师可以变更执业注册单位。拍卖师变更执业注册单位的,应当向中国拍卖行业协会办理注册变更手续。"

2001年1月,国家工商行政管理局颁布的《拍卖监督管理暂行办法》第四条规定:拍卖企业举办拍卖活动,应当于拍卖日前7天内到拍卖活动所在地工商行政管理局备案,备案内容包括"主持拍卖的拍卖师资格证复印件"。第七条则规定:"拍卖企业不得雇佣非拍卖师主持拍卖活动。"

在操作方面,普通拍卖师主要采用增价拍卖方式主持拍卖活动,有时也采用减价拍卖方式或投标拍卖方式。拍卖标的通常是动产、房产和股权、债权等财产权利,一般来源于法院委托、银行委托、资产管理公司委托和行政机关委托等。

五、作用与贡献

普通拍卖师在许多拍卖活动中具有重要作用。《拍卖法》第十四条规定:"拍卖活动应当由拍卖师主持。"这使普通拍卖师在全国范围内具有广泛的活动空间,已经成为拍卖活动中一支重要的生力军,为拍卖行业的发展壮大做出了应有的贡献。

普通拍卖师在设立拍卖行时具有关键作用。《拍卖管理办法》第七条规定:设立拍卖企业应当具备下列条件,其中包括"有三名以上取得拍卖业从业资格的人员,其中至少有一名是拍卖师"。

与此同时,近年来由于我国法院等系统实行委托拍卖入围制,故要求入围的拍卖企业必须具备2名以上的拍卖师,这使拍卖师的含金量迅速提高,在一些地方甚至达到了炙手可热的程度。

案例37　拍卖机构入选法院委托名单

广东省高级人民法院日前召开委托拍卖机构现场会,98家符合公告条件的机构入选省法院2006年度至2007年度委托拍卖机构名单。会上,省法院公布了选定年度机构的情况,凡不符合公告条件的机构如注册资金不到500万元、注册拍卖师不够3人的一律不批准入选。

据了解,2004年以来省法院共摇珠13次,涉及委托评估标的20宗,委托标的3宗,委托拍卖标的11宗,委托拍卖标的价值16.75亿元,拍卖成交款8.928

亿元,成交款达到委托价值的53.3%。省法院对评估、拍卖机构加强监管,及时查处违法违规经营的评估、拍卖机构。两年来共受理评估、拍卖监督案件94件,其中要求下级法院纠正错误或直接裁定纠正下级法院错误的30件。

第二节 土地招拍挂主持人

一、性质与定位

土地招拍挂主持人属于专业性拍卖师。其全称是“土地招标拍卖挂牌主持人”,俗称地产拍卖师。对此,2006年8月施行的国土资源部规范中专门进行了规定。这类拍卖师主要针对国有土地使用权这类特殊标的展开招标、拍卖、挂牌等主持活动,如商业用地、旅游用地、娱乐用地、商品住宅用地、工业用地等。

土地招拍挂主持人适用范围单一,有利于国有土地使用权出让交易的正常进行。由于其专业性很强,故在交易活动中十分适用,不存在任何法律障碍。

二、资格与认证

担任土地招拍挂主持人必须具备一定的条件,这些条件由国土资源部确定。此外,符合条件的人还必须参加国土资源部或省级国土资源厅举办的专业培训,经考试合格者才能获得土地招拍挂主持人资格证书,成为土地招拍挂主持人。

上述规范总则中明确规定:土地招拍挂主持人应当“符合国土资源部确定的土地招标拍卖挂牌主持人条件并取得资格”。

三、发展与规模

自20世纪90年代起,我国开始逐步建立和实行土地招拍挂主持人制度。

1999年至2000年,国土资源部在广东举办了2期全国国有土地使用权招标拍卖培训班,为土地招拍挂主持人的问世开了一个好头。

2000年1月,江苏省国土管理局颁布《江苏省土地使用权拍卖主持人认定暂行规定》。其中规定:土地使用权拍卖主持人资格在通过省国土管理局组织的业务考试合格的基础上,由省国土管理局认定,并发放《土地使用权拍卖主持人资格证书》,取得证书的方可接受委托主持拍卖,资格有效期为3年。

2000年12月,国土资源部公布了首批取得“国有土地招标拍卖主持人”资格人员的名单,共有453人。其中广东160人,排名第一;浙江48人,位居第二;其他省市均在20人以下。

2000 年 12 月和 2001 年 7 月，国土资源部分别在浙江省义乌市和安徽省芜湖市举办了二期国有土地使用权招标拍卖挂牌主持人培训班。

2005 年 5 月，北京国土资源局在怀柔区举办了一期国有土地使用权招标拍卖挂牌主持人培训班。

此后，国土资源部土地利用司及部土地整理中心根据国务院、中纪委要求，按照国土资源部的分工，参与编制了《招标拍卖挂牌出让国有土地使用权规范》和《协议出让国有土地使用权规范》。国土资源部于 2006 年 5 月 31 日颁布这二个《规范》，自 2006 年 8 月 1 日实行。在此期间，土地招拍挂主持人的培训基本上暂停了。

经过几年的培训和发展，现在全国共有土地招拍挂主持人近万人。

四、执业与操作

在执业方面，目前全国还没有土地招拍挂主持人的统一执业规范，各地区基本上是从当地的具体情况出发，对土地招拍挂主持人的执业行为进行规范。如江苏规定：土地招拍挂主持人必须遵守国家有关法律、法规和政策规定，坚持公开、公平、公正、诚实信用的原则，对拍卖标的物的拍卖底价、竞买登记人及其登记行为严格保密，不得与竞买人串通，损害国家和他人利益。对违反规定而导致土地权利人的权益受到损失的人员，将取消其执业资格。

在操作方面，土地招拍挂主持人通常采用四种模式从事相应的主持活动。

其一，主持国有土地使用权招标出让活动，主持方式主要借鉴和仿效招投标活动。

其二，主持国有土地使用权拍卖出让活动，一般采用增价拍卖方式，减价拍卖方式几乎不用。

其三，主持国有土地使用权挂牌出让活动，这是国土资源部门独创的一种交易方式。

其四，主持国有土地使用权现场竞价出让活动。现场竞价是挂牌出让活动的延续。国土资源部规范中规定："有竞买人表示愿意继续竞价的，即属于挂牌截至时有两个或两个以上竞买人要求报价的情形，挂牌主持人应当宣布挂牌出让转入现场竞价，并宣布现场竞价的时间和地点，通过现场竞价确定竞得人。"由于现场竞价与拍卖相同，故土地招拍挂主持人一般采用增价拍卖方式，减价拍卖方式几乎不用。

五、作用与贡献

土地招拍挂主持人在国有土地使用权出让过程中具有重要作用。规范总则规定:“国有土地使用权招标拍卖挂牌出让活动,应当由符合国土资源部确定的土地招标拍卖挂牌主持人条件并取得资格的人员主持进行。”这表明,在国有土地使用权出让尤其是拍卖出让这一特殊领域,非经批准,普通拍卖师便不具备主持拍卖活动的法定资格。这使土地招拍挂主持人的重要作用更加凸现,贡献力空前增大。

以上还表明,拍卖企业如果想接受委托参与国有土地使用权出让活动,仅具有普通拍卖师远远不够,还必须具有土地招拍挂主持人即地产拍卖师才行。

案例38　土地拍卖出“天价”

2003年12月8日,有“世纪第一拍”之称的北京市首次大宗国有土地使用权拍卖会在北京国际饭店举行,国内著名土地拍卖师陈少湘主持拍卖。

当天共有包括北京天鸿、住总、华润置地、天津顺驰、广东富力、上海永开置业等10家企业参与竞价,角逐大兴黄村卫星城北区1号地。竞买价从4.3亿元起一路高歌,先是持10号竞买牌的北京住总与8号上海永升置业展开角逐,竞价在2分钟内即攀升至5.24亿。紧接着,9号天津顺驰、18号北京世纪鸿房地产、16号北京天鸿集团相继登场,当价格飙升至7个亿之后,世纪鸿退出了竞买。最后的激战在9号天津顺驰和16号天鸿集团之间展开。2位竞买人以每次加价1000万元的幅度向上冲刺,在顺驰报出9.05亿的高价后,天鸿终于选择了放弃,顺驰胜出。

第三节　粮油竞价交易师

一、性质与定位

粮油竞价交易师属于专业性拍卖师。这类拍卖师主要针对粮油这类特殊标的展开竞价销售和竞价采购等主持活动,如稻谷、玉米、大豆、食用油等。

粮油竞价交易师适用范围单一,有利于粮油交易的正常进行。由于其专业性很强,故在交易活动中十分适用,不存在任何法律障碍。

二、资格与认证

依据国家劳动和社会保障部《粮油竞价交易员国家职业标准》的划分,粮油竞价交易员共设四个等级,分别为:粮油竞价交易员(国家职业资格四级)、助理粮油竞价交易师(国家职业资格三级)、粮油竞价交易师(国家职业资格二级)、高级粮油竞价交易师(国家职业资格一级)。其中只有粮油竞价交易师和高级粮油竞价交易师可以主持粮油竞价交易活动。

(一)粮油竞价交易师

具备以下条件之一者可以申报:

其一,取得助理粮油竞价交易师职业资格证书后,连续从事本职业 5 年以上,经粮油竞价交易师正规培训达规定标准学时数,并取得结业证书。

其二,取得助理粮油竞价交易师职业资格证书后,连续从事本职业工作 8 年以上。

其三,取得助理粮油竞价交易师职业资格证书后,连续从事本职业工作 2 年以上的高等职业学校或大专以上相关专业毕业生。

(二)高级粮油竞价交易师

具备以下条件之一者可以申报:

其一,取得粮油竞价交易师职业资格证书后,连续从事本职业工作 3 年以上,经高级粮油竞价交易师正规培训达规定标准学时数,并取得结业证书。

其二,取得粮油竞价交易师职业资格证书后,连续从事本职业工作 5 年以上。

三、发展与规模

2005 年 11 月,国家劳动和社会保障部印发施行《粮油竞价交易员国家职业标准》,标志着我国粮油竞价交易师制度的正式建立。

根据有关规定,由中国粮食行业协会组织粮油竞价交易师的培训,而由国家粮食局职业技能鉴定指导中心负责粮油竞价交易师的鉴定。凡参加培训者,由该协会颁发结业证书;凡鉴定 合格者,由该中心颁发《粮油竞价交易师国家职业资格证书》。

2006 年 9 月,首批粮油竞价交易师诞生,共 52 人。同年 11 月,第二批粮油竞价交易师问世,共 38 人。目前全国共有粮油竞价交易师 90 人,其中有相当一部分人本身又是普通拍卖师。

国家粮食局人事司陈军生处长(中)与考官在考试现场

四、执业与操作

在执业方面,劳动部国家职业标准规定了粮油竞价交易师的工作内容、技能要求、相关知识和职业功能。其中职业功能包括信息传递、审核客户资格和竞价交易操作等三项。该标准还要求粮油竞价交易师在执业中遵纪守法,恪守行规,诚实守信,公平公正。

在操作方面,粮油竞价交易师通常采用两种方式主持竞价交易活动。

其一是竞价销售过程中的增价方式,即接受粮油销售委托人的委托,采用类似增价拍卖的方式主持交易。

其二是竞价采购过程中的减价方式,即接受粮油采购委托人的委托,采用类似减价拍卖的方式主持交易。

五、作用与贡献

2006年5月13日，国务院发布了《关于完善粮食流通体制改革政策措施的意见》，其中明确规定："中央和地方储备粮的购销和轮换，原则上通过规范的粮食批发市场采取竞价交易方式进行，也可以通过国家规定的其他方式进行。"从而把粮油竞价交易提上了重要的议事日程。

同年11月27日，国家粮食局发出《关于加强粮食行业特有工种职业鉴定工作的通知》，其中规定："为了维护市场公平，进一步规范粮食流通秩序，粮食行业要逐步建立粮油竞价交易员持证上岗制度。各级粮食批发市场和粮食交易所应当配备一定数量的粮油竞价交易员。"这表明，粮油竞价交易师的适用范围将日益扩大，粮油竞价交易师的重要作用将不断加强。

案例39　天津粮食竞价交易

2006年，天津市粮食局借粮食交易大厦建成投入使用之机，进一步强化了中国天津粮油批发交易市场"三个中心"建设，提升了市场的功能定位和在全国同行业中的影响力。

该局积极拓宽交易渠道，下设粮食交易中心积极搞好中央和地方储备粮交易活动。全年共组织了6次竞价交易活动，交易对象既有国储粮，又有地储粮；交易品种既有小麦又有稻谷；交易方式既有招标又有竞价；交易地点既有本市又有外地。共实现交易额13.7亿元，交易量88.5万吨。他们还拓宽了异地联合交易渠道。应黑龙江省粮油批发市场的要求，去年5月18日协助对方进行了黑龙江地储陈化粮的竞价销售，共成交12.9万吨，交易额达到了1.21亿元。

第四节　艺术品拍卖师

一、性质与定位

艺术品拍卖师属于专业性拍卖师。这类拍卖师主要针对艺术品这类特殊标的展开拍卖主持活动，如书画、瓷器、古典家具等。

艺术品拍卖师适用范围单一，有利于艺术品交易的正常进行。由于其专业性很强，故在交易活动中十分适用，不存在任何法律障碍。

二、资格与认证

艺术品拍卖师属于国家劳动和社会保障部中国就业培训技术指导中心"文

化经济职业”中的一种。参加培训者经考试合格，可获得由该中心颁发的《CETTIC 职业培训证书》。该证书是持证人的从业凭证，也是申请相关职业技能鉴定时资格培训的证明。

CETTIC 是中国就业培训技术指导中心的英文缩写。该中心是劳动和社会保障部的直属事业单位，在业务上接受劳动部培训就业司的指导。该中心主要负责全国就业、职业培训的技术指导以及职业技能鉴定的技术指导和组织实施工作，下设 13 个处室，其中包括“CETTIC 职业培训项目开发推广办公室”。

三、发展与规模

我国文化经济职业起步较晚，但相关产业链较长，仅文博单位就达近万家，与艺术品相关的画廊、文化公司、艺术品拍卖公司、典当公司、文物保管运输公司等各类从业人员约 300 万人，但多年一直处于“有岗无职”即无职业资格证书的状态。为推动中国艺术品投资市场的健康、繁荣、规范、科学、有序的发展，规范经纪行为，提高经纪从业人员素质，加强经纪岗位培训，从整体上提高经纪人素质和经纪质量，缩短与国际接轨的距离，劳动和社会保障部中国就业培训技术指导中心于 2006 年 4 月在北京人民大会堂正式启动文化经济职业岗位培训新项目，包括职业艺术品评估师、职业艺术品鉴定师、职业艺术品包装师、职业艺术品拍卖师以及职业艺术品经纪人等。

截至目前，经过十多个批次的培训，全国已有近千人成为艺术品拍卖师，从而填补了我国艺术品专业拍卖师的空白。

四、执业与操作

在执业方面，艺术品拍卖师必须依法从事艺术品拍卖主持活动。其中应当格外注意界定艺术品与文物的区别，即很多艺术品属于文物，而文物拍卖在我国受到法律的严格制约。如 2002 年 10 月颁布施行的《中华人民共和国文物保护法》第五十四条第一款规定：“依法设立的拍卖企业经营文物拍卖的，应当取得国务院文物行政部门颁发的文物拍卖许可证。”2003 年 7 月施行的《中华人民共和国文物保护法实施条例》第四十一条规定：“依法设立的拍卖企业，从事文物拍卖经营活动的，应当有 5 名以上取得高级文物博物专业技术职务的文物拍卖专业人员，并取得国务院文物行政管理部门发给的文物拍卖许可证。”

由此可见，在拍卖实践中，艺术品拍卖师必须分清什么是文物类艺术品和非文物类艺术品，从而更好的从事有针对性的拍卖主持活动。

在操作方面，艺术品拍卖师主要采用增价拍卖方式主持拍卖活动，有时也采用减价拍卖方式或投标拍卖方式。拍卖标的通常是书画、瓷器、珠宝、古典家具等，一般来源于自然人即收藏家或收藏者委托。

五、作用与贡献

尽管我国艺术品拍卖师职业培训项目刚刚起步，但未来发展前景十分广阔。当前，由于大众投资主要集中于证券、房地产和艺术品三大领域，而其中的艺术品拍卖市场已呈逐年上升趋势，故艺术品拍卖师大有可为，必将成为一支能够主宰艺术品拍卖领域、不断创造崭新业绩的生力军。

案例40　世界名画"天价"成交

2004年5月5日，一位女士委托伦敦索思比拍卖《拿烟斗的男孩》，拍卖底价5500万美元。这是毕加索24岁时画的一幅画，画中年轻的巴黎男孩被毕加索称为"小路易"，他常到毕加索的画室消磨时光，毕加索以他为模特创作了这幅《拿烟斗的男孩》。画中的"小路易"穿着蓝色的工作服，左手拿着烟斗，头戴花环，背景是两大束花，看上去颇有几分中国画的味道。

拍卖前，索思比估计这幅油画最高价可能在7000万美元上下，但没想到拍卖当天价格一路猛涨，最终以令人震惊的1.04168亿美元被一位神秘的富商买走，创下了单幅画拍卖价格的世界最高纪录。

1990年，凡·高的名画《加歇医生的肖像》以8250万美元的记录创造了绘画拍卖画史上的奇迹，14年后，《拿烟斗的男孩》刷新了这个记录，买主立刻成了世界各大媒体关注的热点，然而最终均一无所获。这幅画是由一个匿名买家拍得，索思比不愿透露买主的任何信息，甚至连暗示一下国籍的要求也予以拒绝。有人分析了拍卖前对于《拿着烟斗的男孩》表示兴趣的名人包括微软创办人盖茨和艾伦、化妆品公司雅诗兰黛的继承人兰黛、金融家沙拉、拉斯维加斯赌场大亨韦恩等，估计买主很可能就在这个几个人中。

第五节　国际职业拍卖师

一、性质与定位

国际职业拍卖师属于专业性拍卖师。这类拍卖师可在世界多国和地区针对各类拍卖标的展开拍卖主持活动，如拍卖动产、不动产或财产权利等，通常不受限制。

国际职业拍卖师适用范围较广，不但有利于各种拍卖活动的正常进行，而且由于其在地域上的便利性,故国际通用性很强,受到各国和地区的普遍欢迎。

二、资格与认证

目前,国际职业拍卖师在法律上主要由《国际职业拍卖师管理规定及操守与规范》调整。

该规范规定:“任何人除非是牌照持有人,否则不得担任国际职业拍卖师,亦不得向公众显示其为国际职业拍卖师。”国际职业拍卖师的发牌条件是:“年满 18 岁,符合‘适当人选标准’,完成专科或具同等学历,在申请牌照前 12 个月通过国际职业拍卖师管理协会的有关资格考试。”具备这些条件,便可获得国际职业拍卖师管理协会颁发的《国际职业拍卖师牌照》。

该规范还特别规定:“国际职业拍卖师牌照只有‘个人’牌照,而没有‘公司’牌照。”

三、发展与规模

20 世纪 80 年代,国际职业拍卖师牌照制度正式建立。由总部设在英国伦敦的国际职业拍卖师管理协会负责对国际职业拍卖师实施牌照考试及发牌,并授权有关国家和地区的相应机构承担具体牌照考试工作。

2007 年 3 月,经国际职业拍卖师管理协会授权,总部设在香港的国际典当拍卖教育中心在中国大陆——海南省海口市举办了首期国际职业拍卖师培训及考试。经考试合格,共有 55 人成为国际职业拍卖师。

案例 41　中国内地有了国际职业拍卖师

羊城晚报记者赵燕华报道:记者从总部在英国伦敦的国际职业拍卖师管理协会获悉,经过考前辅导和考试,中国内地有 55 名考生通过了 4 门严格的科目考试(全部英文答卷),顺利取得了国际职业拍卖师牌照,获得在全球执业资格。其中陈少湘、王勤等 14 位广东拍卖师榜上有名。

上世纪 80 年代,世界多国的拍卖界人士齐聚英国伦敦,共同商议设立国际职业拍卖师管理协会,负责对拍卖执业人士进行牌照考试和发牌,并且制定国际职业拍卖师操守规则。上世纪 90 年代开始,世界多国先后立例,对国际职业拍卖师予以互认,形成了国际职业拍卖师持牌执业制度。今日,持有国际职业拍卖师牌照者可在世界多国拍卖会上执业。

据悉,国际典当拍卖教育中心经申请,获得国际职业拍卖师管理协会授权,在中国大陆组织国际职业拍卖师的考试辅导及考牌。

中国大陆首期国际职业拍卖师培训班

四、执业与操作

在执业方面，国际职业拍卖师规范规定："持牌国际职业拍卖师须告知客户：本身是持牌国际职业拍卖师，所持的国际职业拍卖师牌照号码。""符合法律的规定，充分了解有关的法例和规定，应具备的专业知识和能力，执业时应秉持的操守、道德标准及对客户的责任，运用应尽一切的努力，尽量避免陷入任何利益冲突之中。"

在操作方面，国际职业拍卖师主要采用增价拍卖方式主持拍卖活动，有时也采用减价拍卖方式或投标拍卖方式。拍卖标的通常是动产、房地产和股权、债权等财产权利，一般来源于法院委托、银行委托、私人委托和政府委托等。

五、作用与贡献

国际职业拍卖师活跃在全球各地，由于其职业资格国际通用，故通过其主持的大大小小的拍卖活动，促进了一些国家和地区的经济发展和社会变革，起到了不可或缺的重要作用，做出了自身应有的重要贡献。

案例 42　助推拍卖攀高峰期

2005 年度，佳士得国际全年拍卖总成交额高达 18 亿英镑，较 2004 年增长率超过 30%，创历史最高纪录。2005 年，佳士得先后在国际上 16 个城市举办了 633 场拍卖会，340 件艺术品的成交价均逾 100 万美元，其中以战后及当代艺术、中国艺术品、现代及当代印度艺术、珠宝、名表、俄国艺术品、西方大师绘画、家具及亚洲艺术品的拍卖业绩尤为突出，而数位国际职业拍卖师落力主槌，更是功不可没。

第二期国际职业拍卖师

第四章　拍卖师商务礼仪

第一节　商务礼仪概述

一、商务礼仪的基本概念

（一）礼仪

拍卖师是拍卖活动的主持人，这决定其同时又是一个公众人物，因而拍卖师主持拍卖活动必须讲究必要的礼仪。

礼仪是人类为维系社会正常生活而要求人们共同遵守的最起码的道德规范，也是人们在长期共同生活和相互交往中逐渐形成的行为规范与准则。具体表现为礼貌、礼节、仪表、仪式等，并且以风俗、习惯和传统等方式固定下来。

礼貌是指人们在相互交往过程中应具有的相互表示敬意、友好、得体的气度和风范。礼节是指人们在社会交往过程中表示出的尊重、祝颂、致意、问候、哀悼等惯用的形式和规范。仪表是指人的外表，如容貌、服饰、姿态等。仪式是指在一定场合举行的，具有专门程序、规范化的活动，如发奖仪式、签字仪式、开幕式等。

对一个人来说，礼仪是一个人的思想道德水平、文化修养、交际能力的外在表现；对一个社会来说，礼仪是一个国家社会文明程序、道德风尚和生活习惯的反映。因此，讲究礼仪并非是个人生活小节或小事，而是一个国家社会风气的现实反映，是一个民族精神文明和进步的重要标志。

礼仪的特征是共同性、继承性、统一性、差异性、阶级影响性、时代发展性。礼仪的功能是沟通功能、协调功能、维护功能、教育功能。礼仪对个人的作用是可以建立自尊，增强自重、自信、自爱，为社会的人际交往铺平道路，处理好各种关系。礼仪对社会的作用是能够改善人们的道德观念，净化社会风气，提高社会文化素质。

（二）商务礼仪

商务礼仪是在商务活动中体现相互尊重的行为准则，也是每个拍卖师所必须具备的。商务礼仪的核心是一种行为的准则，用来约束我们日常商务活动的方方面面。商务礼仪的核心作用是为了体现人与人之间的相互尊重。可以用一种简单的方式来概括商务礼仪：它是商务活动中对人的仪容仪表和言谈举止的普遍要求。仪容仪表是指个人的形象，言谈举止是指每一个人在商务活动中的职业表现。

（三）商务礼仪构成

商务礼仪是公司或企业的商务人员包括拍卖师在商务活动中，为了塑造个人和组织的良好形象而应当遵循的对交往对象表示尊敬与友好的规范或程序，是一般礼仪在商务活动中的运用和体现，包括商务礼节或仪式两方面的内容。商务礼节是人们在商务交往活动中为表示尊重对方而采取的人们共同约定并形成习惯的规范形式。仪式即按程序进行的礼节形式。一般来讲，在商务活动中言行合情合理、优美、大方、得体，符合要求，按约定俗成的规矩办事，礼貌待人；按约定俗成的、大家都可以接受的礼节程序接待客户等都属于商务礼仪的范畴。

二、商务礼仪的基本原则

礼仪名目众多，细则纷繁，讲究商务礼仪尤其还应掌握必要的世界各国的礼仪习俗，更是使其呈现出五彩缤纷的特点。那么如何才能有效掌握？我们认为，拍卖师在从事各种拍卖活动、具体遵行商务礼仪时，应遵行以下基本原则，包括言行文雅，尊重他人，态度恭敬，平等待人，并且表里一致。

（一）"尊敬"原则

尊敬是礼仪的情感基础。在拍卖活动中，人与人是平等的，尊重长辈，关心客户，这不但不是自我卑下的行为，反而是一种至高无上的礼仪，说明一个拍卖师具有良好的个人内在素质。"敬人者恒敬之，爱人者恒爱之"，"人敬我一尺，我敬人一丈"。"礼"的良性循环就是借助这样的机制而得以生生不已。当然，礼貌待人也是一种自重，不应以伪善取悦于人，更不可以富贵娇人。尊敬人还要做到入乡随俗，尊重他人的喜好与禁忌。总之，对人尊敬和友善，这是处理人际关系的一项重要原则。

（二）“真诚”原则

拍卖师的礼仪主要是为了树立良好的个人和组织形象，所以礼仪对于举办拍卖活动的目的来说，不仅仅在于其形式和手段上的意义。同时拍卖活动的从事并非短期行为，从事拍卖，讲究礼仪，越来越注重其长远利益，只有恪守真诚原则，着眼与将来，通过长期潜移默化的影响，才能获得最终的利益。也就是说拍卖师与企业要爱惜其形象与声誉，就不应仅追求礼仪外在形式的完美，更应将其视为拍卖师情感的真诚流露与表现。

（三）“谦和”原则

“谦”就是谦虚，“和”就是和善、随和。谦和既是一种美德，更是社交成功的重要条件。谦和在社交场上即表现为平易近人、热情大方，善于与人相处，乐于听取他人的意见，显示出虚怀若谷的胸襟，对周围的人具有很强的吸引力，有着较强的调整人际关系的能力。当然。此处强调的谦和并不是指过分的谦和，无原则的妥协和退让，更不是妄自菲薄。拍卖师应当认识到，过分的谦虚其实是社交的障碍，尤其是在和西方人的商务交往中，不自信的表现会让对方怀疑你的能力。

（四）“宽容”原则

宽即宽待，容即相容，宽容，就是心胸坦荡、豁达大度，能设身处地为他人着想，谅解他人的过失，不计较个人的得失，有很强的容纳意识和自控能力。中国传统文化历来重视并提倡宽容的道德原则，并把宽以待人视为一种为人处世的基本美德。从事拍卖活动，也要求宽以待人，在人际纷争问题上保持豁达大度的品格或态度。在拍卖活动中，出于各自的立场和利益，难免出现冲突和误解。遵循宽容的原则，凡事想开一点，眼光看远一点，善解人意，体谅别人，才能正确对待和处理好各种关系与纷争，争取到更长远的利益。

（五）“适度”原则

人际交往中要注意各种不同情况下的社交距离，也就是要善于把握住沟通时的感情尺度。在拍卖活动的人际交往中，沟通和理解是建立良好的人际关系的重要条件，但如果不善于把握沟通时的感情尺度，即人际交往缺乏适度的距离，结果会适得其反。如在一般交往中，既要彬彬有理，又不能低三下四；既要热情大方，又不能轻浮谄谀。所谓适度，就是要注意感情适度、谈吐适度、举止适度。只有这样才能真正赢得对方的尊重，达到沟通的目的。

外国拍卖师风采

三、商务礼仪的基本特征

（一）以个人为支点

个人礼仪是对社会成员个人自身行动的种种规定，而不是对任何社会组织或其他群体行为的限定。但由于每个群体都是由一定数量的个体所组成的，每一个社会组织也都是由一定数量的组织成员所构成的。因此，个人行为的良好与否将直接影响着任一群体、社会组织乃至整个社会的生存与发展。从此意义看，强调个人礼仪，规范个人行为，不仅是为了提高个人自身的内在涵养，更重要的是为了促进社会发展的有序与文明。

（二）.以修养为基础

个人礼仪不是简单的个人行为表现，而是个人的公共道德修养在社会活动中的体现，它反映的是一个人内在的品格与文化修养。若缺乏内在的修养，个人礼仪对个人行为的具体规定，也就不可能自觉遵守、自愿执行。只有“诚于中”方能“行于外”，因此，个人礼仪必须以个人修养为基础。

（三）以尊敬为原则

在社会活动中，讲究个人礼仪，自觉按个人礼仪的诸项规定行事，必须奉行尊敬他人的原则。只有尊敬别人，才能赢得别人对你的尊敬。在社会主义条件下，个人礼仪不仅体现了人与人之间的相互尊重和友好合作的新型关系，而且还可以避免或缓解某些不必要的个人或群体的冲突。

（四）以美好为目标

遵循个人礼仪，按照个人礼仪的文明礼貌标准行动，是为了更好地塑造个人的自身形象，更充分地展现个人的精神风貌。个人礼仪教会人们识别美丑，帮助人们明辨是非，引导人们走向文明，它能使个人形象日臻完美，使人们的生活日趋美好。因此，个人礼仪是以“美好”为目标的。

（五）以长远为方针

个人礼仪的确会给人们以美好，给社会以文明，但所有这一切，都不可能立竿见影，也不是一日之功所能及的，必须经过个人长期不懈的努力和社会持续不断的发展，因此，对个人礼仪规范的掌握切不可急于求成，更不能有急功近利的思想。

四、商务礼仪的基本作用

商务礼仪能展示企业的文明程度、管理风格和道德水准，塑造企业形象。良好的企业形象是企业的无形资产，无疑可以为企业带来直接的经济效益。一个人讲究礼仪，就会在众人面前树立良好的个人形象；一个组织的成员讲究礼仪，就会为自己的组织树立良好的形象，赢得公众的赞誉。现代市场竞争除了产品竞争外，更体现在形象竞争。一个良好信誉和形象的公司或企业，就容易获得社会各方的信任和支持，就可在激烈的市场竞争中处于不败之地。所以，拍卖师时刻注重礼仪，既是个人和组织良好素质的体现，也是树立和巩固良好形象的需要。从某种意义上说，商业礼仪已经成为建立企业文化和现代企业制度的一个重要方面。

(一)规范行为,体现形象

礼仪最基本的功能就是规范各种行为。拍卖师商务礼仪可强化企业的道德要求,树立企业遵纪守法,遵守社会公德的良好形象。道德是精神的东西,只能通过人的言行举止,通过人们处理各种关系所遵循的原则与态度表现出来。商务礼仪使企业的规章制度、规范和道德具体化为一些固定的行为模式,从而对这些规范起到强化作用。企业的各项规章制度既体现了企业的道德观和管理风格,也体现了礼仪的要求,员工在企业制度范围内调整自己的行为,实际上就在固定的商务礼仪中自觉维护和塑造着企业的良好形象。

(二)传递信息,展示价值

良好的礼仪可以更好地向对方展示自己的长处和优势,它们往往决定了机会是否降临。比如,在公司,你的服饰适当与否可能就会影响到你的晋升和同事的关系;带客户出去吃饭时你的举止得体与否也许就决定了交易的成功与否;又或者在办公室不雅的言行或许就使你失去了一次参加老板家庭宴请的机会……这是因为礼仪是一种信息,通过这个媒介表达出尊敬、友善、真诚的感情。所以在拍卖活动中,拍卖师恰当的礼仪可以获得对方的好感、信任,进而推动事业的发展。

(三)沟通感情,协调人际

在商务活动中,随着交往的深入,双方可能都会产生一定的情感和情绪,或吸引或排斥。良好的礼仪,容易使人们之间的感情得到沟通,从而建立良好的人际关系,使商务交往取得成功。反之,如果不注意良好的人际关系,则很容易产生感情排斥,给对方以不佳印象,造成人际关系紧张,进而影响到商务活动的顺利进行。所以,从某种程度上说,商务礼仪是商务交往和谐发展的调节器,遵循它有助于加强人们之间的相互尊重、友好合作的新型关系,缓解那些不必要的障碍。对于拍卖师来说,商务礼仪是思想水平、文化修养、交际能力的外在表现;对于拍卖企业来说,商务礼仪是企业价值观念、道德理念、员工整体素质的集中体现,是企业文明程度的重要标志。因此,商务礼仪成为直接塑造企业商务人员形象、间接塑造企业形象的重要工具。

第二节　商务礼仪内容

一、言谈礼仪

(一)礼貌敬语

言谈作为一门艺术,是拍卖师个人礼仪的一个重要组成部分。其要点为:

1. 礼貌

即拍卖师态度要诚恳、亲切;声音大小要适宜,语调要平和沉稳;尊重他人。特别是要恰当地称呼他人。

无论是新老朋友,一见面就得称呼对方。每个人都希望得到他人的尊重,人们比较看重自己业已取得的地位。对有头衔的人称呼他的头衔,就是对他莫大的尊重。直呼其名仅适用于关系密切的人之间。你若与有头衔的人关系非同一般,直呼其名来得更亲切,但若是在公众和社交场合包括拍卖现场,你还是称呼他的头衔会更得体。对于知识界人士,可以直接称呼其职称。但是,对于学位,除了博士外,其他学位,就不能作为称谓来用。

2. 敬语

即表示尊敬和礼貌的词语。如日常使用的“请”、“谢谢”、“对不起”,第二人称中的“您”字等。初次见面为“久仰”,很久不见为“久违”,请人批评为“指教”,麻烦别人称“打扰”,求给方便为“借光”,托人办事为“拜托”等等。拍卖师要努力养成使用敬语的习惯。现在,我国提倡的礼貌用语是十个字:“您好”、“请”、“谢谢”、“对不起”、“再见”。这十个字体现了说话文明的基本的语言形式。

(二)谈话姿势

谈话的姿势往往反映出一个人的性格、修养和文明素质。所以,拍卖师交谈时,首先双方要互相正视,互相倾听,不能东张西望,看书看报,面带倦容,哈欠连天。否则,会给人心不在焉、傲慢无理等不礼貌的印象。

(三)谈话距离

说话通常是为了与别人沟通思想,要达到这一目的,首先必须注意说话的内容,其次也必须注意说话时声音的轻重,使对话者能够听明白。这样在说话时就必须注意保持与对话者的距离。说话时与人保持适当距离也并非完全出于考虑对方能否听清自己的说话,另外还存在一个怎样才更合乎礼貌的问题。从礼仪上说,说话时与对方离得过远,会使对话者误认为你不愿向他表示友好和亲近,这显然是失礼的。然而如果在较近的距离和人交谈,稍有不慎就会把口沫溅在别人脸上,这是最令人讨厌的。有些人,因为有凑近和别人交谈的习惯,又明知别人顾忌被自己的口沫溅到,于是先知趣地用手掩住自己的口。这样做形同"交头接耳",样子难看也不够大方。因此从礼仪角度来讲,一般保持一两个人的距离最为适合。如果拍卖师能这样做,既让对方感到有种亲切的气氛,同时又保持一定的"社交距离",在常人的主观感受上,这也是最舒服的。

(四)谈吐文雅

语言是社会交际的工具,是人们表达意愿、思想感情的媒介和符号。语言也是一个人道德情操、文化素养的反映。拍卖师在与他人交往中,如果能做到言之有礼,谈吐文雅,就会给人留下良好的印象;相反,如果满嘴脏话,甚至恶语伤人,就会令人反感讨厌。因此,拍卖师必须注意以下几方面:

1. 态度诚恳亲切

说话本身是用来向人传递思想感情的,所以,说话时的神态、表情都很重要。例如,当拍卖师向竞买人表示祝贺时,如果嘴上说得十分动听,而表情却是冷冰冰的,那对方一定认为你只是在敷衍而已。所以,说话必须做到态度诚恳和亲切,才能使对方对你的说话产生表里一致的印象。

2. 用语谦逊文雅

如称呼对方为"您"、"先生"、"小姐"等,用"贵姓"代替"你姓什么",用"不新鲜"、"有异味"代替"发霉"、"发臭"。如你在一位陌生人家里做客需要用厕所时,则应说:"我可以使用这里的洗手间吗?"或者说"请问,哪里可以方便?"等。拍卖师多用敬语、谦语和雅语,能体现出一个人的文化素养以及尊重他人的良好品德。

3. 声音大小适当

语调应平和沉稳。拍卖师无论是说普通话、外语、方言,咬字都要清晰,音量要适度,以对方听清楚为准,切忌大声说话;语调要平稳,尽量不用或少用语气词,使听者感到亲切自然。

(五)语言表达

1. 语速与调门

拍卖师在主持拍卖活动中,语速有快慢之分,调门有高低差别。对此,拍卖师应当熟练把握。如向竞买人传递信息时语速要慢,而报价时语速则可适当加快;另如解答问题时调门要略低,而报价时调门则可适当提高等等。

2. 严肃与幽默

拍卖师在主持拍卖活动中,语言表达上还有严肃与幽默之分,对此,拍卖师亦应当熟练把握。如宣读拍卖规则及其他注意事项时,语言应当严肃认真;对年长者与异性讲话也要以严肃为主,从而显示拍卖师的沉稳与教养;然而在拍卖现场比较冷清时,则可以开些玩笑,使用幽默的语言打破僵局,扭转呆板、消极的态势,从而显示拍卖师力挽狂澜的风采。

案例43　说话失礼买家走人

"今天的拍卖会所拍标的为某某的房产,该房产由150万元起拍,竞价阶梯为10万元。好,竞价开始。"拍卖师话音刚落,场上就有三四个买家应价。当价位已高达300万元时,场上的竞买气氛却显得有些低落。拍卖师见状便适时地把竞价阶梯降为3万元。果不出拍卖师所料,场上甲乙2位买家又开始了竞争。当甲买家把价抬至315万元时,乙买家有点儿犹豫不绝。"这不就是多出3万元的事吗,您还在乎?"拍卖师不失时机地挑逗乙买家。乙买家听罢,愤然离去。

案例44　普通话太差减人气

一场艺术品拍卖会正在京城举办。主持此场拍卖会的是一位"酷"小伙。他的亮相,一下子吸引了场上人们的注意力。"第一号拍品……"小伙子刚一张口,便引来全场的大笑。本来就操着不娴熟的广东普通话,外加有点儿紧张,小伙子的所言倒像是在演小品。拍卖进行到后来,小伙子没那么紧张了,但绕口的普通话总让他一会儿是普通话,一会又冒出粤语,在加上"四"与"十"的不分,让在场的买家苦笑不得,他的额头上也急出了汗。

案例45　倒霉的拍卖师

英国拍卖师大卫·康宝莱已经在拍卖行工作了40个年头,但最近他却收到了赫尔福特市发来的一封抱怨信,请他解释在他曾主持过的一个家禽市场拍卖会上音量为什么那么高。但康宝莱先生表示,在那个有800人到场的拍卖会上他不得不提高嗓门。可当地健康安全部门的官员却在会后收到了投诉信,称康宝莱长时间发出的"噪音"影响了他们饲养的鸡的健康,"刺激"得它们咯咯叫个不停。

二、举止礼仪

(一)仪态礼仪

拍卖师的仪表泛指其气质风度,通常包括两种类型。

其一是儒雅型。儒雅型的拍卖师沉稳大度,端庄平易,语调柔和,音量适中,待人彬彬有礼,始终谦逊有加。此种类型的拍卖师主持拍卖活动,给人心理上一种和风细雨般的感觉,犹如艺术享受。

其二是激昂型。激昂型的拍卖师活泼自信,锋芒毕露,说话快人快语,音调铿锵有力,作风公正无私,沟通直来直去。此种类型的拍卖师主持拍卖活动,给人心理上一种急风暴雨般的感觉,凸显商战特色。

拍卖师的举止泛指其身姿动作。举止体现在人的面部表情、站、坐、走、手等姿态,我们经常评价他人风度优美、气质超群,所谓的气质是一个人工作生活中的言谈、行为、姿态、表情等外在美的一种反映。人的喜、怒、哀、乐、恐惧、愤怒、厌恶、蔑视等都是通过表情来传达的。

1. 立姿

站立是人最基本的姿势,是一种静态的美。站立时,身体应与地面垂直,重心放在两个前脚掌上,挺胸、收腹、收颈、抬头,双肩放松。双臂自然下垂或在体前交叉,眼睛平视,面带笑容。站立时不要歪脖、斜腰、曲腿等,在一些正式场合不宜将手插在裤袋里或交叉在胸前,更不要下意识地做些小动作,那样不但显得拘谨,给人缺乏自信之感,而且也有失仪态的庄重。

长时间站立是拍卖师的基本功。因此,拍卖师必须有良好的职业站姿,从而充分体现其精神面貌、信心与礼节。拍卖师在主持拍卖活动时的站姿,通常应当是直立、挺胸、平视、自然、潇洒,切记不可偏头、屈腿、含胸及东张西望。

2. 坐姿

坐是一种静态造型。端庄优美的坐,会给人以文雅、稳重、自然大方的美感。正确的坐姿应该是:腰背挺直,肩放松。女性应两膝并拢;男性膝部可分开一些,但不要过大,一般不超过肩宽。双手自然放在膝盖上或椅子扶手上。在正式场合,入座时要轻柔和缓,起座时要端庄稳重,不可猛起猛坐,弄得桌椅乱响,造成尴尬气氛。不论何种坐姿,上身都要保持端正,如古人所言的“坐如钟”。拍卖师若坚持这一点,那么不管怎样变换身体的姿态,都会优美、自然。

3. 行姿

行走是人生活中的主要动作,走姿是一种动态的美。“行如风”就是用风行水上来形容轻快自然的步态。拍卖师正确的走姿是：轻而稳，胸要挺，头要抬，肩放松，两眼平视，面带微笑，自然摆臂。

4. 仪态

(1)男性拍卖师

其一是发型发式。男士的发型发式统一的标准就是干净整洁，并且要经常地注意修饰、修理，头发不应该过长。一般认为男士前部的头发不要遮住自己的眉毛，侧部的头发不要盖住自己的耳朵，同时不要留过厚或者过长的鬓角，男士后部的头发，应该不要长过你自己西装衬衫领子的上部。

中国拍卖师风采

其二是面部修饰。男士在面部修饰的时候要注意两方面的问题：男士在进行商务活动的时候，要每天进行剃须修面以保持面部的清洁；同时，男士在商务活动中经常会接触到香烟、酒这样有刺激性气味的物品，所以要注意随时保持口气的清新。

(2)女性拍卖师

其一是发型发式。女士的发型发式应该保持美观、大方,需要特别注意的一点是,在女士选择发卡、发带的时候,它的式样应该庄重大方。

其二是面部修饰。女士的面部修饰应该以淡妆为主,不应该浓妆艳抹,也不应该一点妆也不化。

(二)见面礼仪

1. 握手

它是一种常见的"见面礼",貌似简单,却蕴涵着复杂的礼仪细节,承载着丰富的交际信息,拍卖师必须高度重视。比如,与成功者握手,表示祝贺;与失败者握手,表示理解;与同盟者握手,表示期待;与对立者握手,表示和解;与悲伤者握手,表示慰问;与欢送者握手,表示告别;等等。

标准的握手姿势应该是平等式,即大方地伸出右手用手掌和手指用一点力握住对方的手掌。请注意:这个方法,男女是一样的!在中国很多人以为与女士握手只能握她的手指,这都是错误的!在社交场合,行握手礼时应注意以下几点:

(1)上下级之间:上级伸手后,下级才能伸手相握。

(2)长辈与晚辈之间:长辈伸出手后,晚辈才能伸手相握。

(3)男女之间:女士伸出手后,男士才能伸手相握。

(4)人们应该站着握手,不然两个人都坐着。如果你坐着,有人走来和你握手,你必须站起来。

(5)握手的时间通常是3~5秒钟。匆匆握一下就松手,是在敷衍;长久地握着不放,又未免让人尴尬。

(6)别人伸手同你握手,而你不伸手,是一种不友好的行为。

(7)握手时应该伸出右手,绝不能伸出左手。

(8)握手时不可以把一只手放在口袋。

握手是一种沟通思想、交流感情、增进友谊的重要方式。与他人握手时,目光注视对方,微笑致意,不可心不在焉、左顾右盼,不可戴帽子和手套与人握手。

握手讲究的顺序是"尊者决定",即待女士、长辈、已婚者、职位高者伸出手来之后,男士、晚辈、未婚者、职位低者方可伸出手去呼应。若一个人要与许多人握手,那么有礼貌的顺序是:先上级后下级,先长辈后晚辈,先主人后客人,先女士后男士。

2. 鞠躬

鞠躬,意即弯身行礼,是对他人敬佩的一种礼节方式。拍卖师鞠躬时必须立正、脱帽,不应当边鞠躬边说与行礼无关的话。鞠躬应前视对方,以表尊重的诚意。

3. 致意

致意是一种不出声的问候礼节,常用于与相识的人打招呼。在社交场合里,人们往往采用招手致意、欠身致意、脱帽致意等形式来表达友善之意。对此,拍卖师也应当掌握。

(三)接待礼仪

迎来送往是社会交往接待活动中最基本的形式和重要环节,是表达主人情谊、体现礼貌素养的重要方面。尤其迎接,是给客人良好印象的最重要工作,也是拍卖师不可忽略的工作。

1. 在走廊的引导方法

在客人二三步之前,配合步调让客人走在内侧。

2. 在楼梯的引导方法

当引导客人上楼时,应该让客人走在前面,接待人员走在后面;若是下楼时,应该由接待人员走在前面,客人走在后面。上下楼梯时接待人员应该注意客人的安全。

3. 在电梯的引导方法

引导客人乘坐电梯时,接待人员应先进入电梯,等客人进入后关闭电梯门;到达时由接待人员按开电梯门,让客人先走出电梯门。

4. 在客厅的引导方法

当客人走入客厅,接待人员用手指示,请客人坐下,看到客人坐下后,才能行点头礼,然后离开。如客人错坐下座时,应请客人改坐上座(靠近门的一方为下座)。

5. 乘小轿车的座位排定

如有司机驾驶时,以后排右侧位为首位,左侧次之,中间座位再次之,前座右侧殿后,前排中间为末席。如果由主人亲自驾驶,以驾驶座右侧为首位,后排右侧次之,左侧再次之,而后排中间座为末席,前排中间座则不宜再安排客人。

6. 乘旅行车的座位排定

司机座后第一排即前排为尊,后排依次为小,其座位的尊卑以每排右侧向左侧递减。

（四）卫生礼仪

个人良好的仪容卫生，给人以端庄、稳重、大方的印象。既能体现自尊自爱，又能表示对他人的尊重与礼貌。拍卖师做好个人的仪容卫生，要注意以下几点：

头发要勤于梳洗，发型要朴素大方。男士可选择中分式、侧分式、短平式、后背式，女士可选择齐耳的直发式或留稍长微曲的长发。男士头发不应盖过耳部，不触及后衣领，也不要烫发。女士头发不应遮住脸部，前面留海不要过低，在正式社交场合无论男士还是女士不可将头发染成黑色以外的颜色。

面部要注意清洁与适当的修饰。男士要剃净胡须，刮齐鬓脚，剪短鼻毛，不留小胡子和大鬓角。女士可适当化妆，但以浅妆、淡妆为宜，不可浓妆艳抹，并避免使用气味浓烈的化妆品。

做到勤洗澡，勤换衣袜，勤剪指甲，勤漱口，上班前忌吃大葱、大蒜、韭菜之类有异味的食物，必要时可含一点茶叶或嚼口香糖，以去除异味。

（五）形体语言

在人际交往中，人们的感情流露和交流经常会借助于人体的各种器官和姿态，这就是通常所说的“形体语言”。它作为一种无声的语言，在生活中被广泛地运用，在社交活动包括拍卖活动中有着特殊的意义和重要的作用。

1. 眉毛

眉毛能表达人们丰富的情感，拍卖师同样如此。如舒展眉毛，表示愉快；紧锁眉头，表示遇到麻烦或表示反对；眉梢上扬，表示疑惑、询问；眉尖上耸，表示惊讶；竖起眉毛，表示生气。

2. 眼睛

眼睛是人体传递信息的器官，形体语言中使用频率最高的是人的眼睛，“眼睛是心灵的窗户”，很多人都是通过眼神来与人交谈的，拍卖师也不例外。一般交往中，尤其是谈话双方应关注对方，以眼神表现出热情关切，表示自己是重视对方的谈话，尊重对方，喜欢对方，但切忌直勾勾的盯住对方，上下打量，左顾右盼。目光应正视对方的两眼与嘴部的三角区，表示对对方的尊重；但凝视的时间不能超过四五秒，因为长时间凝视对方，会让对方感到紧张、难堪。如果面对熟人朋友、同事，可以用从容的眼光来表达问候，征求意见，这时目光可以多停留一些时间，切忌迅速移开，不要给人留下冷漠、傲慢的印象。

3. 嘴巴

嘴巴可以表达生动多变的感情，拍卖师常自觉应用。如紧闭双唇，嘴角微微后缩，表示严肃或专心致志；嘴巴张开成O形，表示惊讶；噘起双唇，表示不高兴；撇撇嘴，表示轻蔑或讨厌；咂咂嘴，表示赞叹或惋惜。

4. 手势

人们交往时，手势是语言的最好辅助，如翘起拇指或鼓掌表示钦佩、赞扬；连连摆手表示反对；握紧拳头表示愤怒、焦急；招手叫人过来，挥手表示再见或叫人走开；搔头表示困惑，用力挥手或拍额头表示恍然大悟。

使用专业手势也是拍卖师的基本功。因此，拍卖师必须学会使用专业手势，从而胜任拍卖活动的主持工作。一般而言，掌握拍卖师的专业手势应当明确两点，一是手势因人而异，没有固定模式，只要大方、实用即可；二是手势因事而用，并非每次报价都用手势，只要恰到好处即可。

（六）微笑作用

微笑可以表现出温馨、亲切的表情，能给对方留下美好的心理感受，从而形成融洽的交往氛围，可以反映本人高超的修养，待人的至诚。微笑有一种魅力，它可以使强硬者变得温柔，使困难变容易。微笑是人际交往的润滑剂，是广交朋友、化解矛盾的有效手段。微笑要发自内心，不要假装。笑容是一种令人感觉愉快的面部表情，它可以缩短人与人之间的心理距离，为深入沟通与交往创造温馨和谐的氛围。

在人际交往中和拍卖活动中，保持微笑，至少有以下几个方面的作用。

1. 表现心境良好

面露平和欢愉的微笑，说明心情愉快，充实满足，乐观向上，善待人生，这样的人才会产生吸引别人的魅力。

2. 表现充满自信

面带微笑，表明对自己的能力有充分的信心，以不卑不亢的态度与人交往，使人产生信任感，容易被别人真正地接受。

3. 表现真诚友善

微笑反映自己心底坦荡，善良友好，待人真心实意，而非虚情假意，使人在与其交往中自然放松，不知不觉地缩短了心理距离。

4. 表现乐业敬业

工作岗位上保持微笑，说明热爱本职工作，乐于恪尽职守。如在服务岗位，微笑更是可以创造一种和谐融洽的气氛，让服务对象倍感愉快和温暖。

（七）佩戴饰品

在社交活动中，人们除了要注意服装的选择外，还要根据不同场合的要求佩戴戒指、耳环、项链、胸针等饰品。对此，每个拍卖师都应当知道。

戒指一般只戴在左手，而且最好仅戴一枚，至多戴两枚，戴两枚戒指时，可戴在左手两个相连的手指上，也可戴在两只手对应的手指上。戒指的佩戴可以说是表达一种沉默的语言，往往暗示佩戴者的婚姻和择偶状况。戒指戴在中指上，表示已有了意中人，正处在恋爱之中；戴在无名指上，表示已订婚或结婚；戴在小手指上，则暗示自己是一位独身者；如果把戒指带在食指上，表示无偶或求婚。有的人手上戴了好几个戒指，炫耀财富，这是不可取的。

耳环是女性的主要首饰，其使用率仅次于戒指。佩戴时应根据脸型特点来选配耳环。如圆形脸不宜佩戴圆形耳环，因为耳环的小圆形与脸的大圆形组合在一起，会加强圆的信号；方形脸也不宜佩带圆形和方形耳环，因为圆形和方形并置，在对比之下，方形更方，圆形更圆。

项链也是受到女性青睐的主要首饰之一。它的种类很多，大致可分为金属项链和珠宝项链两大系列。佩戴项链应和自己的年龄及体型协调。如脖子细长的女士佩戴仿丝链，更显玲珑娇美；马鞭链粗实成熟，适合年龄较大的妇女选用。佩戴项链也应和服装相呼应。例如：身着柔软、飘逸的丝绸衣衫裙时，宜佩戴精致、细巧的项链，显得妩媚动人；穿单色或素色服装时，宜佩戴色泽鲜明的项链。这样，在首饰的点缀下，服装色彩可显得丰富、活跃。

此外，胸针、手帕也可作为饰品使用，它们与衣服相配既有对比美，又有协调美，使人显得更有风度。

（八）女士补妆

化彩妆的女士在某些情况下，常会出现妆容残缺的现象。在正式场合，以残妆示人，既有损自己形象，也显得对人不礼貌。因此，及时察觉，适时补妆不可忽视，特别是女拍卖师更应当如此。

为了避免妆容残缺，化妆后要经常进行检查，尤其在出汗之后，用餐之后，休息之后，及时地自察妆容。如发现妆面残缺，要即刻补妆，不要拖延，以免给人留下不良印象。但补妆时，应回避他人，宜选择无人在场的角落或洗手间进行，切勿旁若无人地当众操作。由于补妆只是局部性修补，应该以补为主，只需在妆容残缺的地方稍做弥补即可，不必抹去旧妆重新化妆。如果晚间还要应酬，那么临去前应洗去残妆，重新化一个清新的晚妆。晚妆可以浓一些，但忌过于浓艳。当然也要注意适时补妆。

(九)常见的不良举止

1. 使用手机不当

手机是现代人们生活中不可缺少的通讯工具,如何通过使用这些现代化的通讯工具来展示现代文明,是生活中不可忽视的问题。如果事务繁忙,不得不将手机带到社交场合,那么你至少要做到以下几点:将铃声降低,以免惊动他人。铃响时,找安静、人少的地方接听,并控制自己说话的音量。如果在车里、餐桌上、会议室、电梯中等地方通话,尽量使你的谈话简短,以免干扰别人。如果下次你的手机再次响起的时候,有人在你旁边,你必须道歉说:“对不起,请原谅”。然后走到一个不会影响他人的地方,把话讲完再入座。如果有些场合不方便通话,就告诉来电者说你会打回电话的,不要勉强接听而影响别人。

2. 当众嚼口香糖

有些人必须嚼口香糖以保持口腔卫生,那么,我们应当注意在别人面前的形象。咀嚼的时候闭上嘴,不能发出声音;并把嚼过的口香糖用纸包起来,扔到垃圾箱。

3. 当众挠头皮

有些头皮屑多的人,往往在公众场合忍不住头皮发痒而挠起头皮来,顿时皮屑飞扬四散,令旁人大感不快。特别是在那种庄重的场合,这样是很难得到别人谅解的。

4. 当众打哈欠

在交际场合,打哈欠给对方的感觉是:你对他不感兴趣,表现出很不耐烦了。因此,如果你控制不住要打哈欠,一定要马上用手盖住你的嘴,跟着说:“对不起。”

5. 当众挖鼻孔或掏耳朵

有些人习惯用小指、钥匙、牙签、发夹等当众挖鼻孔或者掏耳朵,这是一个很不好的习惯。尤其是在餐厅或茶坊,别人正在进餐或茶,这种不雅的小动作往往令旁观者感到非常恶心,故是很不雅的举动。

案例46　接听手机妨碍拍卖

沿海某城市,一场罚没物资拍卖会正在一家饭店里举行。大厅里座无虚席,槌起槌落间,已有数件标的卖出。正在人们聚精会神地关注下面的拍卖时,场上的所有人惊讶地发现,主持拍卖的那位拍卖师不见了。人们疑惑不解,拍卖师怎么会在瞬间奇迹般地消失了呢?这时,从拍卖台处传来声音:“哎,我知道了,拍卖会结束后我再给你回复。”原来拍卖师蹲在拍卖台下接手机呢。

三、服饰礼仪

(一)拍卖师着装

拍卖师的着装包括“穿与戴”。

穿衣要得体,这是最基本的要求。只要是适合自己体形,漂亮又有新意的衣服,就应当大胆穿着。服饰的个性,也能让人判出你的审美观和性格特征。服饰式样过时,人家会认为你刻板守旧;太过超前会让人觉得你轻率固执,我行我素;这两种情况都可能让人得出“此人不好接近”的结论,自然会影响你在拍卖活动中的形象。

1. 性别差异

男性拍卖师的穿着,应当从外衣、衬衣、裤子、袜子、鞋子的装束是否得体、整洁等来判断。提倡男性拍卖师凡主持拍卖活动均穿西装,打领带。

女性拍卖师的穿着,应当从服装样式、眉眼、唇、指甲的化妆到耳、脖、腕、指等的首饰的有无、齐全等来判断。提倡女性拍卖师主持拍卖活动也以穿西装为主,但并不是千篇一律。

2. 年龄差异

年轻拍卖师的穿着可追求两种类型。一种是“少年老成型”,即衣料虽不高级但裁剪讲究,颜色偏深灰,式样大方不戴饰物,给人一种年少不愚、略显成熟的印象。另一种是“蓬勃进取型”,即衣料略为考究,颜色明亮浅淡,式样新潮,注重饰物(包括领带夹、纸绢、首饰等),给人一种朝气散发、自信进取的印象。

年长拍卖师的穿着也可追求两种类型。一种是“深沉庄重型”,即衣料讲究,裁剪得体,颜色深纯,饰物简单但质地贵重,给人一种庄严、敬畏、矜持稳重的感觉。另一种是“和蔼通达型”,即衣料属中高档,裁剪一般,颜色浅淡,式样不太老气,饰物简单通俗,给人一种平易近人、交流通畅的感觉。

(二)着装原则

服饰是非语言交流的重要媒介,人们常借这种交流媒介不断地传递和吸收信息。服饰可作为一种手段来进行自我保护、自我表现、自我否定,掩盖缺陷,确认所属的社会集团,显示地位和角色。很多个人属性可通过良好的服饰来表达。这些特征包括性别、年龄、民族、国籍、与异性的关系、社会地位和经济地位、所属集团和从事的职业、精神状态、个性、态度、兴趣和价值观念。

着装,指服装的穿着。但从礼仪的角度看,着装不能简单地等同于穿衣。它是着装人基于自身的阅历修养、审美情趣、身材特点,根据不同的时间、场合、目的,力所能及地对所穿的服装进行精心的选择、搭配和组合。在各种正式场合特别是拍卖会举办期间,注重个人着装的拍卖师能体现仪表美,增加交际魅力,给人留下良好的印象,使人愿意与其深入交往,同时,注意着装也是每个事业成功者的基本素养。

服装是一种无声的语言,如何着装可从一个侧面真实地传递出一个拍卖师的修养、性格、气质、爱好与追求。要使着装后的个人形象富有神韵和魅力,应遵循以下原则:

1. 整体性原则

正确的着装,能使形体、容貌等形成一个和谐的整体美。服饰的整体美构成因素是多方面的,包括人的形体和内在气质、服装饰物的款式、色彩、质地、加工技巧乃至着装的环境等等。孤独地看一个事物的各个部份可能不美,但就整体看却可能显得很美。

着装的整体美是由服饰的内在美与外在美构成的。外在美指人的形体及服饰的外在表现;内在美指人的内在精神、气质、修养及服装本身所具有的"气韵"。打扮是外在的,拍卖师若能不断充实自己的内涵,培养自己优雅的风度及高贵的气质,那么着装上一定是成功的。

2. 个性化原则

着装的个性原则不单指通常意义上的个人的性格,它是主要方面,还包括一个人的年龄、身材、气质、爱好、职业等因素在外表上的反映所构成的个人的特点。有的人穿上崭新的服装,觉得浑身不自在,变得傻愣呆板,就因为这衣服不是他的个性表达,仍是外加的壳。各式服装有自己的风格和内涵,理解服装应如同理解自身一样,就能找到适合自己穿的衣服。对拍卖师来说,只有个性化的着装,才能与自己的个性和谐一致,才能烘托个性、展示个性,保持自我以别于他人;只有当服饰与个性协调时,才能更好地发挥其效应,塑造出自己的最佳形象和礼仪风貌。

3. 符合"社会角色"原则

人们的社会生活是多方面的、多层次的,在不同的社会场合,扮演不同的社会角色。在社会活动中,人们的仪表、言行必须符合他的身份、地位、社会角色,才能被人理解,被人接受。人们对拍卖师的期望形象是:热情有礼,衣服整洁,洒脱端庄,精明练达,富有责任心。如果一个颇有实力的拍卖师,蓬头垢面,破衣烂衫,卑贱胆小,出现在众人面前,就很难让人相信他的主持实力。因此,利用得体的着装,可以满足他人对自己社会角色的期待,促成社交成功。

(三)职业服装的穿着

穿衣应分场合,尤其在拍卖活动举办的场合,应庄重保守,不可以强调个性,过于时髦或太随便,应穿西装、套装、套裙,颜色为藏蓝色、灰色、白色衬衫,肉色丝袜、黑色皮鞋,不能穿背心、短裤、健美裤、超短裙、迷你裙、皮裙、露脐装等。

穿着职业服装不仅是对服务对象的尊重,同时也使拍卖师有一种职业的自豪感、责任感,是敬业、乐业在服饰上的具体表现。规范穿着职业服装的要求是整齐、清洁、挺括、大方。

注重礼仪的外国拍卖师

1. 整齐

服装必须合身,袖长至手腕,裤长至脚面,裙长过膝盖,尤其是内衣不能外露;衬衫的领围以插入一指大小为宜,裤裙的腰围以插入五指为宜。不挽袖,不卷裤,不漏扣,不掉扣;领带、领结、飘带与衬衫领口的吻合要紧凑且不系歪;如有工号牌或标志牌,要佩戴在左胸正上方,有的岗位还要戴好帽子与手套。

2. 清洁

衣裤无污垢、无油渍、无异味,领口与袖口处尤其要保持干净。

3. 挺括

衣裤不起皱,穿前要烫平,穿后要挂好,做到上衣平整,裤线笔挺。

4. 大方

款式简练、高雅,线条自然流畅,便于岗位接待服务。

(四)西服的穿着

西服是一种国际性服装,亦是拍卖师主持的常用服装。一套合体的西服,可以使着装者显得潇洒、精神,风度翩翩。人们常说:“西服七分在做,三分在穿”,那么,怎样穿西服才算得体呢?

1. 讲究规格

西服有二件套、三件套之分,正式场合应穿同质、同色的深色毛料套装。二件套西服在正式场合不能脱下外衣。按习俗,西服里面不能加毛背心或毛衣。在我国,至多也只能加一件V字领羊毛衣,否则显得十分臃肿,以致破坏西服的线条美。

2. 穿好衬衫

衬衫为单色,领子要挺括,不能有污垢、油渍。衬衫下摆要放在裤腰里,系好领扣和袖扣。衬衫衣袖要稍长于西装衣袖0.5~1厘米,领子要高出西装领子1~1.5厘米,以显示衣着的层次。

3. 系好领带

西装驳领间的V字区最为显眼,领带应处在这个部位的中心,领带的领结要饱满,与衬衫的领口吻合要紧凑,领带的长度以系好后下端正好触及腰上皮带扣上端处为最标准。领带夹一般夹在衬衫第三粒与第四粒扣子间为宜。西装系好钮扣后,不能使领带夹外露。

4. 用好衣袋

西服上衣两侧的口袋只做装饰用,不可装物品,否则会使西服上衣变形。西服上衣左胸部的衣袋只可放装饰手帕。有些物品,如票夹、名片盒可放在上衣内侧衣袋里,裤袋亦不可装物品,以求臀位合适,裤形美观。

5. 系好钮扣

双排扣的西服要把钮扣全部系上,以示庄重。单排两粒扣,只扣上面一粒钮扣,三粒扣则扣中间一粒,坐下时可解开。单排扣的西服也可以全部不扣。

6. 穿好皮鞋

穿西服一定要穿皮鞋，皮鞋要每天保持光亮整洁，而且裤子要盖住皮鞋鞋面。不能穿旅游鞋、轻便鞋或布鞋、露脚趾的凉鞋，也不能穿白色袜子和色彩鲜艳的花袜子。男士宜着深色线织中筒袜，切忌穿半透明的尼龙或涤纶丝袜。在选择袜子的时候要注意，袜子的质地、透气性要良好，同时袜子的颜色必须保持和西装的整体颜色相协调。穿深色皮鞋的时候，袜子的颜色也应该以深色为主，并避免出现比较花哨的图案。

（五）休闲服装的穿着

休闲服装是指在休闲场合所穿的服装，而非拍卖会上所穿的服装。所谓休闲场合，就是人们在公务、工作外，置身于闲暇地点进行休闲活动的时间与空间。如居家、健身、娱乐、逛街、旅游等都属于休闲活动。穿着休闲服装，追求的是舒适、方便、自然，给人以无拘无束的感觉。

适用于休闲场合穿着的服装款式，一般有家居装、牛仔装、运动装、沙滩装、茄克衫、T恤衫等。男式西服也可以做成休闲装，做男式休闲西服，面料有小格子薄呢、灯心绒、亚麻、卡丹绒等，式样大多数为不收腰身的宽松式，背后不开叉，有的肘部打补丁，有的采用小木纹钮扣等等。

正规的西装如果内穿T恤衫、花格衬衫、牛仔布衬衫、半高领羊毛衫或西服上装配牛仔裤，灯心绒休闲西服配正规西裤，以致不同面料、不同颜色的西服上下装组合也能穿出休闲味来。

（六）正式场合的穿着

在隆重的正式场合男性除穿中山装外，还可穿西服或庄重的民族服装。女性按季节与活动性质的不同，可穿西服（配着西裤或裙）、民族服装、中式上衣配长裙或长裤、旗袍、连衣裙等；夏季也可穿长、短袖衬衫配长裤或长裙。

参加葬礼和吊唁活动，男性一般可着黑色或深色中山装或西服，女性着深色服装，内穿白色或暗色衬衣，不用花手帕，不抹口红，不戴装饰品。

俗话说："鞋袜半身衣。"就是说，光有好看的衣着是不够的，还要配上合适的鞋袜，男士穿黑色系带皮鞋、深色袜子，显得庄重大方，能适应各种衣着；女士穿中跟皮鞋显得精神和健美。皮鞋要上油擦亮，在隆重的正式场合，女士应穿长统丝袜或裤袜，不宜穿短袜，袜口不能露在衣裙之外。

第三节 拍卖师道德素质

一、职业道德

（一）职业道德的概念

所谓职业道德，就是同人们的职业活动紧密联系的符合职业特点所要求的道德准则、道德情操与道德品质的总和。

每个从业人员，不论是从事哪种职业，在职业活动中都要遵守道德。如教师要遵守教书育人、为人师表的职业道德，医生要遵守救死扶伤的职业道德，拍卖师要遵守公开、公平、公正的职业道德等等。

职业道德不仅是从业人员在职业活动中的行为标准和要求，而且是本行业对社会所承担的道德责任和义务。职业道德是社会道德在职业生活中的具体化。正确理解职业道德需要掌握以下四点：

1. 在基本内容方面

职业道德总是要鲜明地表达职业义务、职业责任以及职业行为上的道德准则。它不是一般地反映社会道德和阶级道德的要求，而是要反映职业、行业以至产业特殊利益的要求；它不是在一般意义上的社会实践基础上形成的，而是在特定的职业实践的基础上形成的，因而它往往表现为某一职业特有的道德传统和道德习惯，表现为从事某一职业的人们所特有的道德心理和道德品质，甚至造成从事不同职业的人们在道德品貌上的差异。如人们常说，某人有“军人作风”、“工人性格”、“农民意识”、“干部派头”、“学生味”、“学究气”、“商人习气”等。

2. 在表现形式方面

职业道德往往比较具体、灵活、多样。它总是从本职业的交流活动的实际出发，采用制度、守则、公约、承诺、誓言、条例，以至标语口号之类的形式，这些灵活的形式既易于为从业人员所接受和实行，而且易于形成一种职业的道德习惯。

3. 在调节范围方面

职业道德一方面是用来调节从业人员内部关系，加强职业、行业内部人员的凝聚力；另一方面，它也是用来调节从业人员与其服务对象之间的关系，用来塑造本职业从业人员的形象。

4. 在产生效果方面

职业道德既能使一定的社会或阶级的道德原则和规范“职业化”，又能使个人的道德品质“成熟化”。职业道德虽然是在特定的职业生活中形成的,但它绝不是离开阶级道德或社会道德而独立存在的道德类型。在阶级社会里,职业道德始终是在阶级道德和社会道德的制约和影响下存在和发展的;职业道德和阶级道德或社会道德之间的关系,就是一般与特殊、共性与个性之间的关系。任何一种形式的职业道德,都在不同程度上体现着阶级道德或社会道德的要求。同样,阶级道德或社会道德,在很大范围上都是通过具体的职业道德形式表现出来的。与此同时,职业道德主要表现在实际从事一定职业的成人的意识和行为中,是道德意识和道德行为成熟的阶段。职业道德与各种职业要求和职业生活结合,具有较强的稳定性和连续性,形成比较稳定的职业心理和职业习惯,以致在很大程度上改变人们在学校生活阶段和少年生活阶段所形成的品行,影响道德主体的道德风貌。

（二）职业道德的特点

职业道德有以下一些特点:

1. 职业道德具有适用范围的有限性

每种职业都担负着一种特定的职业责任和职业义务。由于各种职业的职业责任和义务不同,从而形成各自特定的职业道德的具体规范。

2. 职业道德具有发展的历史继承性

由于职业具有不断发展和世代延续的特征,不仅其技术世代延续,其管理员工的方法,与服务对象打交道的方法,也有一定历史继承性。如“有教无类”、“学而不厌,诲人不倦”,从古至今始终是教师的职业道德。

3. 职业道德表达形式多种多样

由于各种职业道德的要求都较为具体、细致,因此其表达形式多种多样。

4. 职业道德兼有强烈的纪律性

纪律也是一种行为规范,但它是介于法律和道德之间的一种特殊的规范。它既要求人们能自觉遵守,又带有一定的强制性。就前者而言,它具有道德色彩;就后者而言,又带有一定的法律的色彩。就是说,一方面遵守纪律是一种美德,另一方面,遵守纪律又带有强制性,具有法令的要求。例如,工人必须执行操作规程和安全规定,军人要有严明的纪律等等。因此,职业道德有时又以制度、章程、条例的形式表达,让从业人员认识到职业道德又具有纪律的规范性。

（三）职业道德的作用

职业道德是社会道德体系的重要组成部分,它一方面具有社会道德的一般

作用,另一方面它又具有自身的特殊作用,具体表现在:

1. 调节人员关系

职业道德的基本职能是调节职能。它一方面可以调节从业人员内部的关系,即运用职业道德规范约束职业内部人员的行为,促进职业内部人员的团结与合作。如职业道德规范要求各行各业的从业人员,都要团结、互助、爱岗、敬业,齐心协力地为发展本行业、本职业服务;另一方面,职业道德又可以调节从业人员和服务对象之间的关系。如职业道德规定了制造产品的工人要怎样对用户负责,营销人员怎样对顾客负责,医生怎样对病人负责,教师怎样对学生负责等等。

2. 维护企业信誉

一个行业、一个企业的信誉,也就是它们的形象、信用和声誉,是指企业及其产品与服务在社会公众中的信任程度,提高企业的信誉主要靠产品的质量和服务质量,而从业人员职业道德水平高是产品质量和服务质量的有效保证。若从业人员职业道德水平不高,很难生产出优质的产品和提供优质的服务。

3. 促进行业发展

行业、企业的发展有赖于高的经济效益,而高的经济效益源于高的员工素质。员工素质主要包含知识、能力、责任心三个方面,其中责任心是最重要的。而职业道德水平高的从业人员其责任心是极强的,因此,职业道德能促进本行业的发展。

4. 推动社会进步

职业道德是整个社会道德的主要内容。职业道德一方面涉及到每个从业者如何对待职业,如何对待工作,同时也是一个从业人员的生活态度、价值观念的表现;是一个人的道德意识,道德行为发展的成熟阶段,具有较强的稳定性和连续性。另一方面,职业道德也是一个职业集体,甚至一个行业全体人员的行为表现,如果每个行业,每个职业集体都具备优良的道德,对整个社会道德水平的提高肯定会发挥重要作用,从而推动整个社会的进步。

(四)拍卖师职业道德

拍卖师职业道德通常包括政治态度、思想品德、人格情操三个方面。

1. 政治态度

我国正处于社会主义初级阶段,凡是热爱祖国,有民族自尊心和正义感的公民包括拍卖师,都应当以热忱的态度、积极的方式拥护党以经济建设为中心,坚持四项基本原则,坚持改革开发的基本路线。在职业劳动中努力提高自身的素质,为促进科技进步,推动生产力发展做贡献,做有理想、有道德、有文化、守纪律的社会主义建设者。

2. 思想品德

拍卖师职业道德是指人品、德行，正确的人生观、价值观。以追求社会经济进步为己任，全心全意为人民服务，是高尚思想品德的集中体现。然而拍卖师要实现自己的人生理想，无愧于拍场裁判的美誉，必须以积极的人生态度抵制拜金主义、极端个人主义等腐朽思想的侵蚀，崇尚真、善、美，摒弃假、丑、恶，正确认识拍卖主持工作的价值和意义，热爱拍卖专业，做不唯利是图，脱离低级趣味，有益于人民的人。

3. 人格情操

拍卖主持工作维系着人们的合法权益与社会的公平正义。因此，当代拍卖师的理想人格情操应是：有自尊、自重、自强不息的奋斗不息的精神；为追求拍卖行业的进步而勤奋学习，刻苦钻研业务；对保障公平竞争有高度的社会责任感和纯朴情怀；自知、自爱，正视自己在能力、品质、行为方面的弱点，力求不断自我完善。以人格的力量敬业，在奉献中提高自己的精神境界。

不断培训的中国拍卖师

总之，拍卖师应当达到的目标是：职业精神的最高水准，职业表现的最高水平，服务于公共利益的最好形象。这实际上也是拍卖师职业道德的要求。具体来讲，拍卖师职业道德的三项要求是：良好的个人声誉、高尚的职业精神、优质的服务质量。其职业道德所遵循的基本原则是：公正客观的职业方法，严谨负责的胜任能力。

二、职业守则

（一）职业守则的内容

1. 遵纪守法，恪守行规

拍卖师应当具有较强的法制观念，认真学习党和国家的路线、方针、政策，在职业活动中必须服从法律，坚持依法办事，忠于职守，廉洁自律。要以国家利益、社会利益、企业利益、群众利益为重，树立合法求利的效益观念，出以公心，不谋私利。要严格遵守合情、合理、合法的行规行约，严格遵守企业制定的规章制度，集中精力做好本职工作。

2. 诚实守信，公平公正

拍卖师应当坚持诚实信用原则，提高企业诚信服务，防止企业信用缺失，维护企业良好形象，在职业活动中言而有信，不欺不诈，遵守合同约定，自觉履行义务，杜绝见利忘义、投机取巧的行为发生。要坚持平等待人，不偏不倚，维护正常的市场秩序，保护拍卖活动各方当事人的合法权益。

3. 爱岗敬业，热情服务

拍卖师应当树立正确的世界观、人生观和价值观，具有高度的事业心和责任感，坚持干一行爱一行，干一行干好一行，立足本职，放眼全局，提高个人修养，树立自身形象，为企业多出力，为社会多奉献。要发扬团结协作精神，坚持务实高效运作，想客户所想，急客户所急，以礼待人，热情周到，多说敬词、谦词、婉词，尽一切努力为客户提供优质服务，充分发挥拍卖机构的重要作用。

4. 勤奋钻研，精通业务

拍卖师应当具备较丰富的基础知识、专业知识和综合知识，坚持勤奋学习，自觉刻苦钻研，争取用符合时代的最新鲜的知识武装自己，跟上现代科技迅猛发展的步伐，在职业活动中始终保持较充分的知识含量，努力创造更多的切实可行的智力成果。要锐意进取，开拓创新，充分掌握业务基本技能，不断提高业务综合素质，从而胜任本职工作，顺应社会发展。

(二)职业守则的作用

1. 规范行为

职业守则属于一种社会规范,用来规范各行业从业人员的职业行为,具有较强的规范作用。拍卖师职业守则在这方面的主要作用是:

(1)指引作用

即对拍卖师的行为起到导向、引路的作用。

其一,确定性指引。

通过职业守则规定一定的义务,要求拍卖师依照守则规定做出或抑制一定的行为,防止违反职业守则的规定各行其是。

其二,选择性指引。

通过职业守则授予一定的权力,给拍卖师创造一种选择的机会,让其可以自行决定是否这样行为,鼓励他们从事职业守则所允许和提倡的行为。

(2)评价作用

即对拍卖师的行为起到判断、衡量的作用。

其一,明确性。

职业守则对拍卖师行为的评价具有一定的明确性。什么行为正当或是不正当、可做或不可做、必须做或禁止做,通常都一目了然,便于适用。

其二,有效性。

职业守则对拍卖师行为的评价具有普遍的有效性。不管什么人,只要从事拍卖活动,都应当遵守职业守则,职业守则确定的规范对其行为都是有效的。

(3)非强制作用

即职业守则不像法律规范那样,是国家制定或认可、国家强制力保证实施的社会规范。相反,职业守则不具有强制作用,故不应当等同于法律适用。

其一,相对性。

职业守则一般只适用于某个行业,甚至是某个行业中的某个工种,因此,它不具有各行业普遍的约束力,而是仅在一个相对狭小的范围内发生作用。

其二,示范性。

职业守则往往以其进步内容向人们灌输占支配地位的意识形态,使之渗透到人们的心中,并借助于人们的行为使之进一步传播,从而对人们的行为起到示范和促进的作用。

2. 提高素质

职业守则不是法律,但它同样具有鞭策人、教育人,提高人们素质的重要作用。

(1)思想道德素质

提高思想道德素质的基本任务是坚持爱国主义、集体主义、社会主义教育，加强社会公德、职业道德、家庭美德建设，引导人们树立建设有中国特色社会主义的共同理想和正确的世界观、人生观、价值观，以为人民服务为核心，以集体主义为原则，以爱祖国、爱人民、爱劳动、爱科学、爱社会主义为基本要求，在全社会形成团结互助、平等友爱、共同前进的人际关系。因此，拍卖师在日常经营活动中，严格遵守与思想道德素质内涵一致的职业守则，便有助于提高思想道德素质，是提高思想道德素质的一种反映和表现。

(2)科学文化素质

科学文化素质的高低同样影响着行业发展的兴衰，如果拍卖师坚持科学技术是第一生产力的理念，按照职业守则的要求，把刻苦学习当做终身任务和自觉行为，不断学习，勇于实践，崇尚科学精神，坚持科学思维，努力积累和储备科学知识，争取建立信息、技术、知识优势，那么就能够切实提高自身的科学文化素质，并及时将科学技术转化为生产力，从而造福于企业和社会。

(3)职业素质

职业素质是国民素质的重要组成部分，与思想道德素质和科学文化素质享有同样的重要地位。拍卖师的职业素质是指在拍卖活动中拍卖师的基本素质，即应当具有团队精神和协作能力，善于沟通和配合，能通过一定的个体行为、群体行为和企业行为，开展有效的经营和管理，为企业和社会创造财富。为了提高职业素质，制定和遵守拍卖师职业守则是有效途径之一，提高职业素质离不开职业守则，职业守则是提高职业素质的工具，二者相互联系和作用。

3. 加强精神文明建设

社会主义现代化事业是物质文明和精神文明相辅相成、协调发展的事业，在推进物质文明建设的同时，我们还要努力推进精神文明的建设，从这个意义上讲，制定和遵守拍卖师职业守则对于加强精神文明建设具有十分重要的作用。

(1)基础作用

精神文明是一个广泛的概念，内容丰富，体系庞大，包括先进文化即先进的意识形态及与之相适应的制度和机构。因此，各行各业的职业守则包括拍卖师职业守则也是它的具体内容，并与先进文化的其他内容共同构成精神文明。没有这些具体内容作为基础，精神文明就是无源之水、无根之木，所以，职业守则在加强精神文明建设方面必然发挥着一定的基础作用。

(2)补充作用

精神文明是一个不断发展和完善的体系，其中一些内容消失了，而另一些内容又产生了，如此循环往复、川流不息。在这种情况下，某个行业的职业守则制定出来，便会成为整个精神文明体系中的一种补充，从而使其增加和更新内容。尽管它不是精神文明的主要内容，但它可能填补了某个领域或者某个方面的空白。正是这种永无止境的新陈代谢，才使精神文明的完整体系永葆青春，职业守则的作用也被发挥出来。

(3)直接作用

由于职业守则是精神文明的组成部分，因此，健康良好的职业守则必然对加强精神文明建设起着直接作用，而不是间接作用。各行各业都要加强精神文明建设，各行各业的职业守则便都对精神文明建设产生影响，从而丰富特定范围内精神文明的内容，直接推动精神文明建设的发展。

(4)促进作用

制定职业守则是对精神文明的静态建设，它使精神文明的内容体系得到丰富和加强；而遵守职业守则则是对精神文明的动态建设，它使精神文明的内容得到实践。通过这种实践，人们能够有效地验证职业守则的合理性和正确性，并在总结、借鉴的基础上加以完善，这就必然对推动精神文明建设起着积极的促进作用，使精神文明在动态建设过程中不断提高水平。

粮油竞价交易师培训

第五章　拍卖师主要技能

第一节　拍卖师的策划技能

一、策划基本知识

（一）策划概念

策划是指为了实现预期的目标而提出谋略和方法。对此可以从两个方面理解：

1. 策划是事前从事的准备活动

即为了实现一定的目标进行计划和决策，它必须反映事物的内在规律。

2. 策划是主观思维的集中表现

即为了实现一定的目标进行思考和想象，它必须符合客观的发展过程。

（二）策划类型

1. 战略策划

战略策划是指制定组织长期发展的基本思路、计划、方针等。它是一个包括市场机会、根本目的、竞争手段、行动步骤的思想体系，是组织为实现各种特定目标、以求自身发展而设计的行动纲领和方案，目的是解决组织带有全局性、长远性和根本性的问题。

2. 管理策划

管理策划是指制定非人力资源与人力资源配合的方案。它是一个包括机构设置、岗位设置、岗位标准、业务流程、保证机制的操作系统，广泛涉及组织的人力资源管理、财务管理、质量管理、销售管理、客户管理等领域和层面。

3. 营销策划

营销策划是指制定关于产品、形象等组织价值在市场上实现的方案。它是一个包括产品定位、价格定位、渠道定位、市场定位、促销手段等方面的操作系统，是组织与外部环境相连接的界面，广泛涉及营销目标、营销定位、营销策略、营销战术等主要内容。

4. 形象策划

形象策划是指制定组织形象战略，设计组织识别系统的方案。用来体现本组织区别于其他组织的特征和标志，塑造组织在社会公众心目中的特定位置和形象。它具有判别化、系统化、长期化特征，包括理念识别、行为识别和视觉识别三位一体的主要内容。

5. 产品策划

产品策划是指制定开发适销对路的产品以最大限度地满足客户需要的方案。它包括市场调研、产品创意、设计产品、开发产品、生产工艺等各个环节的整体规划，不仅涉及物质形态的产品，还涉及非物质形态的服务。

6. 品牌策划

品牌策划是指制定具有市场影响力能力的产品或服务的方案。它包括名牌观念、商标保护、市场定位、品质控制、销售管理、市场推广等诸多环节的整合。

7. 项目策划

项目策划是指制定"一次性"工作任务启动、实施、完成的方案。它具有很强的应用性，是在既定的资源和要求的约束下，为实现某种目的而从事的策划。

8. 广告策划

广告策划是指制定有效开展广告活动的方案。它包括针对广告调查、广告目标、广告对象、广告媒介、广告合作、广告发布、广告效果等的各项工作如何开展，如何达到预期目标等内容，通常涉及单个广告策划和整体广告策划两种类型。

9. 公关策划

公关策划是指制定有效开展组织与公众之间双向沟通和了解的方案。它是组织塑造良好形象的前提和过程，又是组织具有良好形象的标志和结果，通常涉及公关目标、公关任务、公关手段等主要内容。

10. 危机策划

危机策划是指制定有效化解风险的方案。它是组织面临各种危机出现时的对策，既有事先预案型方案，又有事后应急型方案，包括预防风险、化解风险、损失处理等主要内容。

中国大陆部分国际拍卖策划师在海南

(三)策划方案

1. 创意法

创意法就是运用形象思维描绘策划全局的框架，然后再用简洁的语言表述策划整体的概要，并能够充分把握人力资源、物力资源、财力资源、社会资源以及各种可以动用资源的变动趋势和发展趋势。

如拍卖机构策划一场拍卖活动，必须首先产生一些创意，考虑一个大致的方案，构思一个资源整合的蓝图，这样才能明确目标并付诸实施。

2. 系统法

系统法就是从事物完整系统的一个方面或几个方面或整体出发，对其进行不同角度的深入分析，将各要素科学地联系起来，从而找出规律，发现线索，形成理想的策划方案。

如拍卖机构进行拍卖活动策划，必须调动方方面面的因素，考虑方方面面的问题，理顺各要素之间的逻辑关系，这样才能使自己的策划方案切实可行。

3. 经验法

经验法就是根据以往经验，找出与本次策划背景相似的一些案例，经过分析加工，形成一项新的策划方案。

如拍卖机构可根据自己过去举办拍卖活动的实践，总结经验，吸取教训，完善改进，从而面对新的形势和环境，产生新的思路和理念，最后进行良好有效的策划。

二、拍卖策划方案的拟定

（一）拟定方案的原则

1. 创新原则

创新原则是拟定拍卖策划方案的基本原则。只有创新，方案才能标新立异，推陈出新。

坚持创新原则首先是观念创新，然后才能扩展到概念创新、内容创新、方式创新、行为创新等。如有的拍卖机构举办拍卖活动，同时推出房产和粮油两大类完全不同的标的进行同场拍卖。这便是拍卖内容和模式的创新。

2. 系统原则

系统原则要求拟定拍卖策划方案充分考虑到各方面因素的有机联系，坚持做到有效的资源整合。

如举办一场拍卖活动必须面临一个时期国家政策法律环境的变化，因而拟定方案必须适应这种变化，对方案内容有系统的思考，即将相关连或不相关连的事物联系起来，从而发挥方案的整合作用。

3. 客观原则

客观原则要求拟定拍卖策划方案的思路、计划和内容等符合客观实际情况，符合事物发展的客观规律，在实践中有很强的针对性。

如拍卖机构在新粮上市前组织陈粮拍卖活动，一方面可以通过集中销售增加市场供应量，从而适度缓解粮食供应紧张的局面；另一方面，又可以减少相关机构的财政压力，腾仓泻库，以迎接新粮上市。这就需要拍卖策划方案与当时的市场状况及发展趋势高度吻合，防止闭门造车型的成果产生。

4. 时效原则

时效原则要求拟定拍卖策划方案切实把握时机，与时俱进，处理好时机与效果之间的关系。

在高速发展的现代社会,各种情况变化无常,市场竞争日趋激烈,再好的拍卖策划方案一旦失去时机,就难以达到预期效果,拍卖机构要防止时过境迁型的成果产生。如拍卖机构应当因时制宜举办拍卖活动,过早过晚都难达到预期效果。

5. 可操作性原则

可操作性原则要求拟定拍卖策划方案充分考虑到其是否便于运用实施,努力做到良好创意能够转化为实际效果。

如拍卖机构准备推出科技含量较高的计算机拍卖系统辅助拍卖活动,但前提是所有拍卖当事人对这种系统能够掌握,特别是竞买人能够比较熟练的运用该系统,在实际操作过程中没有障碍,否则这种系统就很难发挥应有的作用,从而无法实现拍卖机构的策划意图。

(二)拟定方案的方法

1. 讨论法

这种方式是指拍卖机构拟订方案时,最大限度地做到集思广益,广泛征求各方面的意见,并能有效地去伪存真,去粗取精,从而在集体讨论的基础上,形成一项质量较高的拍卖策划方案。

采用讨论法拟定拍卖策划方案,一方面要注重听取各方面专家的意见,以保证方案的起点较高、理论性强等特征;另一方面也要注重听取一线操作人员的意见,以保证方案的便于操作、实践性强等特征。

2. 组合法

这种方法是指拍卖机构拟订方案时,把不同创意和内容的方案草稿进行拼合,博采众长,择优入选,从而在有效整合的基础上,形成一项质量较高的拍卖策划方案。

采用组合法拟定拍卖方案,其前提条件是已经同时有几项方案初步草成,如此才能进行加工处理。在组合过程中,拍卖机构要善于发现和保留各项方案中的优点、亮点,勇于割舍和放弃各项方案中的缺点、弱点,力争使组合形成的方案合理、到位。

3. 变更法

这种方法是指拍卖机构拟订方案时,对以往的拍卖策划方案进行翻新改良,从而在推陈出新的基础上,形成一项质量较高的拍卖策划方案。

采用变更法拟定拍卖策划方案,关键是要有以往未被采用和实施的陈旧方案可供参考与借鉴。这里所说的"陈旧"非指过时,而是在过去的拍卖活动中属于备选的次优拍卖策划方案。因此拍卖机构可根据即将举办的拍卖活动的类型、特点等基本情况，决定采用变更法拟定新的适用性强的拍卖策划方案。

（三）拟定方案的注意事项

1. 叙述条理化

每个可行性方案都有自身独特的优点和不利之处，因此，拍卖机构在拟定方案时，对方案的利弊叙述应当有逻辑性和系统性，充分做到文字简明，数据确切，以理服人。

2. 形象直观化

拍卖机构在拟定方案时，应当尽量采用形象、比较直观的图表来进行说明，从而更生动地反映事物的客观规律。

3. 整体完备性

拍卖机构在拟定方案时，应当尽量提供多项可行性方案，使得决策者在择优时对方案有较大的选择性，从而保证选送方案的最优化。

关于拍卖策划的有关书籍

4. 相互排斥性

即各种不同方案之间是相互排斥的，非此即彼，不能相互替代，也不能用一个方案包含另一个方案。

三、拍卖策划方案的内容

拍卖策划方案是拍卖机构举办拍卖活动的行动指南，但其内容却并非天下统一，而是因事而异的。其主要内容通常有以下一些：

（一）拍卖项目分析

即拍卖标的的相关情况分析。主要包括：(1)拍卖标的的基本情况；(2)拍卖标的的市场行情；(3)从事拍卖的优劣势分析；(4)从事拍卖的效果及风险预测。

（二）拍卖招商计划

即拍卖活动的市场推广。主要包括：(1)拍卖活动的信息发布（以拍卖公告为主，必要时借助新闻宣传）；(2)开展业务洽谈等联络，寻找目标客户群（包括委托人和竞买人）；(3)拍卖标的的展示；(4)拍卖文件的编制与传递（文件内容包括拍卖活动的时间、地点、拍卖规则和相关人员的安排等）。

（三）拍卖实施步骤

即拍卖活动的举办过程。主要包括：(1)拍卖手续的办理；(2)拍卖活动进行中的安排；(3)拍卖活动结束后的安排。

案例47　妙用竞价阶梯

某拍卖师主持了一场采矿权拍卖会，该拍卖标的的起拍价为300万元，保留价是680万元，委托人的理想价位是800万元。在商议竞价阶梯时，有人建议设1万元至10万元为竞价阶梯。

但拍卖师却从三个方面考虑制定了另一个竞价阶梯方案：一是本次拍卖竞买人较多，有12位，竞争会很激烈；二是目前钨精矿的市场价格正不断飚升，可以刺激竞买人的竞买欲望；三是起拍价与委托人的理想价位相距较大，竞价幅度应适当拉宽。拍卖开始时，以300万元起拍，随后按350万元、400万元、450万元的增幅加价，很快就达到800万元的理想价位。拍卖师再适当地调动竞买气氛，同时将加价幅度调整为20万元、10万元、5万元、2万元、1万元，最后见好就收，以1374万元落追。

在本次拍卖中，如果以10万元的最大幅度竞价，竞买人就会觉得起拍价与保留价距离很近，缺乏上冲力。此外，若以此为竞价阶梯，若加到委托人理想价位800万元，竞买人需竞价50轮次，势必会有疲惫感。

(四)拍卖相关事务处理

即对拍卖活动整个过程中各个环节出现的问题进行解决。主要包括:(1)政策法规问题对策;(2)公共关系问题对策;(3)拍卖业务问题对策;(4)危机处理预案。

(五)拍卖类型选择

拍卖类型很多，如增价拍卖和减价拍卖、投标式拍卖和非投标式拍卖、有底价拍卖和无底价拍卖、现场拍卖和网上拍卖、人工拍卖和电子拍卖等。由于不同的拍卖类型有不同的用途、作用、利弊和优劣，故拍卖机构在实践中往往根据需要做出自己应有的选择，并首先体现在拍卖策划方案中。

正确选择拍卖类型通常必须考虑以下四个因素:

1. 普及性因素

普及性因素是指拍卖机构在选择拍卖类型时，必须考虑到拍卖当事人的接受程度和运用程度，即选中的拍卖类型应当是大众化的，被人们所比较熟知的类型，而那些过于生僻的类型恐怕拍卖当事人难以认可和接受。

如本地区的竞买人长期以来只知晓和采用增价拍卖方式参与拍卖活动，而拍卖机构突然宣布在拍卖活动中采用减价拍卖方式，则大多数竞买人便会感到无所适从，因为他们根本不了解这种拍卖类型。

2. 择优性因素

择优性因素是指拍卖机构在选择拍卖类型时，应当尽可能地选择那些最适合自己操作，最适合拍卖当事人参与，最适合达到拍卖活动预期目标的拍卖类型，即坚持择优选用的原则，而不是将就、凑合。

如拍卖机构举办拍卖活动，倘若既可以采用人工拍卖方式也可以采用电子拍卖方式，那么拍卖机构就必须在深入调研、正确评估的基础上，最后选出其中的一种最适用的拍卖类型投入使用。

3. 固定性因素

固定性因素是指拍卖机构在选择拍卖类型时，应当严格遵守法律规定，符合国际惯例和行业交易习惯，对于某些固定搭配的拍卖类型不得擅自改变，而只能按照固定的模式从事拍卖活动。

如在拍卖过程中，竞买人通常都是以增价拍卖方式参与竞买，减价拍卖方式很少使用；而在粮油竞价采购过程中，竞卖人则通常都是以减价拍卖方式参与竞卖，增价拍卖方式与竞卖根本不相容。这是千百年来世界各国拍卖领域公认的规则。对此，有些国家还颁布施行相关法律予以规定。所以，对于这种固定模式，拍卖机构只能遵守而不应当试图改变。

4. 灵活性因素

灵活性因素是指拍卖机构在选择拍卖类型时，可以结合拍卖活动的具体实际，在一定条件下和一定程度上灵活运用不同的拍卖方式，而不必刻意呆板地墨守陈规，缺乏起码的创造性。

如拍卖机构可以在拍卖过程中采用两种拍卖方式操作，即先采用减价拍卖方式，当发现有两个以上的竞买人在同一价位应价时，则又转入采用增价拍卖方式，吸引其参与竞买。这种两种拍卖类型同场出现的情况，便是拍卖机构坚持灵活性原则的一种表现。

此外，选择拍卖类型还应当做到：

(1)重视比较评价

拍卖机构在选择拍卖类型时，应当把自身的注意力集中在不同拍卖类型的差异上，因为只有比较差异才能判断优劣，做出正确评价。

(2)防止经验主义

拍卖机构在选择拍卖类型时，往往会犯经验主义错误，即认为长期采用某种拍卖方式从未发生过问题，从而过于自信。因此，要真正做到择优选用拍卖类型，拍卖机构必须对自己的判断有一个清醒地估计，尽量提高选择过程中的科学决策含量。

(六)拍卖公告发布

1. 广告相关知识

(1)广告性质

广告是市场营销必不可少的有机组成部分。它是推动商品占领市场的一种促销手段，它是展示企业形象的一个宣传平台，它是影响消费者偏好的一个重要因素。

在现代市场经济条件下，任何企业都离不开广告，都应当有针对性地利用广告，从事积极有效的市场营销活动。

(2)广告特点

广告有许多特点，集中表现为以下一些：

其一是公共性。

广告的主要目的是广而告之，通常以各类媒体向大众发布，受众率高，信息量大，能在短时间内做到家喻户晓，故具有很强的公共性。

其二是针对性。

不同类型的广告有不同的发布对象，针对不同的受众层面，这是不同企业，不同商品发布广告必然遵循的原则，只有这样才能做到有的放矢，增加广告效果。

其三是吸引性。

发布广告是为了推销商品，使人们产生购买欲望，因此，广告中的商品类型、性质、价格、质量、用途等都有可能导致人们的关注，形成一定的吸引力，从而达到广告目的。

(3)广告类型

常见的广告类型有以下一些：

其一是通知性广告。

这类广告的用意在于"告知"顾客，通常用于商品的导入期。如说明新产品的上市情况，解释商品价格的变化情况等，从而通知顾客关注某类商品，进而产生购买欲望。

其二是劝说性广告。

这类广告的用意在于"游说"顾客，通常用于商品的成长期。如突出商品特色，宣传商品功能，打造企业形象，从而说服顾客放弃疑惑，坚定意愿，建立品牌偏好，成为企业的忠实顾客。

其三是提醒性广告。

这类广告的用意在于"引导"顾客，通常用于商品的成熟期。如继续接触某类商品，购买某类商品的重要性和必要性等，从而促使顾客巩固品牌偏好，加深对品牌商品的记忆。

(4)广告作用

广告有许多作用，集中表现为以下一些：

其一是传递信息。

广告是消费者获得商品信息的一个重要渠道，广告空前大容量的信息传播，能使消费者通过广告了解商品，进而丰富市场信息，最后产生购买欲望。

其二是刺激需求。

广告具有很大的示范作用和诱导作用，这种示范和诱导在一定程度上会改变人们的消费观念和消费心理，影响人们消费结构与消费行为，从而激活人们潜在的消费需求，达到市场营销的目的。

其三是引导消费。

广告能够帮助人们在商品纷纭的市场中，在能够分清真假优劣的前提下，走上正确消费、健康消费、理性消费的道路，并能为消费者提供各种方便，如促销时间、购买地点、售后服务等。

2. 拍卖公告的格式

拍卖公告没有固定的格式，实践中通常采取叙述式或表格式这两种格式。

(1)叙述式

叙述式是指拍卖公告以文字说明为主，通过若干文字的说明，将拍卖公告的内容进行披露，从而达到发布拍卖公告的目的。叙述式的特点是文字表述自由，段落可多可少，字句可长可短，只要能说明公告内容即可，但不足之处在于若把握不好，则层次不够分明，重点不够突出。

(2)表格式

表格式是指拍卖公告以表格列举为主，通过制作表格的方法，将拍卖公告的内容进行披露，从而达到发布拍卖公告的目的。表格式的特点是文字简练，层次分明，重点突出，使人一目了然，但不足之处在于，由于表格列举不能穷尽所有内容，因此还必须配写其他文字予以补充，否则无法形成完整的拍卖公告。

3. 拍卖公告的内容

拍卖公告的主要内容包括：

(1)拍卖的时间和地点；

(2)拍卖方式；

(3)拍卖标的；

(4)拍卖标的的展示时间和地点；

(5)参与拍卖应当办理的手续；

(6)需要公告的其他事项。

对此，拍卖师在发布拍卖公告时应当充分准确把握，尤其应做到对于这些必备内容无一漏项。

在拍卖实践中，发布拍卖公告存在漏项的情况屡有发生。如一些拍卖机构的公告中缺少拍卖方式的内容，使人不清楚是增价拍卖方式还是减价拍卖方式；还有一些拍卖机构的公告中没有拍卖标的(包括样品)的展示时间和地点，导致竞买人无法更方便地及时了解拍卖标的的相关情况。

4. 拍卖公告的媒体

(1)选择媒体的原则

选择拍卖公告媒体应当遵循如下三项原则:

其一,目的性原则。

这是指选择公告媒体应当充分考虑拍卖机构的经营目标,最大限度地适应拍卖机构的市场目标。例如,拍卖通常具有很强的地域性,故拍卖机构为保证一定的成交率和成交额,选择报纸媒体发布拍卖公告时,便可重点选择地方性报纸和行业性报纸,而不必刻意追求全国性报纸,因为在地方报上发布公告,已经基本上能够达到地区性拍卖活动的目的了。

其二,有效性原则。

这是指选择公告媒体应当充分考虑公告发布后的基本效果,使公告既能有效地展示拍卖标的的优势,又能有效地传递各种相关信息,不失真,不夸大,对公告受众具有一定的说服力和感染力。例如,报纸媒体传播的区域十分广泛,同时具有保存价值,便于读者随时查阅。然而其缺点是无强制接受效应,有些信息可能并没有被受众阅读,时效短,从而造成公告内容流失。另外,吸引力较低。而期刊媒体的时效性更低,因为杂志通常为每单月或双月一刊,这使公告信息被封锁的时间必然较长。

其三,可行性原则。

这是指选择公告媒体应当充分考虑拍卖机构自身的经济实力,量力而行,防止攀比,不能不切合实际地盲目投放公告,从而造成不必要的浪费。例如,电视媒体的信息传播速度很快,加上电视频道多,内容丰富,具有很强的吸引力;同时,电视的表现力极强,可综合利用语言、音乐、色彩、动作等各种因素刺激手中的感官,表现公告的主题内容,极富感染力和欣赏性。然而,若利用电视媒体发布拍卖公告其制作费和播出费均很高,势必给拍卖机构带来沉重的经济压力,这表明电视媒体不属于常用的公告媒体。

(2)发布公告的要求

拍卖公告的成功发布,关系到拍卖活动的顺利进行。因此,发布公告应当严格遵守一定的规则,符合发布公告的基本要求。

其一,内容真实。

内容真实在于要求拍卖公告中的信息和文稿要真实准确,不得浮夸、伪造,这是广告包括拍卖公告发布的法定要求。因为真实的公告可以树立起良好的企业形象,而失真的公告则会使企业声誉扫地。坚持拍卖公告的真实性,必须杜绝以下三种违法现象:

一是欺诈性。即公告有意欺骗公众,指鹿为马,以假乱真,从而使公众对拍卖标的及其相关事宜产生错误的认知。

二是虚假性。即公告内容与事实不完全符合，真真假假、虚虚实实，从而使公众上当受骗。

三是误导性。即公告所表现的事实与公众因公告而产生的信念不尽相同，从而使公众陷入某种误区。

其二，信息充分。

拍卖公告的目的在于向竞买人传递拍卖信息，并说服其参与拍卖活动。因此，公告的内容设计应当尽可能充分、全面地涵盖最大容量的相关信息，从而最大限度地产生吸引力。然而，要想在有限的媒体空间中和有限的时间内，把所有信息都交待清楚，一方面不可能做到，另一方面也会因各种资讯相互干扰，破坏受众的有效记忆。在这种情况下，拍卖机构应当采取突出重点的方式，妥善处理好重点内容与信息充分的关系，最终获得发布公告的理想结果。

其三，时机成熟。

在没有法定发布时限的要求下，拍卖机构应当在充分调研、论证的基础上，选择最佳时机发布拍卖公告。这里所说的最佳时机是指公告发布后，能够在一定范围内和一定程度上引起公众的关注，而不至于产生相反结果。如节假日旅游、商品促销公告较多，故此时发布拍卖公告难免收效较差，甚至无人问津，只能产生消极效果。

其四，投量适中。

举办一场拍卖活动，往往要在相关媒体发布若干次拍卖公告，以便最大限度地启动拍卖市场。然而，拍卖公告的投放数量必须科学安排，并非多多益善。拍卖机构应当做好统筹，有计划地予以投放，如同一媒体多次投放或不同媒体分别投放等，只有这样才能收到投入产出的良好效果。

其五，媒体适用。

一般而言，拍卖机构有权自主选择媒体发布拍卖公告，但有时有些拍卖活动的举办，因受国家行政机关或司法机关干预，故拍卖机构应当根据这些部门的强制性要求，通过其指定的新闻媒体及其他媒体，发布拍卖公告，而不得自行选择公告媒体。

美国纽约坐式拍卖

(七)拍卖规则制定

1. 拍卖规则的主要内容

拍卖规则是由拍卖机构制定并用来约束拍卖各方当事人的制度和准则,其主要内容通常包括以下一些:

(1)关于办理拍卖手续的内容

如竞买人的资格条件及其如何向拍卖机构办理竞买手续。

(2)关于拍卖的内容

如拍卖类型(增价拍卖还是减价拍卖、是否有底价等),拍卖标的(交易数量、质量等级等),拍卖标的展示(展示样品还是大样等),增价幅度(每次加价多少等),费用标准等。

(3)关于保证金的内容

如拍卖保证金,成交保证金等。

(4)关于佣金的内容

如佣金比例,佣金支付时间及支付方式等。

(5)关于违约责任的内容

(6)关于争议解决的内容

2. 拍卖规则的拟定方法

(1)通用法

即拍卖机构制定的拍卖规则具有较强的通用性,它普遍适用于各种类型的拍卖活动,如拍卖的内容基本适用于拍卖活动,而竞价采购内容基本适用于粮油竞价活动。按照这种通用规则,拍卖机构组织拍卖活动时,不必重新草拟和制定新的拍卖规则,而只要对通用规则中的个别内容进行些微调整即可。

(2)个案法

即拍卖机构制定的拍卖规则具有较强的针对性,它仅适用于特定类型的拍卖活动,如竞买人办理拍卖手续、竞买人出价、买受人结算等内容,必须紧密依赖于某场具体的拍卖活动,否则就无法发挥拍卖规则的作用。这种个案性,拍卖规则是拍卖机构为特定的拍卖活动量身定做的,一会一规则,不能到处套用。

(3)混合法

即拍卖机构制定拍卖规则时,把拍卖内容和竞价采购内容混合编在同一部拍卖规则之内,只是排列上分出先后区别而已。混合性拍卖规则适用于一场拍卖活动中既有拍卖活动又有竞价活动的情况,便于拍卖机构利用一部拍卖规则同时约束竞买人和竞卖人。

(4)分离法

即拍卖机构制定拍卖规则时,按照拍卖和竞价采购的不同性质,分别制定两部内容不同的拍卖规则。分离性拍卖规则适用于拍卖活动和竞价采购活动分别举办的情况,两种拍卖规则各有自己专门的用途,互不替代,从而能够保证任何一部拍卖规则当中,都不会出现任何与其不相关的内容。

3. 拍卖规则的注意事项

(1)法律依据充分

拍卖规则不是法律规定。然而必须有充分的法律依据,不得违反法律、行政法规和部门行政规章的规定。因此,拍卖机构制定任何拍卖规则,都不能随心所欲,趁机塞进只对自己有利的内容。

如有的拍卖机构在拍卖规则中称:“本机构对拍卖标的的质量不承担任何责任。”这是明显规避拍卖机构对拍卖标的的审核义务。因为我国有关法律规定,销售者应当采取措施,保证销售产品的质量,故拍卖机构作为委托人的受托人,无权免除自己的产品即拍卖标的的质量责任。

(2)条款相对合理

拍卖规则中的诸项条款,不仅要遵守法律、行政法规的规定,而且至少应当具备相对的合理性,做到公平公正,不强加于人,使拍卖各方当事人之间的权利义务平等,从而使遵守和执行拍卖规则成为大家的一种自觉行为。

如有的拍卖机构在拍卖规则中提出,竞买人办理拍卖手续时,除了向拍卖行支付一定数额的保证金外,还要"预缴交易手续费××万元(多退少补)",否则不能成为竞买人参与拍卖机构活动。这样的条款明显不合情理,因为按照拍卖的国际惯例和交易习惯,所谓交易手续费即拍卖佣金都是事后支付,即由拍卖机构在拍卖活动后,向买受人收取,而不能在拍卖活动之前向所有的竞买人预先收取。

(3)内容完整

拍卖规则的目的是约束拍卖各方当事人在拍卖活动中的行为,其内容理所当然地应当涉及到各方当事人的权利义务,而不能只规范其中的一部分当事人而不规范另一部分当事人,或者讲权利多讲义务少。

如有的拍卖机构在拍卖规则中对委托人和竞买人的行为规范的很多,但对拍卖机构自身的行为规范都涉及的很少,或者是虽有涉及,但却是谈权利多谈义务少,或者只谈权利不谈义务。特别是在关于违约责任的内容中,拍卖机构往往着重强调竞买人违约应当如何处理,而很少涉及拍卖机构自身出现违约行为应当如何处理,这也是拍卖规则内容不够完整的一种表现。

(4)重点突出

拍卖规则是针对拍卖活动的一种行为规范,其内容虽然要求完备,然而不可能也无必要面面俱到。因此,拍卖机构制定拍卖规则应当做到重点突出,针对性强,从而使拍卖规则具有更大的使用价值,产生更高的规范效率。

如有的拍卖机构在拍卖规则中不规定采用何种类型的拍卖方式操作,是增价拍卖还是减价拍卖?拍卖过程中每次应价的幅度是多少?对于这些在每场拍卖活动中都十分重要的内容均未给予明确,使人阅读了拍卖规则却出现了很多疑问而不能及时获得解答,这就必然影响拍卖活动的顺利进行。

(八)拍卖市场预测

1. 市场预测的概念

预测是对未来不确定的事件进行推测,以便将事件的不确定性化为极小,并在一定范围内和一定程度上给与比较肯定的描述。

市场预测是指对未来市场产品或服务供求发展的不确定因素所进行的预计推测。由于市场是一个相当活跃的动态系统,市场供求发展总是一个变量而不是一个常量,故只有根据科学的原理和正确的方法,才能做出符合客观实际情况的市场预测,包括拍卖市场预测,从而使经营主体包括拍卖机构获得理想的经济效益和社会效益。

2. 市场预测的原理

(1)连贯性原理

市场是一个连续发展的过程,尽管它复杂多变,但总是遵循一定的方向发展,其发展的各个阶段,又总是紧密联系的,在性质、数量、范围等方面存在着继承性和变异性,且继承性占主导地位。如将来的拍卖市场格局必然是在过去和现在的基础上演变而来的,这就是拍卖市场的连贯性。

运用连贯性原理,从搜集市场的历史和现实信息入手,便可预测将来的市场变化。

(2)类推性原理

市场经济活动十分复杂,但它又有其自身的模式,呈现出一定的规律性。

运用类推性原理,可根据市场过去和现在的发展模式,并观察和认识市场的规律性,预测其未来的变化情况。

(3)相关性原理

市场上的任何发展变化都不是孤立的,而是与其他事物相互联系和依存、相互矛盾和制约的。

运用相关性原理,分析市场上各种变化的相关因素,就能认清事务各种现象的本质和发展方向,从而对市场做出科学预测。

3. 市场预测的类型

(1)按时间划分的预测

其一,近期预测。

即3个月以内的市场预测。这种预测用于拍卖市场时,其预测的主要对象通常是带有较为明显的时令性拍卖标的,如秋粮上市前后的腾库粮油标的等等。

其二,短期预测。

即3个月以上、1年以下的市场预测。这种预测比较适用于小型拍卖机构,因其可根据预测安排1年之内的拍卖活动。

其三,中期预测。

即1年以上、5年以下的市场预测。这种预测比较适用于大型拍卖机构,因其可根据预测制定较长期限的拍卖发展规划。

其四,长期预测。

即5年以上的市场预测。这种预测的预测周期较长,其准确性难以保证,故对于拍卖机构来说必要性不大。

(2)层次划分的预测

其一,宏观预测。

即比较抽象的预测。其涉及面广,综合性强,一般包括整个拍卖市场的供求变化及与之相关的各种因素的变化。

其二,微观预测。

即比较具体的预测。其涉及面窄,针对性强,一般包括某类拍卖标的的供求变化及拍卖活动的举办态势等。

(3)按方法划分的预测

其一,定量预测。

即对市场供求从量的角度进行分析和考察,把预测的结果量化,关注其数量和资料。如拍卖活动中的成交量、成交率、成交额等。

其二,定性预测。

即对市场供求从质的角度进行分析和考察,把预测的结果质化,关注其种类和品质。如拍卖活动中何种拍卖标的市场前景更乐观、市场份额更大等。

4. 市场预测的方法

市场预测方法多种多样,常用的有以下一些:

(1)时间序列预测法

这是指根据一种现象随时间变化而变化的规律进行预测,通常用于定量预测。具体可包括移动平均法、变量趋势法等,前者是对过去若干期的实际值求平均数;后者是从过去的一系列数据中发现未来上升或下降的趋势。

(2)因果关系预测法

这是指根据一种现象随另一种现象变化而变化的规律进行预测,通常用于定量预测。具体可包括回归分析法、因素推演法等,前者是分析自变量与因变量之间的关系;后者是分析诸因素及其影响程度。

(3)专家意见预测法

这是指因缺乏足够的信息资料而利用专家渊博的学识和丰富的经验进行预测,通常用于定性预测;具体可包括个别征求法、集体讨论法等,前者是向专家逐一征询意见然后汇总分析,后者是通过会议各抒己见然后汇总分析。

(4)主观概率预测法

这是指因缺乏足够的信息资料而根据预测者本身的主观估计进行预测,通常用于定性预测。预测的主要依据是预测者的知识和经验。

(九)拍卖成本预测

1. 成本分析

(1)成本构成

拍卖成本是指拍卖机构为举办拍卖活动所做的价值付出,其构成包括各项支出和费用。

其一是业务支出。

即营业成本。包括征集拍卖标的的支出、召开拍卖会的支出、促销费、保管费、税金等。

其二是人工费用。

即营业费用,指在各项工作中对员工的劳动消耗所进行的货币补偿。包括员工工资、福利费、保险费、培训费等。

其三是其他费用。

即营业费用中除各项人工费用外的费用支出。包括房租、水电费、管理费、宣传费、广告费、邮电费、律师费、风险损失等。

(2)成本分析

拍卖成本也分成固定成本和变动成本。固定成本是指短期内不随拍卖机构业务规模变动而变动的那部分费用支出,如工资、固定资产折旧等。变动成本是指在短期内随拍卖机构业务规模而变动的那部分费用支出,如拍卖会的支出等。

成本分析应当以变动成本作为分析重点,因为该成本随业务规模变动,故为拍卖机构降低这部分成本提供了可能性。

2. 成本预测

成本预测通常有两种方法:

(1)直接判断法

即根据拍卖营销活动中有关费用消耗的具体情况,直接分析成本与营销业务量增减变化的关系,从而识别成本项目的成本分析方法。

如拍卖活动的场租费通常与拍卖的成交量无太大关系,故显然属于固定成本;而拍卖标的的征集费通常与拍卖活动的规模呈正比例关系,故显然属于变动成本。

(2)数字分析法

即采用一定的数学方法分析历史成本,从而将混合成本分析成固定成本和变动成本的方法。

其中常用的是高低点法，指根据历史成本资料中拍卖营销业务量最高点和最低点的成本数据，首先计算出混合成本中的单位变动成本，然后再推算出混合成本中的变动成本和固定成本。

3. 成本控制

(1)成本控制含义

成本控制属于成本管理范畴，具有狭义和广义之分。狭义的成本控制主要指对企业生产阶段产品成本的控制，广义的成本控制主要指对企业生产经营的各个方面、各个环节以及各个阶段所有成本的控制。成本控制的核心是降低成本。

拍卖机构成本控制的总要求是，建立、健全成本控制制度，保证成本控制的规范化、制度化；完善和推广成本控制的电脑系统软件，提高控制工作质量和效率；加强成本核算的监督，保证信息的真实可靠。

(2)成本控制方法

其一是标准成本法。

标准成本法是指拍卖机构在建立成本控制标准定额的基础上，对成本支出进行管理分析的方法。它具有事前估算成本、事中及事后计算分析成本并揭露矛盾的功能，如费用定额、拍卖标的定额等。

其二是弹性成本法。

弹性成本法是指拍卖机构利用弹性预算控制成本的方法。其重要特点是随着拍卖经营活动的变化，对某些成本做相应的调整，具有一定的伸缩性，因此又称为弹性预算，它主要适用于拍卖机构的经营管理费用。

其三是成本指标法。

成本指标法是指拍卖机构依据确定的成本指标，管理实际成本的发生，以达到降低经营成本目的的一种传统的事后成本控制方法。其主要特点是采取分析、考核等方式，通过与成本控制标准比较，对成本控制的业绩进行计量与评价，从而提出纠正偏差的行为措施，确保成本控制目标的实现。常见的成本控制指标有：费用率、成本降低率、业务量等。

四、拍卖策划方案的优化

(一)拍卖策划方案的障碍

由于各方面条件的变化，拍卖策划方案受到许多因素的影响，包括确定因素和不确定因素的影响，特别是市场情况的变化对方案的影响最大，最直接。因此，拍卖机构必须充分认识和分析这些影响因素并积极应对，从而克服障碍。

1. 供求关系的影响

供求关系的影响是指拍卖机构面临市场供求关系变化所带来的影响。

(1)供大于求的影响

在供大于求的情况下,买方购买欲望不足,购买力不强,其直接后果将是拍卖机构举办拍卖会人气不旺,诸如竞买人少,拍卖过程中竞价不踊跃,成交率不高,成交量不大,成交额不理想等等。

(2)供小于求的影响

在供小于求的情况下,卖方货源不足,供货渠道单一,其直接后果同样将是拍卖机构举办拍卖会人气不旺,诸如竞卖人少、竞价采购委托人少,拍卖过程中拍卖标的的品种、数量、质量均不理想。

2. 市场行情的影响

市场行情的影响是指拍卖机构面临市场行情变化所带来的影响。

拍卖是特殊的买卖方式,由于在拍卖中采用增价拍卖方式,会导致拍卖标的的价格逐渐升高,造成买受人为自己的竞买行为支付大笔款项。因此,当市场行情出现波动,商品价格出现明显滑落时,特别是当竞买人发现可以不采用拍卖方式也能购买到同样意向商品的时候,拍卖机构举办拍卖活动就会严重缺乏应有的吸引力,而无法促使竞买人产生购买欲望。

另一方面,市场行情的影响还会造成竞卖人参与拍卖活动的兴趣严重减退或丧失。由于在竞价采购中采用减价拍卖方式,会导致拍卖标的的价格逐渐下降,造成卖出人为自己的竞卖行为损失一定资金,故当市场行情出现波动,商品价格出现明显滑落时,特别是当竞卖人发现可以不采用拍卖方式也能销售出同样意向商品的时候,拍卖机构举办拍卖活动的愿望就必然落空。

3. 竞争对手的影响

竞争对手的影响是指拍卖机构面临市场竞争对手变化所带来的影响。

(1)拍卖策略的影响

其他拍卖机构为了争夺拍卖市场份额,开始采用全新的,有一定效果的市场营销策略。如更加注重市场调研,进一步适应市场环境;举办更有吸引力的拍卖活动,网罗目标客户群;加大广告宣传力度,搞好企业内外部的公共关系等等;从而提高了自身的市场竞争能力,造成拍卖市场中竞争格局的重大改变,使自身在拍卖市场中占了上峰。

(2)拍卖标的的影响

其他拍卖机构推出了更有吸引力的拍卖标的,使自身举办的拍卖活动成效更加显著。如在拍卖标的的品种、数量、质量、用途、储存、包装、运输等一系列环节上都开始具备比较明显的优势,从而获得了企业的核心竞争力,对其自身以外的拍卖机构在商品领域构成了威胁。

(3)拍卖服务的影响

其他拍卖机构提供了更有特色的拍卖服务,使拍卖各方当事人的满意度大幅度提高。如在接待竞买人办理拍卖手续方面,在与委托人洽谈拍卖事宜及委托合同的订立方面,由所属拍卖师主持拍卖活动方面等,都有上乘表现,服务良好,措施得力,从而提升了自身的企业形象,获得了企业知名度和美誉度,对其自身以外的拍卖机构在服务领域构成了威胁。

(二)拍卖策划方案的调整

拍卖机构发现或预测市场情况变化将对其自身的拍卖策划方案产生一定程度的影响后,应当采取一系列有效措施,对方案进行必要的调整,以便克服障碍,排除影响,力争顺利实现新的拍卖策划方案。

1.方案调整的原则

(1)灵活性原则

灵活性原则要求拍卖机构创新理念,思路敏捷,及时适应市场情况的变化,对原拍卖策划方案进行积极的调整完善,而不能墨守陈规,固执僵化。

如拍卖机构长期以来可能已经习惯了增价式拍卖的做法,在拍卖过程中从未采用过减价式拍卖方式,但为了更好地适应不断变化的拍卖市场,因而要求拍卖机构在一定条件下,也要学习新知识,制定新方案,适时采用减价式拍卖的做法。

(2)效益性原则

效益性原则要求拍卖机构从企业、国家、社会的经济效益和社会效益出发,去修改、调整原有的拍卖方案,而不能只讲调整不讲效益,或只讲经济效益不讲社会效益。

如拍卖机构在调整方案时拟上马一套电子拍卖系统,对此就应当进行充分地评估与论证,防止盲目投资和资源浪费。因为尽管电子拍卖系统科技含量高,但它在适用性和可操作性上毕竟存在很大局限,并非所有的拍卖机构都需要,而且设备选购和安装成本较高,投入与产出、成本与收益也并非成比例,故拍卖机构制定这样的调整方案必须谨慎为之。

(3)实用性原则

实用性原则要求拍卖机构在调整原拍卖策划方案时,应当着重考虑其实用价值,即便于操作、能够解决问题的特点,而不能纸上谈兵,把调整后的方案变成空中楼阁。

如拍卖机构设想把现场拍卖改成网上拍卖便会碰到一个是否实用的问题。因为目前国内商品流通领域采用网上拍卖的时机和条件尚不成熟，故放弃现场拍卖方式而推出网上拍卖方式很可能是曲高和寡，策划过于超前而脱离实际，因而成功率也很低。

(4) 安全性原则

安全性原则要求拍卖机构在调整原拍卖策划方案时，应当关注和防范拍卖活动中各种风险的产生，而不能只追求经济效益忽视交易安全问题。

如拍卖机构设想把收取较高数额的拍卖保证金改成较低数额的拍卖保证金，就会导致竞买人参与拍卖活动的债权担保能力下降，而拍卖风险上升，即竞买人不参加拍买，买受人不履行买卖合同，造成一定的违约现象发生，对正常的拍卖活动秩序产生冲击。

2. 方案调整的方法

(1) 整体调整

即对拍卖策划方案进行全局性调整。

整体调整通常涉及拍卖项目、招商计划、实施步骤等各个方面、各个层次、各个环节的统一调整。这种调整属于伤筋动骨般的大改大动，因而从某种意义上是把原方案推倒重来，另起炉灶，类似制定一部新方案。

(2) 部分调整

即对拍卖策划方案进行局部性调整。

部分调整通常只涉及原拍卖策划方案中的少量内容，如招商计划当中某个细节的微调，拍卖实施步骤中某项措施的完善。这种调整属于移花接木的小改小动，因而并不影响原方案的基本框架和内容结构，是真正地调整旧方案而不是制定新方案。

第二节　拍卖师的组织技能

一、组织行为概述

(一) 组织结构

1. 组织结构的含义

组织结构是表现组织中各组成部分的空间位置、排列顺序、相互关系的一种

拍卖策划会议现场

模式。它描述了组织的框架体系，其本质是各成员之间的分工协作关系。

如拍卖机构中既有管理层又有操作层；拍卖活动举办期间既有拍卖师主持，又有跑单员协助；相互之间为实现组织目标，必须构成一个职位、职责、职权相互联系的结构体系。

2. 组织结构的特点

(1)复杂性

复杂性是指组织分化的程度。对一个组织而言，劳动分工越细，纵向管理层次越多；地理分布越广，协调人员及其活动越困难；相应的组织结构也越复杂。

(2)正规化

正规化是指组织指挥和引导组织成员行为的程度。无论何种类型的组织，通常都制定有一定的规章条例，用于提示其成员可以做什么和不可以做什么。因此，一个组织所使用的规章条例越多，其正规化程度越高。

(3)集中化

集中化是指组织决策权的集中程度。有些组织决策权高度集中，表明其集中化程度高；有些组织决策权相对下放，表明其集中化程度低。

3. 组织结构的内容

(1)职能结构

即实现组织目标所需要的各项业务工作及其比例和关系。如拍卖机构中有经营、管理、技术、后勤等不同的业务职能。尽管各项工作任务都为实现拍卖活动的总体目标服务,但各部分的权责关系却不同。

(2)层次结构

即组织的纵向结构,它反映组织中各管理层次的构成。如拍卖机构的纵向层次可划分为:董事会→总经理→各职能部门。而各部门又下设基层部门,基层部门又下设班组,从而形成一个自上而下的纵向组织层次。

(3)部门结构

即组织的横向结构,它反映组织中各管理或业务部门的构成。如拍卖机构的横向层次可划分为:业务部、财务部、人事部、办公室等职能部门,从而形成一个相互平行的横向的组织结构层次。

(4)职权结构

即组织中各层次、各部门在权力和责任方面的分工及其相互关系。如拍卖机构的董事会负责决策,总经理负责执行与指挥,各职能层次和部门各司其职、分工协作等。

(二)组织活动

无论何种类型的组织,为了实现组织目标,都要开展一系列活动,有效地配置组织内部有限的资源。

1. 设计组织结构

即对为实现组织目标所需完成的各种活动进行区分和归类,把性质相近的业务归并列在一起,设立专业化的职能部门进行管理。设计组织结构的结果是在组织内部设置纵向管理层次和横向管理部门。

2. 适度分权与授权

即将组织内部的管理权力由高层管理者向下委派给各管理层次和各管理部门,进行适度的分权与授权,既有利于高层管理者集中精力于组织的长远规划和重大决策,又有利于充分调动各级管理部门和管理人员的积极性,更好地协同工作,提高工作效率。

3. 人力资源管理

即对组织成员进行选择与配备、培训与考核、奖励与激励等工作。因为人力资源是组织中最重要的核心资源,关系到组织活动的进行和组织目标的实现。

4. 组织文化建设

即在组织中开展创造良好组织氛围、培养成员团队精神的工作。因为组织文化建设是组织活动的重要组成部分，关系到组织的内部凝聚力和外部形象。

（三）组织作用

1. 力量汇聚作用

力量汇聚作用是指组织能够把分散的个体汇集成为集体，用一种整合的力量去完成任务，实现单独个体无法达成的目标。力量汇聚作用的数字公式为："1 + 1 = 2"，即产生"相和"效果。

2. 力量放大作用

力量放大作用是指组织能够把个体力量集合成更大的力量，从而实现个体力量简单相加而无法达成的目标。力量放大作用的数字公式为："1 + 1〉2"，即产生"相乘"效果。

二、控制行为概述

（一）控制类型

1. 按控制性质划分

（1）预防性控制

预防性控制是指为了避免产生错误，尽量减少今后的更正活动而进行的控制。例如，拍卖机构制定规章制度、工作程序、人员培训计划等，都起着预防性控制的作用。

（2）更正性控制

更正性控制是指在出现偏差时，使行为或实施进程返回到预先确定的或所希望的水平而进行的控制。例如，拍卖师主持拍卖活动报错竞价阶梯时，应当及时纠正并按约定的竞价阶梯报价。

2. 按控制重点划分

（1）预先控制

预先控制又称前馈控制，是指管理者运用所获得的信息进行预测，然后将预测结果同计划要求进行比较，从而采取措施修改调整计划以确保目标实现而进行的控制。例如，拍卖机构预测到参与拍卖活动的竞买人大量增加，便有可能临时更改较大面积和容量的拍卖场所。

(2)过程控制

过程控制又称现场控制,是指管理者对正在进行的具体业务实施现场进行监督,以保证工作按照规定的目标要求进行的控制。例如,在拍卖活动中,拍卖机构的笔录人员对拍卖师的每一次报价都及时记录在案,并对其报价口误予以提醒和纠正。

(3)事后控制

事后控制又称反馈控制,是指将系统运行过程的输出与拟定的控制标准进行比较,并将结果输入该过程或将纠正措施输入该过程,以获得预期输出效果的控制。例如,拍卖机构举办拍卖活动成交额偏低,未能实现预期目标,于是拍卖机构准备在下一次拍卖活动中推出价格较高的拍卖标的或制定较高的拍卖标的的底价。

3. 按控制方式划分

(1)直接控制

直接控制是指从事具体操作的人本身在工作过程中所实施的控制。例如,拍卖师在主持拍卖活动中,应当按照交易清单的序号依次推出拍卖标的进行拍卖;笔录人员应当按照拍卖的顺序自始至终依次进行笔录等。

(2)间接控制

间接控制是指通过事后业绩评价影响作业人员行动所实施的控制。例如,拍卖机构在拍卖活动后,对拍卖师的主持活动进行全方位、多角度的公正评价,肯定成绩,找出差距,从而为其今后确定努力方向。

(二)控制过程

1. 确定控制标准

控制标准是控制过程中对实际工作检查的衡量尺度,是实施控制的首要条件。

(1)定量标准

定量标准是指能够以一定形式的计量单位直接计量的标准,通常包括实物标准、财务标准等。如拍卖机构预期成交拍卖标的的数量、成交额的数量、成本与利润的额度等。

(2)定性标准

定性标准是指难以用计量单位直接计量的标准,通常包括服务、质量、组织形象、组织成员的工作表现等。如拍卖活动的顾客满意度如何?拍卖师的主持技巧娴熟程度如何?拍卖活动所产生的社会效益如何?等等。

2. 衡量工作绩效

衡量工作绩效要求在控制过程中将实际工作情况与预先确定的控制标准进行比较,找出二者之间的差距,并做出正确的评估。

(1)衡量目的

衡量目的是指要比较全面确切地了解实际的工作进展情况,掌握计划的执行进度;为纠正偏差和改进工作提供依据;为主管人员评价和奖励下级提供依据等。如拍卖机构对拍卖师的场上表现进行具体评价。

(2)衡量范围

衡量范围是指要对被衡量人员的各个方面进行评价。如拍卖机构评价拍卖师时,既要对其工作成效做出衡量与评价,也要对其个人品质和工作能力做出衡量与评价。

(三)控制方法

1. 预算控制

预算控制是一种把预算结果作为控制标准的控制方法。通常包括收支预算、实物预算、投资预算、总预算等。

2. 非预算控制

非预算控制是一种除预算控制之外的控制方法。通常包括现场观察、统计分析、程序控制、经营审计等。

3. 专项控制

专项控制是一种分别对人、财、物等方面资源运用状况和成效尽心掌握的控制方法。通常包括计划控制、时间控制、数量控制、质量控制、安全控制、人员行为控制等。

三、拍卖方案的组织与实施

(一)拍卖方案的组织

1. 人员配备

实施拍卖方案离不开必要的人员配备,这是从事拍卖活动的组织保证。

(1)人员配备的原则

其一,优化原则。

即在拍卖过程中通过科学安排、合理组合,实现拍卖机构内部人员配备的最优化。一要因才适用,使不同类型的人才与不同性质的工作相适应,实现科学配

天津拍卖行外观

置。二要用人所长，善于选择人的长处而用之，充分发挥其优势。三要人才互补、优化组合，发挥人才组合的整体优势。

其二，激励原则。

即在拍卖过程中通过人员配备，最大限度地调动人的积极性和创造性。一要搞好授权，放手使用，充分信任下级。二要科学安排工作职位和进行工作设计，增强下级对所从事工作的兴趣。三要奖励与贡献紧密挂钩，并使物质奖励与精神奖励相结合。

(2)人员配备的内容

其一，人员安排。

即主要解决拍卖过程中人与事的配置问题，使之有利于实现拍卖的预期目的。一要根据拍卖方案的具体需要，选择适当人员来担任相应职务。如拍卖活动规模不同，便可选用不同风格、气质、技术水平的拍卖师进行主持。二要明确各类人员的职权、职责，以及其相互关系，并加以合理地规范化。如拍卖过程中的笔录人员，拍卖成交后向竞买人传递签署成交确认书的跑单员等，都应当合理安排。

其二,人员组合。

即主要解决拍卖过程中人与人的配合问题,使之有利于实现拍卖的预期目的。一要按照拍卖方案的具体需要,结合不同人员的专业与素质条件,实现各类人员科学的技术组合。如某些拍卖活动以普通拍卖师为核心进行组合,而某些拍卖活动则以高级拍卖师为核心进行组合。二要研究各类人员的社会心理类型与特点,实现最佳社会心理组合,以形成有效激励的氛围,增强组织凝聚力。如重大拍卖活动的人员组合便应当比普通拍卖活动的人员组合更加科学合理。

2. 职权划分

实施拍卖方案离不开必要的职权划分,这是从事拍卖活动的责任保证。

(1)职权划分的原则

其一,服务目标原则。

即在拍卖过程中职权在各部门的分配,必须从有利于实现拍卖方案确定的目标和工作任务出发。

其二,统一指挥原则。

即在拍卖过程中各部门之间职权的配置,必须保证拍卖机构实现统一指挥,不能令出多门。

其三,责权对等原则。

即在拍卖过程中各部门或人员所拥有的职权,必须同其应当履行的职责相对等,并且规定清晰明确的职权与职责的范围、界限,从而保证正常的管理秩序。

其四,权力制衡原则。

即在拍卖过程中职权的设置,既要有助于推进工作,又要适当地加以制约,实现决策、执行、监督三者之间的分立与协调。

(2)职权划分的类型

其一,职权横向配置。

即在拍卖过程中依据拍卖方案设定的目标,将职权在同一管理层次的各部门和人员之间进行合理配置。如拍卖机构将拍卖标的的征集权交给业务部门,而将拍卖标的的拍卖权交给拍卖师等。

其二,职权纵向配置。

即在拍卖过程中依据拍卖方案设定的目标,将职权在不同管理层次的部门和人员之间进行合理配置。如拍卖机构总经理将某项拍卖任务的决定权授予部门经理等。

（二）拍卖方案的协调

1. 协调及其类型

（1）协调概念

协调即组织协调，是指解决组织的各种矛盾，使组织平衡、有效地运行和稳定地发展的工作过程。

组织的不平衡现象及其矛盾的产生是必然的。只有解决这些矛盾，实现平衡与协调，组织才能有效运行，才能实现组织的功能。拍卖机构也如此，为了有效地实施既定的拍卖方案，也必须搞好其内部的协调，从而保证拍卖活动的正常进行。

（2）协调类型

造成组织不平衡的因素及其复杂，但大致可以分为组织机构的横向矛盾和纵向矛盾两种类型，故组织协调工作也划分为横向协调和纵向协调两种类型。

2. 横向协调

横向协调是指对组织结构中相同管理层次、不同业务部门之间的职能、职权进行的协调。横向协调有以下两种方法：

（1）制度性协调

即通过改变、完善组织运行的规则与形式，实现各种管理的科学化与合理化的协调方法。

其一，工作标准化制度。

这主要适用于重复出现的管理工作，特别是日常作业的管理。如拍卖师出场主持拍卖活动的程序，包括介绍性开场白、宣读拍卖规则等。

其二，工序服从制度。

这主要适用于各工序之间的指挥和服从，即上工序服从下工序，一般工序服从核心工序，辅助工序服从主体工序。如拍卖过程中的笔录服从于拍卖师的报价及击槌；拍卖师的前一个报价服从于后一个报价等。

（2）结构性协调

即在组织结构的设置出现缺陷时而采用的协调方法。

其一，临时性任务小组。

由与某项工作有关的各部门代表组成，做出对各方均具约束力的决定，然后分头落实。任务完成，该机构撤销。如拍卖机构面对重要的拍卖活动，便可以组建临时性任务小组，并外聘专家、顾问协助出谋划策。

其二，建立职能部门。

这是从组织结构的总体考虑，旨在解决组织部门关系不顺、配合不好的问题。如拍卖机构可按工作关系的密切程度，建立新的职能组合关系。

3. 纵向协调

纵向协调是指对组织结构中不同管理层次之间的职能、职权所进行的协调。纵向协调有以下三种方法：

(1)维护统一指挥的协调

即职权的设计与协调应保证行政命令和经营指挥的集中统一。

其一是明确直线部门负责人对本部门工作拥有的决策权。

其二是把职能、职权配置到关键的业务活动环节。

其三是将职能、职权尽可能集中在关系最为接近的机构，即尽量做到不越级管理。

(2)保证权责一致的协调

即要保证各级部门之间及其主管人员的职责与职权相适应，做到有多大的责任就要有多大的权力。

其一是保证三权统一，即决策权、指挥权、用人权的统一。

其二是正确处理各层次权责的配置关系。

(3)保证职权的稳定性和确定性的协调

即要保证各级部门之间及其主管人员的职权不发生过于频繁的变化。

其一是全面、具体，对各部门及其主管人员负责的每一项业务活动的职权都做出明确规定，任务和目标具体。

其二是科学、确切，用科学，确切的语言把规定各项职权表述出来，界定清晰，使人一目了然，理解准确。

其三是以书面形式明文规定，形成完整的工作手册，避免主观随意性。

(三)常见问题的处理

1. 竞价问题的处理

(1)竞买人不参与竞价

这是指竞买人不出席拍卖会，导致竞买人数量减少，甚至造成拍卖活动无法举办。即竞买人虽然办理了竞买手续，但却因故不参加拍卖活动，致使拍卖现场有可能因此而人气不足。

基本对策是：

拍卖机构在为竞买人办理拍卖手续时，应当收取一定数额的保证金，即其中一部分属于拍卖保证金，另一部分属于成交保证金。

对于拍卖保证金来说,它有两个用途。其一是竞买人支付拍卖保证金获得拍卖资格,有权参与拍卖活动;其二是竞买人因单方面原因(不可抗力除外)不参与拍卖活动,拍卖机构有权扣除拍卖保证金。

(2)竞买人不按竞价阶梯应价

这是指竞买人在拍卖过程中低于或高于竞价阶梯应价,迫使拍卖师做出接受或不接受的意思表示,从而对拍卖秩序造成一定的冲击。

其一,应价低于竞价阶梯。

如在增价拍卖中,场上价位是3000元,竞价阶梯是500元,竞买人的应价至少应当是3500元,然而竞买人表示只应价3400元,于是造成拍卖师面临接受与否的问题。

又如在减价拍卖中,场上价位是6000元,竞价阶梯是500元,竞买人的应价至少应当是5500元,然而竞卖人表示只应价5400元,于是造成拍卖师面临接受与否的问题。

其二,应价高于竞价阶梯。

如在增价拍卖中,场上价位是3000元,竞价阶梯是500元,竞买人的应价至少应当是3500元,然而竞买人表示可应价3600元,于是造成拍卖师面临接受与否的问题。

又如在减价拍卖中,场上价位是6000元,竞价阶梯是500元,竞买人的应价至少应当是5500元,然而竞买人表示可应价5600元,于是造成拍卖师面临接受与否的问题。

其三,基本对策。

首先,对于竞买人的应价低于竞价阶梯的,拍卖师可依据拍卖规则予以婉言拒绝,要求其按约定的竞价阶梯应价,否则无效;但在能够确认在其后会有新的应价时,拍卖师亦可予以接受。

其次,对于竞买人的应价高于竞价阶梯的,拍卖师通常都可以接受。但如果在其后出现新的应价时,拍卖师应当仍按约定的竞价阶梯报价,从而维持正常的拍卖秩序。

2.流标问题的处理

(1)标的未拍卖

即竞买人不够法定人数,拍卖活动取消。

(2)标的未成交

即买受人没有产生,拍卖标的收回。

(3)基本对策

其一,标的未拍卖。

对于标的未拍卖的,拍卖机构应当针对不同情况采取相应的措施。如属于招商不利导致竞买人不参与拍卖活动的,拍卖机构要加强市场营销力度,吸引其积极参与;又如属于意外事件发生干扰拍卖活动的,拍卖机构要排除妨碍重新举办拍卖活动,即再拍卖。

其二,标的未成交。

对于标的未成交的,拍卖机构也应当针对不同情况采取相应的措施。如属于无人应价而导致流标的,拍卖机构应当进一步优选拍卖标的,并寻找和发现是否起始价设立不合理等原因,从而保证在再拍卖中能够成交;又如属于最高应价未达到底价而导致流标的,拍卖机构应当进一步科学有效地确定拍卖标的的底价,从而保证在再拍卖中能够成交。

案例48　首次四合院拍卖全流标

2006年10月14日,本应在8月举办的北京首届四合院拍卖会终于开拍。据介绍,现场参与竞拍的有12人,其中1/3是上海等外省市人,2/3的人为港、澳及海外人士,而之前办理过手续准备参与竞拍者有15人。这次拍卖的标的为17套四合院,最小的建筑面积90.3平方米,面积最大的占地1365平方米,起拍价从180万元到4095万元不等,分别位于西城、东城、海淀和宣武等区。

但是,整个拍卖会仅仅进行了约一个小时,除去拍卖师的热场时间,实际的拍卖也就持续了半个小时。这是因为,从始至终拍卖会上没有一个人举牌应价。拍卖结束后,主办方某拍卖公司认为,举办首次拍卖会,衡量出北京四合院究竟值多少钱的意义要远远大于拍卖成交的套数。而知名胡同保护人士在现场则表示,价格不是现在四合院买卖成交难的主要因素。很多买家更担心的是,自己买的四合院将来会不会被拆迁。

(四)拍卖实施的监督

1.监督方法

(1)专业监督

其一,含义。

专业监督是指专业机关对拍卖实施的监督。所谓专业机关包括行业行政主管机关或相关的事业单位等。

其二,内容。

专业监督的主要内容是对拍卖机构的法定资质、经营范围、中介行为等进行监督,并对拍卖标的的性质、类型、品质、标准、数量、质量、检测等进行监督。

其三,特点。

专业监督的主要特点是专业对口、业务性强,监督效果好。由于各类专业机关十分熟悉相关行业,故对拍卖活动的内在规律和客观发展能深入了解和把握,从而以此为基础实施有效监督。

(2)行政监督

其一,含义。

行政监督是指相关行政管理机关对拍卖实施的监督。这些行政机关通常包括计划、财政、工商、质检等机关。

其二,内容。

行政监督的主要内容是各类行政管理机关从各自的专业管理角度出发,对拍卖活动的过程进行监督。如财政机关重点监督拍卖标的底价的确定、成交额的数量及其款项的合法去向等;质检机关重点监督拍卖标的检测、质量等环节的落实等。

其三,特点。

行政监督的主要特点是角度宽、范围大,监督层面广泛。由于各类行政管理机关分别从不同的角度对拍卖活动实施监督,故有利于促进拍卖活动的正常开展。

(3)职能监督

其一,含义。

职能监督是指纪检监察、审计等职能机关对拍卖实施的监督。

其二,内容。

职能监督的主要内容是各类职能机关从反腐倡廉的角度对拍卖活动的过程进行监督。如监察机关重点监督拍卖机构管理层是否依法合规从事交易,审计机关重点监督拍卖机构经济活动的合法性等。

其三,特点。

职能监督的主要特点是角度单一,目的明确,监督特色鲜明。由于各类职能机关担负着为经济发展保驾护航的特殊任务,故其实施的有效监督是拍卖活动正常开展的必要保证。

(4)公证监督

其一,含义。

公证监督是指国家公证机关对拍卖实施的监督。

其二,内容。

公证监督的主要内容是各级公证机关对拍卖活动的合法性、真实性给予证明。如拍卖活动的程序是否合法，拍卖师主持拍卖活动的行为是否真实？等等。

其三，特点。

公证监督的主要特点是维护法制，预防纠纷，减少诉讼。由于国家公证机关具有特定的公证性和权威性，故公证监督在拍卖活动中往往必不可少，特别是重大拍卖活动更是如此。

(5)舆论监督

其一，含义。

舆论监督是指新闻媒介对拍卖实施的监督。这些媒介通常包括报纸、期刊、广播、电视和互联网等。

其二，内容。

舆论监督的主要内容是各类新闻媒介从新闻报道的角度对拍卖活动的过程进行监督。如对某场拍卖活动给予全方位报道，并进行跟踪报道等；从而披露其中的一些信息，评价其成败缘由等。

其三，特点。

舆论监督的主要特点是传播速度快，传播范围广，公开性强，鞭策性强。由于各类新闻媒介反应敏捷、信息量大，故能够在第一时间发现拍卖活动中的任何问题，并以平面媒介手段或立体媒介手段公诸于世，从而收到独特的监督效果。

2. 反馈机制

(1)反馈机制的概念

反馈机制是指根据已发生的情况，对现在或未来进行控制的一种机制。即主管人员将工作的执行结果与控制标准相比较，从中发现已经出现或即将出现的偏差，在分析偏差产生原因的基础上，采取纠偏措施，以防止偏差的进一步发展或今后再度发生。

如拍卖机构在拍卖方案实施的过程中，通过反馈机制的建立和运作，能够及时发现某宗拍卖标的供求情况是否合理，竞买人对拍卖标的的购买欲望是否强烈，竞卖人对拍卖标的的价格是否满意，等等；从而可以及时调整拍卖实施方案，变更其中的部分内容。例如，由拍卖师现场宣布调整竞价阶梯，或者改变一些拍卖标的的起始价等。

(2)反馈机制的分类

其一，正反馈。

由于决策失误，会造成执行结果与预期目标之间的偏差，如果这种偏差在下一步的决策中不能使前面决策中的失误得到纠正，并且使决策失误更加严重，使执行中的偏差越来越大,则称为正反馈。

在拍卖实践中,一些拍卖机构未建立有效的反馈机制,不善于总结经验,吸取教训,故经常重蹈覆辙,从而造成正反馈给自身带来危害。

其二,负反馈。

对于执行结果与预期目标之间的偏差,如果能使其在下一步的决策中使前面决策中的失误得到纠正,并且使执行中的偏差越来越小,则称为负反馈。

在拍卖实践中,一些拍卖机构建立了有效的反馈机制,善于总结经验,吸取教训,故从不重蹈覆辙,从而造成负反馈给自身带来效益。

(3)反馈机制的特点

反馈机制的实质是事后控制,即其工作重点是对事物发生后的结果进行分析,并采取纠偏措施。

其一,时间上的滞后性。

这是反馈机制的特点同时也是其最大的缺点。由于反馈机制属于事后控制,故在进行纠偏时,实际情况已经发生变化,从而降低了控制的有效性。如拍卖机构通过反馈发现拍卖标的的底价事前确定的不合理,致使发生了流标现象,但这一流标现象只能今后没法避免而无法予以改变。

其二,使用上的可行性。

这是反馈机制的特点同时也是其最大的优点。尽管反馈机制属于事后控制,但它毕竟具有纠偏的功能,能够起到亡羊补牢的积极作用,故不可避免地存在使用价值。如拍卖机构事前往往无法准确预测拍卖标的的底价确定在何种价位会导致流标现象发生,而只能通过反馈机制来进行验证。

(4)反馈机制的运作

反馈机制的运作是指利用反馈机制对事物的发展进行控制。

其一,畅通信息反馈渠道。

利用反馈机制的目的是随时掌握工作实际并与标准比较,对计划实施过程进行检查与调整,以便从差异中寻找问题,纠正偏差,而这些都必须以信息的及时获取为前提。因而,要充分发挥反馈机制的作用,就应当建立灵敏高效、快捷畅通的信息收集渠道,从而了解动态,分析形势,科学决策。

如拍卖机构应分别开辟委托人和竞买人的信息反馈渠道,及时了解委托人包括销售委托人和采购委托人的市场需求,并及时了解竞买人和竞卖人的市场需求,从而有针对性地举办适销对路的拍卖活动。与此同时,拍卖机构应当把管理中的追踪检查、监督和反馈摆在重要地位,严格执行监督反馈制度,定期对各种数据、信息进行深入的分析,以保证信息反馈渠道真正发挥应有的作用。

其二，采取交叉反馈模式。

反馈机制实际上是将人员和战略相结合的执行机制，执行的末梢就是信息反馈，企业员工必须把在一线了解到的信息反馈给企业的管理者，这样的反馈机制才能成为有效的机制。而交叉反馈模式就是使企业的每个员工都具有信息反馈功能，不同员工之间对同一信息进行交叉反馈，企业则根据这些反馈信息进行交叉监督，发现问题纠正偏差。

如拍卖机构举办拍卖活动的成交率过低，企业有三个员工分别进行了信息反馈，但其中只要有一个员工的说法与另外两个员工的说法不同，拍卖机构的管理者就会意识到整个运作系统中何处出现了问题，产生了偏差，从而有可能及时采取措施予以解决和纠正。采取交叉反馈模式的目的就是使企业员工人人参与信息反馈，使反馈机制的效率得到最大限度的提高。

拍卖师技能提高培训

第三节　拍卖师的沟通技能

一、建立客户联系

建立客户联系属于拍卖师的场外沟通,它对于拍卖师来说十分重要。具体操作通常包括以下几个方面:

(一)分析客户目标与需求

1. 客户分析的基本方法

(1)观察法

观察法是指拍卖机构通过对买卖双方言行的观察,推测和掌握其参与拍卖活动的心理,了解其拍卖的目标与需求。观察法不直接向客户提出问题,而是通过与客户的一定接触,收集信息,进行分析,形成结论。

如有些竞买人经常参加各种类型的拍卖活动,甚至逢场必到,则拍卖机构便可发现其竞买动机,判断其竞买行为,从而有准备的为其提供拍卖服务。

(2)调查法

调查法可以分为问卷法、访问法、电话调查和小组讨论等,其中主要是前两种。

其一,问卷法。

这是指以书面提问方式直接了解买卖双方相关信息的一种调查方法。

采用问卷法进行调查的关键在于合理设计问卷。问卷一般由反应测量内容的若干条陈述性题目构成,各题按照被测量者的反应范围或程度标以分数或量值,最后根据得分状况判定客户的态度。

问卷法的特点是成本低,但效果较差,如问卷回收率不高或回收后的有效率不高等。

其二,访问法。

这是指以口头提问方式直接了解买卖双方相关信息的一种调查方式。

采用访问法可以与被测量者面对面地交谈,交谈形式可以是问答式的,也可以是讨论式的,气氛轻松,言语自由,被测量者易于接受。然而无论采取什么形式交谈,测量者都不应给被测量者提供任何可能的答案,也不应进行任何明示或暗示,而由其在无约束状态下自由地回答问题,充分表述自己的想法和意见。

访问法的特点是成本高,但效果较好,如不存在回收率问题,而且访问过程灵活性强，测量者可以根据访问情况随时改变提问或停止提问。

(3)资料分析法

资料分析法是指对历史数据、统计资料、市场预测等信息进行综合消化，从而了解和掌握买卖双方的拍卖目标与需求。

在拍卖过程中，拍卖机构能够获得大量的数据资料，这些都是从事分析的重要素材和基础，经过对其中有价值数据资料的筛选与分析，拍卖机构便可以总结经验，发现规律，预测未来，在一定程度上有效把握和控制变化多端的拍卖市场。

如有些竞买人经常竞买固定的粮油品种，但对其他品种的拍卖标的却不感兴趣；另有些竞买人在拍卖过程中的应价价位较高，对于拍卖标的总有志在必得的需求，反映出其自身所具备的敏锐的市场眼光和强大的经济实力。

2. 客户目标分析

拍卖机构作为中介方，其面对的客户比较复杂，一是委托人，二是竞买人。

(1)卖方客户目标

卖方客户是指委托人。这类客户的主要目标是卖出商品，获得价款，赚取利润。但它不是自己销售，而是委托拍卖机构通过拍卖方式进行销售。为此，这类客户期望委托一家胜任的拍卖机构，在拍卖过程中达到一个理想的竞价价位，从而实现自己的销售目的。

(2)买方客户目标

买方客户是指竞买人。这类客户的主要目标是买进商品，但它不是委托拍卖机构购买，而是通过拍卖机构组织的拍卖活动，自己进行购买。为此，这类客户期望参与那些有吸引力的拍卖活动，在拍卖过程中发挥出理想的拍卖水平，以一个能压倒竞争对手的竞价价位获得拍卖标的，从而实现自己的购买目的。

3. 客户需求分析

由于拍卖机构面对各类客户，故各类客户必然产生相同的和不同的需求。

(1)客户需求分类

无论是何种客户，其需求的共性与个性都存在一定的规律，可以划分为一定的类型。

其一，从拍卖目的划分。

可分为生产消费需求和生活消费需求，拍卖当事人的客户需求必然二者居其一。

生产消费需求是指拍卖当事人为了满足生产过程中物化劳动和活劳动消耗的需要；生活消费需求是指拍卖当事人为了满足个人生活的多种物质产品和精神产品的需要。两种需求之和构成拍卖当事人参与拍卖活动的主要动机。

其二,从需求实现程度划分。

可分为现实需求和潜在需求,拍卖当事人的客户需求也必然二者居其一。

现实需求是指拍卖当事人有参与拍卖活动买卖拍卖标的的需求;潜在需求是指拍卖当事人潜伏的需求,即暂时还不参与拍卖活动但将来有可能参与拍卖活动的需求。两种需求之和构成拍卖活动的市场容量。

(2)卖方客户需求

这类客户即委托人在拍卖的标的品种、标的数量方面一般不同。然而,在拍卖方式上通常要求采取增价方式,在拍卖价格上通常要求价高者得,故后二者又完全相同。

(3)买方客户需求

这类客户即竞买人在拍卖的标的品种、标的数量方面一般不同。然而,在拍卖方式上通常要求采用增价方式,在拍卖价格上通常要求以略高于竞争对手的价格获得拍卖标的,故后二者又完全相同。

(二)整理客户信息与资料

1. 客户管理知识

拍卖实质上是一种关系型市场营销活动,它要求拍卖机构必须了解客户,善待客户,搞好客户管理工作。这里所说的客户管理,就是拍卖机构如何协调和处理好与买卖双方客户的关系,即拍卖机构外部公共关系的问题。

(1)基本关系

这种关系是指拍卖机构在拍卖活动结束后,不再与买卖双方接触,拍卖的各方当事人从此失去联系,没有来往,或者在新的拍卖活动举办时才重新建立联系,继续来往。

(2)被动式关系

这种关系是指拍卖机构在组织拍卖活动的同时,还鼓励买卖双方客户在拍卖活动结束后,如果有任何问题可及时向拍卖机构反映,例如打电话、寄信函、发电子邮件等。

(3)负责式关系

这种关系是指拍卖机构在拍卖活动结束后,就通过各种方式了解拍卖标的和价格及拍卖活动本身是否能达到买卖双方客户的预期,并且收集客户有关改进业务的建议及对拍卖活动的其他要求,以便提高服务质量。

(4)主动式关系

这种关系是指拍卖机构经常与买卖双方客户沟通和联系,不但征求意见,而且提供信息，随时为举办新一轮拍卖活动做准备。

(5)伙伴式关系

这种关系是指拍卖机构与买卖双方客户建立起密切的商业关系，不断开展持续性的商业合作，使买卖双方客户能更有效地利用其资金，销售其货物，并按照买卖双方的合理要求来组织各类拍卖活动。

(6)各种关系的选择

在拍卖实践中，拍卖机构因市场环境和拍卖标的不同，可以分别与买卖双方客户建立不同类型和不同水平的拍卖市场营销关系，从而实施不同的客户管理。

基本关系和伙伴关系是拍卖市场营销关系中的两个极端，拍卖机构可以根据客户数量的不同和边际利润的高低，优先选择这两种关系，进行客户管理。

一般来说，如果拍卖机构客户众多，且单位拍卖标的的边际利润较低，则宜采用基本关系。而如果拍卖机构客户很少，且单位拍卖标的的边际利润较高，则宜采用伙伴关系。

2. 客户信息的整理方法

所谓客户信息的整理，就是拍卖机构运用科学方法，对调查所得的客户信息资料进行审查、检验和初步加工综合，使之系统化和条理化，从而以集中、简明的方式反映客户总体情况的工作过程。其中，对于不同类型的客户信息资料，应当采取不同的整理方法。

常见的客户信息整理可采用以下一些步骤：

(1)设计整理方案

在资料整理工作开始以前，首先应当设计和制定具体的资料整理方案。良好的方案是资料整理工作顺利进行的重要保障。其主要内容包括：

其一，确定汇总指标和综合统计表。

其二，根据研究目的和任务，确定具体资料的分组。

其三，选择资料汇总的方式，采用手工汇总还是计算机汇总，如果是计算机汇总还须确定采用哪种具体形式。

其四，做好组织工作和时间进度的具体安排。

其五，确定资料审核的内容和方法，形成完整的资料整理的质量控制方案。

其六，确定当前资料与历史资料衔接的方法，如果有历史资料可对此分析，要注意调查收集汇总的资料与历史资料口径的一致问题。

(2)资料审核

在进行资料汇总以前，应当对调查资料进行审核和订正，这是保证市场调查质量的关键。

其一,及时性审核。

要求入选资料都是最新资料,因为现代市场经济活动节奏加快,只有代表市场活动最新状态的市场信息才是使用价值最高的信息,所以切勿将过时的、失效的信息引入。此外,还要剔除不必要的资料,保留重要的资料。

其二,完整性审核。

要求入选资料覆盖面大,涉及面宽,具有较强的代表性,能够比较全面地反映问题,否则资料来源渠道狭窄,内容片面,将不能很好地发挥作用。

其三,正确性审核。

又称真实性审核,要求入选资料的口径、计算方法、计量单位等都符合要求,同时要剔除不可靠的资料,保证入选资料的准确性,防止虚假信息的存在。

(3)资料分组

对资料进行分组是客户信息整理的重要手段,其主要做法有以下一些:

其一,选择分组标志。

一是根据研究目的选择分组标志。例如,要了解竞买人的场上竞价情况,可按应价人数、应价次数、应价价位等标志进行分组。

二是根据事物本质选择分组标志。例如,要了解拍卖采购委托人的采购要求,必须按其采购的拍卖标的的品种、数量、价格等标志进行分组,而不能按拍卖采购委托人参与拍卖活动的次数选择分组标志,因为仅仅参与拍卖活动并不等于发生购买行为,故不能反映事物的本质特征。

其二,实施分组操作。

一是按品质标志分组。如拍卖标的可按品种、数量、产地、底价等标志分组。

二是按数量标志分组。如拍卖成交额可按竞买人成交额等标志分组。

(4)资料汇总

资料汇总是指按照调查的目的和要求,对分组后的资料、数据进行计算汇总和编辑,使之成为能够反映客户客观情况的系统、完整、集中、简明的材料。

其一,手工汇总。

手工汇总的特点是所需工具少,方便灵活,然而费时较多,准确性差。

其二,计算机处理。

计算机处理的特点是信息量大,时效性强,汇总质量高,然而成本较高,电脑技术要求规范较严。

其三,制表和制图。

汇总的资料常常需要通过各种表格或图形表示出来,因此,对于客户信息的整理汇总,还要借助制表和制图方法辅助完成,从而进一步提高资料整理的质量。

拍卖师专题研讨会

二、拍卖现场沟通

现场沟通属于拍卖师的场内沟通，它对于拍卖师来说更加重要。具体操作通常包括以下几个方面：

（一）正常情况下的沟通

正常情况下的沟通是指拍卖师在拍卖会进程平稳，未发生意外情况下与其他拍卖当事人之间的沟通。其中主要是与竞买人的沟通，即拍卖师通过沟通向竞买人提供必要的服务，从而帮助竞买人把握商机，正确决策，合理竞买。

1. 说明式沟通

说明式沟通是指拍卖师对上拍标的进行解释，使竞买人了解有关情况，参与竞买。如在国有土地使用权拍卖过程中，拍卖师可根据已经掌握的数据和情况，针对上拍标的进行一定的说明,指出其利弊优劣,分析其发展前景,从而供竞买人参考。

运用说明式沟通方法应当注意的是:

其一,介绍标的要分主次。

拍卖师并非对每件拍卖标的都进行说明,而是应当分出轻重。倘若拍卖标的较少,可每件均予以说明,而倘若拍卖标的较多,则无必要逐一说明,因为场上拍卖时间有限。

其二,言谈话语要有详略。

拍卖师对有些拍卖标的做较详细的介绍,如拍卖一件名家珍奇书画时,对该作品的作者、年代、题材、风格、市场行情等都不妨向竞买人娓娓道来,以影响其竞买思路和决策。但如果是拍卖一件普通书画时,则轻描淡写地略讲几句就行,甚至不讲亦可。

其三,意思表示要讲诚信。

拍卖师对任何一件上拍标的的说明或解释都应当真实可信,绝不能向竞买人传递虚假信息,误导投资与消费,甚至实施欺诈行为。如在艺术品拍卖过程中,不应当将赝品作真迹、珍品描述介绍,而应当实事求是,诚信第一。

2. 答疑式沟通

答疑式沟通是指拍卖师对竞买人提出的问题进行解答,使竞买人不断打消顾虑,坚定信心。如在粮油竞价交易过程中,拍卖师可根据竞买人关于竞价流程或竞价规则方面表现的疑惑进行阐述,帮助其正确掌握要领,从而积极参与到竞价交易活动中来。

运用答疑式沟通方法应当注意的是:

其一,解答问题有的放矢。

即拍卖师解答问题要有很强的针对性,就事论事,答其所问。如在地产拍卖中,一些竞买人可能会问:"土地容积率能否改变?"对此,拍卖师应当明确地回答:"不能改变",而不应当辗转腾挪,含糊其辞,答非所问,甚至顾左右而言他,使人毫无所获。

其二,解答问题深入浅出。

即拍卖师解答问题要有很强的表达力,言简意赅,画龙点睛。如在文物艺术品拍卖中,一些竞买人可能会问:"这件标的到底是真迹还是高仿?"对此,拍卖师应当反应机敏,如实阐述,尽量给对方一个满意的回答,而不应当高谈阔论,故弄玄虚,词不达意,使人不得要领。

(二)非正常情况下的沟通

非正常情况下的沟通是指拍卖师在拍卖会进程动荡,发生意外情况下,与其他拍卖当事人之间的沟通。其中既有与竞买人的沟通,又有与场上观众等的沟通。

1.拍卖主体受到挑战时的沟通

此类沟通属于拍卖机构包括拍卖师面临危机时的沟通。

(1)拍卖行危机沟通

在拍卖实践中,有时拍卖行会遭致来自第三方的困扰,从而迫使拍卖师与其沟通解决。如拍卖会即将举行时,有人在现场贴出标语或高呼口号,表示反对,对此,拍卖师应当在取得有关部门支持和配合的同时,与场上的反对者善意对话,争取最大限度地平息事态。

(2)拍卖师危机沟通

在拍卖实践中,有时拍卖师也会遭人质疑,从而迫使拍卖师与其沟通解决。如拍卖师前往异地主槌,当地一些拍卖机构可能出于恶性竞争等目的,或纠集人手冲击会场,或到处"举报猛料",企图干扰正常的拍卖秩序。对此,拍卖师应当在取得有关部门支持和配合的同时,与场上的反对者善意对话,争取最大限度地平息事态。

2.拍卖客体受到挑战时的沟通

此类沟通属于拍卖标的面临危机时的沟通。

(1)拍卖标的权利瑕疵危机沟通

在拍卖实践中,有时一个拍卖标的的所有权或处分权会遭人质疑,从而迫使拍卖师与其沟通解决。如若干数量的粮食正要上拍时,突然有第三人提出,该标的的委托人不具备粮油竞价交易资质,故没有上拍标的的处分权,于是造成拍卖现场发生混乱,对此,拍卖师应当灵活运用语言,先期排除干扰,完成拍卖作业,一切留待事后再议。

(2)拍卖标的物品瑕疵危机沟通

在拍卖实践中,有时一个拍卖标的的真伪优劣会遭人质疑,从而迫使拍卖师与其沟通解决。如一件名家书画正要上拍时,突然有第三人提出,该标的不是某名家所作,并自称其为该名家的学生,且当场号召竞买人不要竞买,于是造成拍卖现场发生混乱,对此,拍卖师应当灵活运用语言,先期排除干扰,完成拍卖作业,一切留待事后再议。

第六章　拍卖师主持技巧

第一节　各类拍卖通用主持技巧

一、拍卖现场主持

（一）现场主持方法

1. 稳步推进法

(1)含义

稳步推进法是指拍卖师以较慢节奏主持拍卖活动，使拍卖标的的价位逐渐发生变化。

(2)特点

稳步推进法的特点在于：

其一，操作要求较低。

即对拍卖师的主持技巧要求不高。

其二，成交周期较长。

即由于拍卖速度较慢，故使每个拍卖标的的运行时间较长，直至拍卖成交时已形成较长周期。

(3)适用

稳步推进法比较适用于下列情况：

其一，现场气氛平和。

即拍卖现场没有大起大落的事态发生，竞买人按部就班地应价，并且通常以举牌应价为主，致使拍卖现场竞争气氛比较平和。

其二，竞买人慢速应价。

即竞买人应价速度慢，应价间隔长，拍卖师随其之后需要稳步推进才行。

其三，拍卖师经验不足。

即拍卖师现场主持实践较少,还不适应竞争气氛过于热烈的拍卖现场,故最好采用稳步推进法以实现主持拍卖活动的目标。

2. 快速推进法

(1)含义

快速推进法是指拍卖师以较快节奏主持拍卖活动,使拍卖标的的价位迅速发生变化。

(2)特点

快速推进法的特点在于:

其一,操作要求一般。

即对拍卖师的主持技巧要求一般。

其二,成交周期较短。

即由于拍卖速度较快,故使每个拍卖标的的运行时间较短,直至拍卖成交时只形成较短周期。

(3)适用

快速推进法比较适用于下列情形:

其一,现场气氛热烈。

即拍卖现场常有大起大落的事态发生,竞买人互不相让地应价,并且随时以喊价行为表示,致使拍卖现场竞争气氛十分热烈。

其二,竞买人快速应价。

即竞买人应价速度快,应价间隔短,拍卖师随其之后需要快速推进才行。

其三,拍卖师经验丰富。

即拍卖师现场主持实践较多,十分适应竞争气氛过于热烈的拍卖现场,故可以采用快速推进法以实现主持拍卖活动的目标。

案例49　浙江拍卖拍卖行

2006年9月12日,在浙江产权交易所大厅,随着拍卖师的落槌,浙江国信典当有限责任公司、浙江国信拍卖行有限公司77.78%的国有股资产包在经过113轮的竞价后,最终以4980万元成交,比起拍价2706万元高出2274万元。杭州广赛电力科技有限公司竞得标的。转、受让双方当场签订产权交易合同。

此次国信典当行与国信拍卖行的转让是浙江国信公司继转让期货、证券等牌照后,再次易手旗下金融等资产。

据有关人士介绍,由于浙江国信拍卖行和典当行持有《拍卖经营许可证》、《典当经营许可证》和《特种行业许可证》,目前国家已经控制发放这些行业牌照,稀缺的经营资格相当于一张通行证,投资者通过转让产权可以迅速介入目标行业。因而，继新华期货的转让受到浙江民资的热捧之后，国信典当行与国信拍卖行的拍卖再现了浙商对金融投资的追捧。

据悉，本次股权转让设置了一定的限制，规定受让方必须是境内法人企业，具备较强的经济实力，负债率不超过50%，注册资本和净资产均超出3000万元，并连续3年以上盈利，而且必须整体受让77.78%的股权。在此条件限制下，原有的10个报名者最终剩下7个符合条件的竞买人报名参拍。7个竞买人中，除来自北京、上海各1人外，其余5位皆为浙江民企。

3. 引导劝说法

(1)含义

引导劝说法是指拍卖师充分运用语言技巧主持拍卖活动，使竞买人从观望状态进入竞价状态。

(2)特点

引导劝说法的特点在于：

其一，操作要求较多。

即对拍卖师的主持技巧要求较高。

其二，内容包括两个方面。

即引导劝说法由引导法和劝说法共同构成，二者互相联系，互相作用，服务于拍卖师的拍卖主持活动。

(3)适用

其一，现场气氛冷清。

即拍卖现场应价乏力，或应价无人，致使已经出现拍卖标的流标的情况，需要及时调动竞买人的应价积极性。

其二，拍卖师技巧娴熟。

即拍卖师不仅要有较多的现场主持实践和比较丰富的主持经验，而且还要有十分娴熟的主持技巧，特别是语言表达技巧、现场交流能力等，否则难以胜任。

(二)现场主持技巧

1. 口语技巧

口语技巧要求拍卖师在口头语言表达方面能够胜任拍卖主持活动，即具有良好的说话能力。

(1)语言规范

拍卖师在主持拍卖过程中，通常扮演着一名公众人物的角色。因此，其在说话时必须使用规范的语言，并做到尊重对方，从而向公众展示自己端庄、正确的个人形象,并维护拍卖机构良好的企业形象。

如拍卖师对竞买人的称呼应当用“女士”、“先生”、“您”等,而不是过于随便说“大哥”、“大姐”、“戴眼镜的人”、“拿6号牌”的等。

(2)通俗易懂

拍卖师在语言规范的基础上还应当做到通俗易懂,即要善于用通俗的语言表达深刻的道理,使人感到朴实亲切,从而吸引人,打动人,说服人,并收到比较良好的效果。

如拍卖师在现场介绍某项拍卖标的时,必须进行深入浅出地进行讲解,而不能照本宣科,使用过多的术语、公式,令人感到深奥难懂,听不明白而失去兴趣。

(3)简明准确

拍卖师在主持拍卖过程中,应当简洁明了地表达思想,发布信息,用词恰当,字音准确,而不能拖泥带水,模糊不清,令人听后抓不住要领,甚至造成误解,酿成不必要的纠纷。

如拍卖师在引导或劝说竞买人应价时,不应当东拉西扯一些不必要的内容,更不能过多表述毫不相干的内容,而应当单刀直入,礼貌地询问竞买人是否应价。另外,在报价时务必做到清晰、准确,防止数字误读,价位误报。

(4)运用幽默

拍卖师在语言表达的时候还应当学会和运用幽默,通过幽默调节谈话气氛,迅速消除隔阂,排除尴尬局面,拉近与竞买人之间的心理距离,从而推动拍卖活动的正常发展。

如拍卖师面对拍卖场面冷清时,除采取引导劝说等方法进行拉动和刺激外,还可以适当地讲几句玩笑话助兴,以打破呆板与沉默。

然而需要注意的是,拍卖师应当避免将长者与异性置于玩笑的话题之中,以免引起误会,弄巧成拙。

(5)展现风格

拍卖师在主持拍卖过程中,应当逐渐形成自己的主持风格并在一定条件下予以充分展现,从而使主持效果得到进一步提高。

如拍卖师因年龄、性别、文化程度、阅历经验、气质修养等不同会形成不同的主持风格,具体表现在口语技巧方面为:有人柔声细语,有人粗声大气;有人直言快语,有人幽默风趣;有人简洁明快,有人雄辩滔滔;等等。显然,每个拍卖师都应当根据自己的主持风格进行实施,力争圆满完成主持任务。

2. 体语技巧

体语技巧即体态语言技巧,要求拍卖师在体态语言表达方面能够胜任拍卖

主持活动,即具有良好的辅助说话能力。体态语言又称非语言,通常包括以下一些:

(1)手势

拍卖师在主持拍卖过程中,应当充分利用手势配合口头表达,这对于拍卖师传递信息及提高拍卖师在现场对竞买人的号召力和征服力均具有十分重要的作用。

如拍卖师在现场报出某个价位时,同时立刻辅之以手势指向应价人,即做到口到、手到,二者相互结合对竞买人的应价进行确认,从而使体语和口语相互联系,共同提高拍卖现场的报价效果。

然而需要注意的是,体语必须使用得当,否则效果不佳。首先,拍卖师的手势与言词不能相悖。如前排竞买人应价,手势却指向后排;其次,拍卖师的手势强度应有限制。如无论什么手势,不宜用力过猛或前后左右摇摆幅度太大。第三,拍卖师的手势不能来得太突然。如使用手势的速度应与口头报价的速度相匹配,防止惊吓竞买人。

(2)表情

拍卖师在主持拍卖过程中,还可以充分利用表情配合口头表达,这对于拍卖师传递信息及提高拍卖师在现场对竞买人的号召力和征服力也具有一定的作用。

如拍卖师在竞价气氛热烈,竞买人屡屡竞价成功时,可面带笑容,表情欢快,这对于现场竞买人继续积极竞价的局面是一种有力的支持;而拍卖师在竞价现场冷清、拍卖标的时有流标时,可面带遗憾,表情严肃,这对于现场竞买人扭转竞价不利的局面是一种无声的期盼,等等。

(三)报价

1.报价方法

拍卖师是拍卖活动的主持者,在现场拍卖过程中,需要频繁地从事报价行为,从而最大限度地促成每一项拍卖标的的成交。

报价,就是把竞买人用各种应价方式表现出来的价位在拍卖现场大声重复。根据拍卖活动的大量实践来看,拍卖师常见的报价方法有以下一些:

(1)平缓式报价

平缓式报价是指拍卖师语气平和,语速缓慢,每报完一个价位后都有一定时间的停顿,然后再报下一价位。

如拍卖现场有一个竞买人按增价方式应价 50 万元(举牌示意或喊价表示,

下同)，则拍卖师可报价“50万元”；之后另有一个竞买人按规定的加价幅度应价55万元，则此时拍卖师便可报价“55万元”；如此类推，直至该标的拍卖结束(或者成交，或者流标，下同)。

(2)快速式报价

快速式报价是指拍卖师语气紧张，语速加快，每报完一个价位后停顿时间较短，然而就连续报出后面的若干个价位。

如拍卖现场竞买人连续应价，甲按增价方式应价12万元，乙又应价14万元，而丙再应价16万元等，则此时拍卖师就必须分别跟上甲、乙、丙3个竞买人的应价节奏，马不停蹄地接连报出“12万元”、“14万元”、“16万元”等，而不能延缓报价，甚至漏报。

快速式报价方式适用于拍卖过程中竞买人竞争比较激烈的场合，由于竞买人互不相让，应价此起彼伏，因而拍卖师必须聚精会神，紧跟其后，以十分迅速的节奏频频报价，使拍卖师的报价与竞买人的应价前后有机地呼应起来。

(3)爆发式报价

爆发式报价是指拍卖师突然报价，声音洪亮，震撼全场，目的是在拍卖过程中人为地制造竞价高潮，把拍卖活动向前推进。

采用这种方法必须掌握时机和火候，否则效果不好。

其一是经过较长时间的沉寂后才有人应价，此时拍卖师便可以十分激动地突然高声报价，如说“21万元！30号(假设)21万元”！如此一来拍卖现场便会为之一振，可能重新活跃起来。

其二是经过较长时间的竞争后，有人应价达到了一个比较可观的整数价位，此时拍卖师便可以十分激动地突然高声报价，如说“60万元！78号(假设)60万元”！如此一来拍卖现场也会受到刺激，更高的价位可能接踵而来。

爆发式报价方法适用于拍卖过程中场面有时冷清的情况，拍卖师采用这种方法能够起到某种救市作用，即号召竞买人继续投入竞争，而不要死气沉沉，无所作为。

(4)反复式报价

反复式报价是指拍卖师就拍卖过程中出现的某一个价位不断重复，多次报出，目的是拖延时间，争取拍卖活动向好的方面发展。

采用这种方法有很强的针对性，而且只有条件具备才能采用。

其一是拍卖现场出现的应价尚未达到底价，但此时也无其他竞买人连续出价，于是拍卖师便可以反复报价，并劝说动员，力争使场上局面出现转机，即有人继续出价。

其二是拍卖现场出现的应价虽已达到底价，但此时并不是拍卖委托人和中介方所期望的理想价位，于是拍卖师也可以反复报价，并劝说动员，力争使场上局面出现变化，即趁机扩大战果。

反复式报价方法适用于拍卖过程面临流标或面临成交不理想的情况，拍卖师采用这种方法属于万般无奈，偶然性很大，故处于十分被动的境地，通常并不奏效。因为拍卖师在拍卖现场不能无限拖延时间，如果流标或成交不理想实际上已成定局，则反复报价也同样是根本无能为力的。

(5)提醒式报价

提醒式报价是指拍卖师对拍卖过程中出现的某些价位重点强调，给予暗示，目的是提醒竞买人继续应价或停止应价。

采用这种方法亦有两种情况：

其一，在增价拍卖过程中，由于价位节节上升，致使有些竞买人可能不够冷静，表现为盲目应价，其价位高度已经超过了自身的心理价位，更与实际情况出现较大差距，此时拍卖师便可以出于善意之目的，如考虑一旦成交其资金实力能否承受，而通过提醒式报价方法，对其予以规劝。

其二，在减价拍卖过程中，由于价位节节下降，致使有些竞买人可能不够冷静，表现为盲目应价，其价位高度已经超过了自身的心理价位，更与实际情况出现较大差距，此时拍卖师便可以出于善意之目的，如考虑一旦成交其资金实力能否承受，而通过提醒式报价方法，对其予以规劝。

提醒式报价方法适用于拍卖过程中竞买人不切合实际盲目应价的情况，拍卖师采用这种方法既是为竞买人自身的利益考虑，同时也是为其相对人和拍卖机构自身的利益考虑，因为不切合实际盲目应价导致的成交结果往往很不巩固，成交人后悔违约的概率很大。

(6)混合式报价

混合式报价是指拍卖师在拍卖过程中将各种报价方法交替使用，优化组合，灵活地加以掌握，并运用于拍卖过程中的不同具体实践环节。

如在一场拍卖活动中，可能有许多不同的拍卖标的和不同的竞买人，故针对有些竞买人和拍卖标的，拍卖师可以采用平缓式报价方法；而针对另一些竞买人和拍卖标的，拍卖师则可以采用反复式报价方法；如此类推。

总之，拍卖过程中的情况千变万化，任何拍卖师都不可能使用单一的报价方法渡过全场，这便是混合式报价方法存在的价值。

2. 报价技巧

报价方法是拍卖师主持拍卖活动的手段，而报价技巧是拍卖师运用主持手段的基础和过程。

拍卖师常见的报价技巧有以下一些:

(1)语言运用技巧

语言运用技巧首先要求拍卖师用普通话报价,报价时的语言简洁清晰,不拖泥带水;亲切生动,富有感染力;抑扬顿挫,产生节奏感;等等。因为拍卖师报价并非单纯地、机械式地数字喊叫,而是在报价过程中,还必须穿插其他的语言内容调解气氛,过渡时间。如拍卖师报出"20万元"后,短时间内无人应价,则可增加别的相关内容,防止冷场。这是对语言表达技巧的具体运用。

其一,商业语言的运用。

拍卖师报价时往往需要大量运用商业语言。商业语言泛指市场营销方面的术语等。如发现场上竞价激烈,竞买人互不相让时,拍卖师可以说:"商场如战场,看看今天鹿死谁手。""有眼光你就争,有实力你就赢"等等。类似的商业语言无穷无尽,成熟的拍卖师能够运用的恰到好处,从而使拍卖中的报价过程不再乏味、呆板。

其二,法律语言的运用。

拍卖师报价时也会大量运用法律语言。法律语言泛指法律法规方面的术语等。如发现场上价位已经很高时,拍卖师可以提醒竞买人:"举牌不得反悔"、"要对自己的应价行为承担法律责任"等等。法律语言的运用,有助于帮助竞买人始终保持清醒的头脑而不致盲目应价,真正认识到投资有风险,举牌要谨慎。

其三,文学语言的运用。

拍卖师报价时还会大量运用文学语言。文学语言泛指修辞比喻方面的表述等。如发现场上应价停滞、气氛凝重时,拍卖师可以对竞买人说:"谁愿意雪中送炭呀?"从而引导竞买人应价。又如发现场上价位不高、竞争不强时,拍卖师可以对竞买人说:"谁愿意锦上添花呀?"从而引导竞买人攀峰。文学语言的运用,往往能够起到通过调侃换取轻松,通过幽默打破坚冰的重要作用。

(2)当众交流技巧

当众交流技巧要求拍卖师在拍卖过程中,一边报价一边视情况与竞买人进行语言沟通,即通过不断报价把拍卖推向前进,通过当众交流拉近与竞买人的距离,从而最大限度地引起竞买人的心理共鸣,并力争获得更好的拍卖效果,包括经济效果和社会效果。

其一,年龄层次的交流。

对于年长的竞买人,拍卖师在交流中应当谦逊虚心,以礼相待,尊敬为上,多用商业语言。例如:"您是前辈,这次竞价您应当发挥作用。""您的竞价经验真是丰富,值得大家学习"等。

对于年轻的竞买人,拍卖师在交流中应当不亢不卑,略显威严,鼓励有加,多用法律语言和文学语言。例如:"你这么年轻就负这么重大的责任,真是有魄力,你们企业一定前途无量"等。

其二,性别层次的交流。

对于同性竞买人,拍卖师在交流当中语言幽默,适当调侃,活跃气氛,多用文学语言。例如:"现在场上竞价是男(女)同胞领先。""这位男士(女士)不愧是商场高手"等。

对于异性竞买人,拍卖师在交流中应当语言端重,充满敬意,温文尔雅,多用商业语言。例如:"女士经商是很能创造业绩的。""有谁挑战这位女士(男士)的应价"等。

其三,生疏层次的交流。

对于初次见面的竞买人,拍卖师在交流中应当热情亲切,小心试探,耐心等待,多用商业语言和法律语言。例如:"这位新来的朋友要应价吗?""想必您对本次拍卖的规则已经熟悉了"等。

对于经常见面的竞买人,拍卖师在交流中应当以诚相见,开门见山,平铺直叙,多用商业语言和文学语言。例如:"你是我们的老主顾,这次胃口更大了?""你不准备再加点(减点)吗?"

3. 报价训练

对于拍卖师来说,报价方法和报价技巧是其基本功。然而,要熟练掌握报价方法,不断提高报价技巧,拍卖师除了必须经常亲身参加拍卖活动实践外,还必须经常进行刻苦全面的训练才能达到目的。

(1)知识训练

知识训练是指拍卖师应当具备多方面的知识,成为一个知识比较丰富的人。

其一,政策法律知识。

要求拍卖师了解和掌握国家现行的主要法律、法规及相关国际惯例,能自觉运用法律解决相关问题,依法参与拍卖活动。

其二,普通商品知识。

要求拍卖师具备常见的用于拍卖的商品方面的基本知识,包括商品分类、质量、购销、储存、运输、加工等方面的知识,从而保证在拍卖过程中对拍卖标的有比较充分和深入的了解。

其三,市场营销知识。

佳士得拍卖会

要求拍卖师了解和掌握市场营销方面的相关知识，如营销条件、营销战略、营销策略、营销渠道、营销方式、营销手段等方面的知识，尤其对常拍商品的市场营销有比较深刻的认识。

其四，拍卖知识。

要求拍卖师熟知拍卖的基本知识和运作过程，能协助拍卖机构顺利举办拍卖活动，能在拍卖活动中独立发挥拍卖师的主持作用，完成拍卖活动的主持任务。

其五，公关知识。

要求拍卖师具备良好的公共关系知识，善于与他人沟通和交往，能够处理好拍卖机构内外部的公共关系和拍卖活动拍卖各方当事人之间的公共关系，避免纠纷，解决纠纷，化解矛盾。

(2)能力训练

能力训练是指拍卖师应当具备多方面的能力，成为一个能够胜任拍卖活动的优秀主持人。

其一，组织能力。

要求拍卖师在主持拍卖活动时行为规范，有章法、有条理，凝聚力强，吸引力大，通常能被竞买人所接受和欢迎，从而能够在拍卖现场聚起人气，积极推动拍卖活动的发展。

其二，表达能力。

要求拍卖师在主持拍卖活动时具有良好的口头表达能力，音量适中，咬字清楚，语言流畅，能够清晰、准确地表达思想，发布信息，且吸引人、打动人、影响人、说服人，从而收到良好的效果。

其三，自控能力。

要求拍卖师在主持拍卖活动时具有良好的心理承受能力和高度的忍让精神，面对拍卖现场发生的任何事件和情况，都能心平气和，沉着冷静，表现出很强的自制自控能力。

其四，应变能力。

要求拍卖师在主持拍卖活动时善于随机应变，灵活机动。特别是面对错综复杂的情况发生时，既要做到忍让又不失原则，力争有理、有利、有节地妥善处理问题，从而维护拍卖秩序，提升拍卖机构的企业形象。

(3)素质训练

素质训练是指拍卖师应当具备拍卖活动主持人的基本素质，从而能够在拍卖活动中发挥积极作用。

其一，热忱勤奋。

要求拍卖师面对拍卖活动中的各种情况，应当有坚定的信心和满腔的工作热情，任劳任怨，克服困难，具有强烈的责任感。

其二，知识面广。

要求拍卖师应当具有旺盛的求知欲，善于学习为完成拍卖活动主持人工作所必需的广泛知识，是熟悉拍卖活动的行家里手。

其三，个性良好。

要求拍卖师举止适度，谦恭有礼，仪表端庄，态度从容，谈吐文言，口齿伶俐，平易近人，谨慎机敏，保持良好的礼貌与风度。

(四)确认竞买人应价

在拍卖过程中，竞买人通常采用增价或减价两种拍卖方式参与竞买，故确认应价的方法也分为两种情况。

1. 在增价拍卖中的确认

对于竞买人在增价拍卖中的应价，其确认方法是：

(1)确认竞买人持有竞价号牌

即该人是拍卖机构认可的竞买人。但有时竞买人本人并不应价，而是由其他随行人员代为应价,对此拍卖师同样应当予以确认。

(2)确认竞买人的应价符合价格上行的规则

即该应价是逐渐增高的价位。如目前价位是8万元,某竞买人在此基础上按增价幅度加价2000元,即应价8.2万元,故该竞买人应价有效。但如果这位竞买人应价7.8万元,则违背了价格上行规则,故其应价无效。

有时竞买人并未按增价幅度应价,但只要符合价格上行规则且相差不大,拍卖师亦可考虑确认有效。如上述竞买人在8万元的基础上应价1000元或3000元,拍卖师都有权予以确认。

(3)对竞买人的应价进行口头确认

即无论竞买人举牌应价还是发声应价,拍卖师均应当当场予以重复报价,表示确认。

2. 在减价拍卖中的确认

对于竞买人在减价拍卖中的应价,其确认方法是:

(1)确认竞买人持有竞价号牌

即该人是拍卖机构认可的竞买人。但有时竞买人本人并不应价,而是由其他随行人员代为应价,对此拍卖师同样应当予以确认。

(2)确认竞买人的应价符合价格下行的规则

即该应价是逐渐降低的价位。如目前价位是12万元,某竞买人在此基础上按减价幅度降低2万元,即应价10万元,故该竞买人应价有效。但如果这位竞买人应价14万元,则违背了价格下行规则,故其应价无效。

由于拍卖过程中竞买人采用减价方式不能自由选择降价幅度,因而不存在偏离幅度应价的问题。如拍卖师分别报价12万元、10万元、8万元,则竞买人只能在12万元、10万元、8万元的价位上应价,而一般不能自由应价11万元、9万元、7万元等。

(3)对竞买人的应价进行口头确认

即无论竞买人举牌应价还是发声应价,拍卖师均应当当场给予重复报价,表示确认。

(五)确认竞买人成交价

在拍卖过程中,竞买人通常采用增价或减价两种拍卖方式参与竞买,故确认成交价的方法也分为两种情况。

1. 在增价拍卖中的确认

对于竞买人在增价拍卖中的应价,其确认方法是:

(1)确认竞买人持有竞价号牌

即该人是拍卖机构认可的竞买人。但有时竞买人本人并不产生成交价，而是由其他随行人员代为产生成交价，对此拍卖师同样应当予以确认。

(2)确认竞买人的应价符合价格上行的规则

即该应价是逐渐增高的价位。

(3)确认竞买人的成交价是场上的唯一最高应价(在有底价拍卖中还应达到底价)

即该成交价超过场上所有其他竞买人的应价居于唯一的最高应价价位。如拍卖师确认同时有两个以上的最高应价，则可安排相关竞买人继续竞价直到分出胜负为止，或采用其他方式确认成交人即买受人。

在有底价拍卖中，竞买人的成交价必须达到底价才能被确认为成交价。如底价是1000元，成交价必须是1000元以上(含1000元)，否则不能成为成交价。

(4)对竞买人的成交价进行击槌确认

即无论竞买人举牌产生成交价还是发声产生成交价，拍卖师均应当当场击槌表示确认。

(5)对击槌确认的成交价进行书面确认

即拍卖师击槌之后，拍卖机构应当当场与买受人签署成交确认书。

2. 在减价拍卖中的确认

对于竞买人在减价拍卖中的成交价，其确认方法是：

(1)确认竞买人持有竞价号牌

即该人是拍卖机构认可的竞买人。但有时竞买人本人并不产生成交价，而是由其他随行人员代为产生成交价，对此拍卖师同样应当予以确认。

(2)确认竞买人的成交价符合价格下行的规则

即该应价是逐渐降低的价位。

(3)确认竞买人的成交价是场上的唯一最高应价(在有底价拍卖中还应达到底价)

即该成交价超过场上所有其他竞买人的应价居于唯一的最高应价价位。如拍卖师确认同时有两个以上的最高应价，则可安排相关竞买人继续竞价直到分出胜负为止，或采用其他方式确认成交人即买受人。

在有底价拍卖中，竞买人的成交价必须达到底价才能被确认为成交价。如底价是200元，成交价必须是200元以上(含200元)，否则不能成为成交价。

(4)对竞买人的成交价进行击槌确认

即无论竞买人举牌产生成交价还是发声产生成交价，拍卖师均应当当场击槌表示确认。

(5)对击槌确认的成交价进行书面确认

即拍卖师击槌之后,拍卖机构应当当场与买受人签署成交确认书。

二、拍卖现场调控

(一)掌握现场情况

1. 对人的掌握

对人的掌握是指拍卖师对拍卖当事人及其他有关情况的掌握,以便及时发现问题,采取有效对策。

(1)竞买人的情况

在拍卖过程中,拍卖师应当随时掌握场上所有竞买人的应价情况。如竞买人应价是否踊跃;哪些竞买人应价次数较多,哪些竞买人应价次数较少或者从未应价;竞买人之间是否有恶意串通的迹象发生;等等;从而对竞买人在拍卖现场的具体表现了如指掌,心中有数。

(2)委托人的情况

在拍卖过程中,拍卖师还应当重点关注委托人是否有违法违规行为发生。如委托人进场自行参与竞买或者委托他人代为竞买等等。

(3)观众的情况

在拍卖过程中,通常除了竞买人以外,还有大量的场上观众,他们或者是竞买人的随行人员,或者是相关人员。对于这些观众,拍卖师也应当给予关注。如要随时观察和了解观众随拍卖进程而发生的情绪变化,防止让这种情绪变化影响拍卖活动的正常进行;要及时发现观众趁机无效应价的情况,防止其干扰正常拍卖过程;等等。

2. 对事的掌握

对事的掌握是指拍卖师对拍卖过程及其相关情况的掌握,以便及时发现问题,采取有效对策。

(1)竞价情况

竞价情况是指拍卖现场每个拍卖标的的价位情况。

其一,增价拍卖中的情况。

一般而言,在增价拍卖中,所有拍卖标的的价格通常都会逐渐上升,然而各自上升的幅度和最后的定位并不相同。对此,拍卖师应当充分了解,随机应变。如有些拍卖标的的价位较高但属于正常情况,而有些拍卖标的的价位较高则属于非正常情况。对于后者,拍卖师必须多考虑几种可能,努力做到透过现象看本质,不要轻易被一时的高价位所迷惑。

其二,减价拍卖中的情况。

一般而言,在减价拍卖中,所有拍卖标的的价格通常都会逐渐下降,然而各自下降的幅度和最后的定位并不相同。对此,拍卖师应当充分了解,随机应变。如有些拍卖标的价位较低但属于正常情况,而有些拍卖标的的价位较低则属于非正常情况。对于后者,拍卖师必须多考虑几种可能,努力做到透过现象看本质,不要轻易被一时的低价位所迷惑。

(2)成交情况

成交情况是指拍卖标的被竞买人成功买进的交易情况。

在拍卖中,拍卖师应当随时了解拍卖标的的成交情况。

其一,了解每个拍卖标的的成交情况。

如其成交量、成交额等,从而掌握竞买人对某个品种拍卖标的的需求程度。

其二,了解所有拍卖标的的成交情况。

如成交量、成交额、所占成交比例等,从而掌握竞买人对某些品种拍卖标的的需求程度。

(3)流标情况

流标情况是指拍卖标的未能成交的交易情况。

在拍卖中,拍卖师应当充分了解拍卖的流标情况。如随机分析拍卖不成交的大致原因,流标涉及的拍卖标的数量、金额、所占比例等,从而掌握哪些品种的拍卖标的缺乏市场吸引力而不受竞买人的欢迎。

(二)现场调控方法

1. 语言调控

即拍卖师通过语言表达实施现场调控。

在拍卖过程中,竞买人是拍卖现场的主要角色,拍卖活动的成败与否,关键取决于竞买人对拍卖标的的购买欲望和现场竞价行为。因此,拍卖师必须以竞买人为主要对象,适时调控拍卖现场气氛。

如发现竞买人不应价时,拍卖师可采取劝说方法,引导其加入竞价行列;又如发现竞买人应价不高时,拍卖师可采取鼓励方法,促使其多出价。

(1)场面过于冷清的调控

拍卖师面对拍卖活动现场过于冷清、人气不足,应当采用一切有效手段加以调控,争取最大限度地排除障碍,扭转态势,从而推进拍卖活动朝理想方向发展。

常见的现场调控方法有：

其一，引导法。

引导法要求拍卖师向竞买人进一步传递相关信息，使其了解和掌握拍卖标的深层次情况，从而确立竞价信心，进行竞价决策，实现竞价行为。

如拍卖师可随机介绍一些关于拍卖活动的背景资料或安排穿插播放有关拍卖标的的光盘资料等，引导竞买人逐渐进入角色。

其二，劝说法。

劝说法要求拍卖师使用亲切生动的语言打动竞买人，帮助其解除不必要的心理戒备，认识到参与竞价的重要性和必要性，从而付诸行动。

如拍卖师可举例分析拍卖的利弊得失，并适当介绍若干个以往的拍卖案例，以便让竞买人产生兴趣，逐渐进入角色。

(2)场面过于热烈的调控

拍卖师面对拍卖活动现场过于热烈、虚火太旺时，应当采用一切有效手段加以调控，争取最大限度地使其恢复常态。常见的现场调控方法主要是降温法。

降温法要求拍卖师努力维护拍卖现场的竞价秩序，通过音响设备不断向竞买人传递相关信息，提醒或暗示竞买人谨慎竞价，更注意考虑后果和防范风险。

如拍卖师在人气过盛时，可适当放慢竞价节奏，拉长竞价间隔，使拍卖现场尽量平稳运行。

2. 技术调控

即拍卖师采用技术手段实施现场调控。

(1)调整竞价阶梯

这种方法在拍卖现场既可用于场面过冷时的调整，也可以用于场面过热时的调整。

其一，场面过冷。

拍卖师发现拍卖现场场面过于冷清时，可随机加大竞价幅度的密度，即缩小竞价阶梯。

如现场价位处于7000元，竞价阶梯2000元，即增价应加到9000元，减价应降到5000元。此时，拍卖师便可将竞价阶梯调整为1000元，即增价应加到8000元，减价应降到6000元。其结果是，由于竞价阶梯的缩小，竞买人会感到应价压力也相对减小，故有可能加入竞价行列，从而使过于冷清的拍卖现场有所升温，由阴转晴。

其二，场面过热。

拍卖师发现拍卖现场场面过于热烈时，可随机缩小竞价幅度的密度，即加大竞价阶梯。

如现场价位处于7000元，竞价阶梯1000元，即增价应加到8000元，减价应降到6000元。此时，拍卖师便可将竞价阶梯调整为2000元，即增价应加到9000元，减价应降到5000元。其结果是，由于竞价阶梯的加大，竞买人会感到应价压力也相对增大，故有可能退出竞价行列，从而使过于热列的拍卖现场有所降温，由晴转阴。

(2)适时公开底价

这种方法在拍卖现场通常用于场面过冷时的调整。

如在增价拍卖中，现场价位处于7000元，竞价阶梯1000元，底价11000元，然而竞买人应价并不踊跃。此时，拍卖师可按事先与委托人的约定当场公开底价。其结果是，由于底价公开，竞买人感到离成交价位已不太远，故有可能加入竞价行列，从而扭转拍卖现场场面冷清的态势。

在减价拍卖中，采用这种方法具有同样效果。

美国汽车拍卖

第二节　地产拍卖主持技巧

一、地产拍卖概述

（一）地产拍卖的含义

此处所说的地产拍卖是指国有土地使用权拍卖。

我国国土资源部2002年5月发布的《招标拍卖挂牌出让国有土地使用权规定》（简称11号令，下同）第二条第三款规定："本规定所称拍卖出让国有土地使用权，是指出让人发布拍卖公告，由竞买人在指定时间、地点进行公开竞价，根据出价结果确定土地使用者的行为。"

该部2006年5月发布的《招标拍卖挂牌出让国有土地使用权规范》（试行）（简称规范，下同）总则又进一步规定："本规范所称拍卖出让国有十地使用权，是指市、县国土资源管理部门发布拍卖公告，由竞买人在指定时间、地点进行公开竞价，根据出价结果确定土地使用者的行为。"

以上两个政府部门行政规章大同小异，只是后者对国有土地使用权拍卖中的出让人给予了明确界定，即"是指市、县国土资源管理部门"。

（二）地产拍卖与普通拍卖的区别

地产拍卖除具有拍卖的一般本质和特征外，还具有自身的许多特殊性。与普通拍卖相比，二者通常存在以下几个方面的不同。

1. 拍卖含义不同

普通拍卖是广义拍卖，地产拍卖是狭义拍卖，地产拍卖的内涵小于普通拍卖的内涵。普通拍卖是指以拍卖方式从事财产交易，包括有形财产和无形财产；而地产拍卖仅指以拍卖方式从事无形财产中的土地使用权的交易，不包括其他无形财产，更不涉及有形资产。

2. 拍卖主体不同

普通拍卖的经营主体是拍卖机构，而地产拍卖的经营主体是政府国土资源管理部门。拍卖机构是普通拍卖主体，土地部门是特殊拍卖主体，二者性质截然不同。

3. 拍卖标的不同

普通拍卖的拍卖标的种类繁多，难以量化；而地产拍卖的拍卖标的比较单一，可以量化。通常所说的地产拍卖标的主要是国有土地使用权、部分集体土地使用权，如集体荒地使用权、乡村企业集体土地使用权等。这表明，普通拍卖的经营范围十分广阔，而地产拍卖的经营范围相对狭小。

4. 拍卖行为不同

普通拍卖一般由拍卖机构组织实施，属于商业性质，是纯粹的市场行为，而地产拍卖则呈现二元化形态，其中土地一级市场上的国有土地使用权出让行为，必须由市、县国土资源管理部门组织实施，属于非商业性质与商业性质相结合，是行政行为加市场行为，而且行政行为的色彩极其浓厚。

5. 拍卖程序不同

普通拍卖由拍卖机构接受拍卖委托，发布拍卖公告，展示拍卖标的，进行拍卖操作等；而地产拍卖中的国有土地使用权拍卖出让，则由政府国土资源管理部门依法履行拍卖职责。

6. 拍卖结果不同

在普通拍卖过程中，拍卖标的以二手货为主且低值标的居多，故无论拍卖成交与否，其经济意义和社会意义均比较有限，对拍卖当事人所产生的影响也不大。而地产拍卖中的国有土地使用权属于稀缺资源、高值标的，其拍卖出让，原则上只许成功不许失败，因此地产拍卖不仅涉及国家土地资源的行政管理和市场配置，而且无论拍卖成交与否，都将对政府形象产生很大的影响，这绝不是货币尺度所能够衡量的。

（三）地产拍卖的法律

1. 地产拍卖的法律依据

在我国现阶段，国有土地使用权拍卖的法律依据主要是以下一些：

（1）《中华人民共和国土地管理法》；

（2）《中华人民共和国城市房地产管理法》；

（3）《中华人民共和国城市规划法》；

（4）《中华人民共和国行政许可法》；

（5）《中华人民共和国合同法》；

（6）《中华人民共和国城镇国有土地使用权出让和转让暂行条例》；

（7）《招标拍卖挂牌出让国有土地使用权规定》；

（8）《招标拍卖挂牌出让国有土地使用权规范》。

2. 地产拍卖的法律适用

在我国现阶段，地产拍卖通常不适用《拍卖法》及相关部门规章。如《中华人民共和国拍卖法》第二条规定："本法适用于中华人民共和国境内拍卖企业进行的拍卖活动。"而国有土地使用权出让是特殊的商品交易活动，通常无需拍卖企业参与，故主要适用土地法律、行政法规和部门规章。

如11号令第二条第一款规定："在中华人民共和国境内以招标、拍卖或者挂牌方式出让国有土地使用权的，适用本规定。"其中的挂牌交易方式是近年来我国国土资源管理部门创新的一种土地使用权交易方式，它当然只能适用土地法律调整。而其中的拍卖交易方式亦与普通拍卖有诸多不同，故同样只能适用土地法律调整。

（四）地产拍卖的主体

地产拍卖主体要解决的问题是，在我国现阶段，谁是国有土地使用权拍卖的合法拍卖人？对于这个问题，应当从两个方面来理解。

1. 地产拍卖主体特定化

按照现代经济理论，不同的经营主体有不同的专业分工。因此，作为合法的拍卖主体，政府国土资源管理部门便是地产拍卖的特定主体。

（1）地产拍卖标的的特殊性所决定

地产拍卖的标的主要是国有土地使用权。对此，法律、行政法规和部门行政规章有一系列特别规定。

其一，1986年6月通过、1988年12月修正、1998年8月修订的《中华人民共和国土地管理法》第二条规定："中华人民共和国实行土地的社会主义公有制，即全民所有制和劳动群众集体所有制。""全民所有，即国家所有土地的所有权由国务院代表国家行使。""土地使用权可以依法转让。""国家依法实行国有土地有偿使用制度。"

其二，1999年1月施行的《土地管理法实施条例》第二十二条第四款规定："通过招标、拍卖方式提供国有建设用地使用权的……由市、县人民政府国土资源管理部门组织实施。"

其三，1995年1月施行的《中华人民共和国城市房地产管理法》第七条规定："土地使用权出让，是指国家将国有土地使用权在一定年限内出让给土地使用者，由土地使用者向国家支付土地使用权出让金的行为。"第十一条第一款规定："土地使用权出让，由市、县人民政府有计划、有步骤地进行。出让的每幅地块、用途、年限和其他条件，由市、县人民政府土地管理部门会同城市规划、建设、房地产管理部门共同拟定方案，按照国务院规定，报经有批准权的人民政府批准后，由市、县人民政府土地管理部门实施。"

其四,1990年5月施行的《城镇国有土地使用权出让和转让暂行条例》第十条规定:"土地使用权出让的地块、用途、年限和其他条件,由市、县人民政府土地管理部门会同城市规划和建设管理部门、房产管理部门共同拟定方案,按照国务院规定的批准权限报经批准后,由土地管理部门实施。"

其五,2002年7月施行的《招标拍卖挂牌出让国有土地使用权规定》第六条规定:"市、县人民政府国土资源管理部门应当按照出让计划,会同城市规划等有关部门拟订拟招标拍卖挂牌出让地块的用途、年限、出让方式、时间和其他条件等方案,报经市、县人民政府批准后,由市、县人民政府土地行政部门组织实施。"2006年8月施行的《招标拍卖挂牌出让国有土地使用权规范》规定:"国有土地使用权招标拍卖挂牌出让由市、县国土资源管理部门组织实施。"

上述两法、两条例、一规定即"土地五法规"是当前我国国有土地使用权出让包括拍卖出让的基本法规、核心法规,它明确赋予政府国土资源管理部门国有土地使用权出让中的组织实施权,因而理所当然地包括地产拍卖权。这是由一国土地资源即地产拍卖标的的特殊性所决定的。这种特殊性要求政府国土资源管理部门最大限度地介入地产拍卖活动,从而实现土地资源的高度集中管理与必要市场配置的有机结合。地产拍卖权同时体现了政府国土资源管理部门在国有土地使用权方面管理职能与经济活动的有机结合。

(2)地产拍卖程序的特殊性所决定

与破产企业财产拍卖、海事法院扣押船舶的拍卖等相类似,地产拍卖的拍卖程序与普通拍卖的拍卖程序相比也有很大不同。

其一,拍卖委托不同。

普通拍卖委托人与拍卖人分离,拍卖人接受委托人的委托对拍卖标的进行拍卖,双方订立书面委托拍卖合同,拍卖活动具有中介性质。

地产拍卖委托人与拍卖人合一,政府国土资源管理部门作为出让人通常自行进行拍卖,不存在委托拍卖合同,拍卖活动没有中介性。

如《拍卖法》第二十八条规定:"委托人有权确定拍卖标的的保留价并要求拍卖人保密。"而11号令第十条规定:"市、县人民政府国土资源管理部门应当根据土地估价结果和政府产业政策综合确定标底或者底价。""确定招标标底、拍卖和挂牌的起叫价、起始价、底价、投标、竞买保证金,应当实行集体决策。"由此可见,地产拍卖底价、起叫价、竞买保证金的确定权都归属出让人一身,而不像普通拍卖那样分属委托人和拍卖人。

其二,拍卖公告不同。

普通拍卖拍卖人应当于拍卖日7日前发布拍卖公告。

地产拍卖出让人应当至少在拍卖开始前20日发布拍卖公告。

二者的公告期长短有别，地产拍卖的复杂性决定其拍卖公告的期限大大多于普通拍卖。

山东地产拍卖会

其三，拍卖实施不同。

普通拍卖由拍卖师主持，未规定竞买人的下限人数，也未规定拍卖师落槌前的报价次数。

地产拍卖由拍卖主持人主持，竞买人少于三人不得拍卖，主持人落槌前必须三声报价。

如11号令第十六条第一款规定："竞买人不足三人，或者竞买人的最高应价未达到底价时，主持人应当终止拍卖。"第十五条第（七）项规定："主持人连续三次宣布同一应价而没有再应价的，主持人落槌表示拍卖成交。"

2. 拍卖企业在地产拍卖中的定位

（1）法律地位上的从属性

地产拍卖的特殊性，决定了拍卖企业在国有土地使用权拍卖法律关系中的从属地位。也就是说,在国有土地使用权拍卖过程中,国土资源管理部门是主要的拍卖主体,处于“组织实施”或者“实施”的法律地位;而拍卖企业是次要的拍卖主体,处于“接受委托”或者“协办”之类的法律地位。这种法律地位的不同,源出于相关法律和行政法规的规定。

因此,拍卖企业这种法律地位上的从属性,决定了它不可能在国有土地使用权拍卖过程中发挥主导作用,而只能依附于国土资源管理部门发挥辅助作用。

(2)企业性质上的中介性

拍卖企业是中介服务性企业,处于物流中的一个环节,不直接生产或者加工产品,没有属于自身的商品资源。因此,拍卖企业的这种中介性,决定了它首先必须接受委托人的委托,即获得一定的拍卖标的,才能开展拍卖业务,发挥中介作用,否则便无用武之地。

然而,在国有土地使用权拍卖过程中,拍卖企业要想发挥自己的中介作用,通常会遇到两个障碍。

其一,无人委托的障碍。

具体可分为两种情况。

一是国土资源管理部门行使自行拍卖权,不委托任何中介机构拍卖。首先,这样做是有法可依的。其次,国土资源管理部门作为委托人,有委托拍卖企业拍卖国有土地使用权的权利,但却没有委托拍卖企业拍卖国有土地使用权的义务;任何单位和个人不得强制其委托或者不委托,也不得因其不委托而横加指责。再次,《拍卖法》第十一条规定:“拍卖企业可以在设区的市设立。”而不设区的市、县没有拍卖企业,故国土资源管理部门不便委托拍卖企业拍卖。

二是国土资源管理部门委托土地交易机构拍卖,不委托拍卖企业拍卖。这样做同样是有法可依的,如《广东省土地使用权交易市场管理规定》。

其二,难以胜任的障碍。

拍卖企业参差不齐,尤其在经营能力上相互差异很大,这使一些拍卖企业即便接受了国土资源管理部门的拍卖委托,也无法顺利完成拍卖任务。

如有的拍卖企业缺少有经验的高水平拍卖师,对国有土地使用权拍卖业务根本不熟悉,仓促上阵之后,或者流标,或者经济效益不理想。另如有的拍卖企业在拍卖过程中存在着一些不规范的拍卖操作现象,导致拍卖效果不理想。

如此一来,迫使国土资源管理部门不敢再委托拍卖企业拍卖。

(3)业务范围上的局限性

国有土地使用权是特殊的拍卖标的,拍卖期间有大量的专业工作要做,而这些工作都是普通拍卖企业无法胜任的,必须完全依靠国土资源管理部门。因此,与拍卖土地使用权之外的物品或者财产权利不同,拍卖企业这种业务范围上的局限性,决定了它在国有土地使用权拍卖过程中只能是一个配角。

如在拍卖开始前,国土资源管理部门要组织拍卖地块的选择、征地、拆迁、赔偿、安置和前期开发,做到水、电、路接通(即创造至少达到"三通一平"以上的条件),编制有关文件,从事价格评估,制定拍卖计划,发布拍卖公告等,这些都是其法定职责和必须履行的正常职能。

又如在拍卖成交后,买受人应当与国土资源管理部门签署《拍卖成交确认书》、签订《国有土地使用权出让合同》(国土资源部和国家工商局联合监制的标准格式文本),申请办理土地登记并领取《国有土地使用证》,这些同样是国土资源管理部门的法定职责和必须履行的正常职能。对此,11 号令中的第五条至第七条做出了详尽规定。

综上所述,拍卖企业作为中介机构,在国有土地使用权拍卖中不具有主导地位和优势地位,它只能壮大自己的实力、提升自己的形象、经过自己的努力,争取获得相关的国土资源管理部门的信任,从而以一个配角的身份参与国有土地使用权拍卖的部分工作,为国有土地使用权拍卖做出自己力所能及的贡献。因此,广大拍卖企业必须合理定位,端正认识,纠正自己那些根本不切合实际的想法和做法。主要有以下一些:

其一,喧宾夺主。

有些拍卖企业对现行法律、行政法规缺乏了解,法律知识不足,只知有《拍卖法》,不知有其他法,因而认为,凡拍卖活动都应当由拍卖企业进行,《拍卖法》调整一切拍卖活动,故认为国有土地使用权拍卖也非它莫属,从而没有摆正自己的位置。

其二,过度指责。

有些拍卖企业不知道国有土地使用权既可以自行拍卖也可以委托拍卖,于是认为国土资源管理部门行使拍卖权就是"不廉正",就是"既当裁判员又当运动员",对其大加挞伐,乱扣帽子,忘记了世界各国政府对一些战略资源、特殊标的都具有法定专卖权,而政府高度垄断土地更是国际惯例。

其三,恶性竞争。

有些拍卖企业为了博取国土资源管理部门的青睐,拿到拍卖标的,往往采用不正当手段,搞不正当竞争。诸如以降低佣金甚至贬低同行的做法,搞乱了土地使用权拍卖市场,造成了不良社会影响。殊不知,这样做本身就是一种腐败经营之风,既害人又害己。当前一些地方的法院开始通过摇号来选择强制拍卖人,目的就是避免拍卖企业之间的恶性竞争,值得我们关注。

案例 50　拍卖成交手续难办

2006 年 6 月 28 日，某拍卖中心受法院委托，公开拍卖某县建筑公司土地以清偿债务。路某等 5 人作为竞买人参加了拍卖活动。拍卖结束当日和同年 7 月 15 日、7 月 16 日，路某等 5 人分别与拍卖中心签订了《拍卖成交确认书》，并各自交纳了购地价款及佣金，总计人民币 83330 元。拍卖中心在收取佣金后，将所得拍卖款 288420 元交付法院执行员。但由于该县建设局认为拍卖的宗地规划不符合要求，故路某等 5 人未能办理成用地手续，遂向法院起诉拍卖中心。

（五）地产拍卖的模式

国有土地使用权是不可多得的高值拍卖标的，一旦拍卖成交，经济效益和社会效益均十分可观。为此，拍卖企业对行使拍卖权必然期望值很高。然而事实上，目前我国地产拍卖过程中，存在着多种拍卖模式，普通拍卖企业很难如愿以偿。

1. 自行拍卖模式

这是早期开始流行并沿用至今的地产拍卖模式。

当时的立法背景是，《拍卖法》尚未出台，但地产拍卖实践已经发生。1987 年 12 月 1 日，深圳国土局率先全国首次以拍卖方式出让国有土地使用权，一举获得成功。当时拍卖标的为 8588 平方米，期限 50 年的土地使用权，44 个竞买人，其中包括 9 家境外企业，起拍价 200 万元，成交价 525 万元。深圳的实践不仅标志着我国地产拍卖大幕的开启，而且直接促成了宪法的修正。1988 年 4 月 12 日，七届人大一次会议通过了关于 82 宪法的第一次修正案，将宪法中“任何组织或者个人不得侵占、买卖、出租或者以其他形式非法转让土地”修改为“任何组织或者个人不得侵占、买卖、出租或者以其他形式非法转让土地。土地的使用权可以依照法律的规定转让”，从而在法律上确定了国有土地使用权转让的合法性，从此地产拍卖的自行拍卖模式也固定和流行起来。

如 1992 年 9 月，湖北省枝江市土地局一改长期实行的“无偿、无限期、无流动”的行政划拨方式，率先在全省公开拍卖了两幅土地的使用权获得成功，引起了广泛的社会效应。不久，大冶县、监利县、洪湖县、仙桃市等地方也分别选择了交通便捷、基础设施完善、“三通一平”的熟地进行土地使用权拍卖。1993 年全省共拍卖 53 宗地块，面积 5455.2 平方米，拍卖成交额 202.55 万元。另如 1993 年 3 月，河北省清河县土地局拍卖原物资局部分多余不用的旧址 12.7 亩土地使用权，拍卖成交额 71 万元，每亩均价 5.59 万元。至 1994 年 9 月该县共拍卖 425 宗地块 191.53 亩，拍卖成交额 638.28 万元，最高成交价达到了每亩 30 万元，创下了当时全省县级土地使用权出让的最高纪录。

然而1997年1月《拍卖法》施行后，由于该法实际上是拍卖企业法，并不直接调整土地使用权拍卖，故国土资源管理部门的自行拍卖模式，至今仍然适用，且不违反法律。如11号令规定中的第二条第三款规定："本规定所称拍卖出让国有土地使用权，是指出让人发布拍卖公告，竞买人在指定时间、地点进行公开竞价，根据出价结果确定土地使用权的行为。"

2. 指定或授权下属事业单位拍卖的拍卖模式

这是近年来刚刚兴起的拍卖模式。如2002年12月施行的《广东省土地使用权交易市场管理规定》第三条规定："本规定所称土地使用权交易包括土地使用权出让、转让。……"第三条规定："经市、县人民政府批准的土地交易机构是土地使用权交易的服务机构，土地交易机构接受监察部门和土地行政主管部门的监督。"第六条规定："土地交易机构应当履行下列职责：……（二）接受单位和个人的委托，组织实施土地使用权交易公开招标、拍卖以及公开挂牌和上网竞价……"第九条规定："土地使用权拍卖主持人，应当参加省级以上土地行政主管部门组织的统一考试，考试合格并获得国务院土地行政主管部门和人事主管部门联合核发的土地使用权拍卖岗位证书，方可从事土地使用权拍卖主持人工作。"

以上条款表明，（1）土地交易机构是市、县政府批准设立的事业法人，而非依公司法设立的企业法人；（2）土地交易机构是接受委托从事土地使用权出让和转让包括土地使用权拍卖的专门中介机构，但却不是由《拍卖法》调整的从事一般拍卖的普通中介机构；（3）土地交易机构从事土地使用权拍卖由土地拍卖主持人主持，而非由拍卖师主持。

3. 委托交易代理中介机构拍卖的委托拍卖模式

这是近年来比较流行的拍卖模式。尽管这种模式长期并没有明确的法律依据，但同时法律也没有任何禁止性规定。直到2006年规范出台，才首次予以明确。因此，这种模式在实践中具有一定的适用性。

如2002年9月30日，位于青岛市海门路8号的一宗号称"钻石地块"的土地使用权成功拍卖，土地面积10072.6平方米，规划建筑面积33659平方米，每平方米（楼面地价）起拍价2415元，成交价5120元，拍卖成交额1.72亿元。这次拍卖是由青岛市国土资源和房屋管理局承办，并委托青岛某拍卖机构协办的，属于国土资源管理部门委托拍卖企业进行拍卖的委托拍卖模式。另如2002年12月12日，武汉市一宗地块经过294轮竞价，以8亿元的天价拍卖成交，是由武汉市国土资源管理部门委托广东省古今拍卖有限公司进行拍卖的。

类似这样的委托拍卖实例在全国还有很多,它表明国土资源管理部门与拍卖企业之间是存在合作基础的。

(六)地产拍卖的类型

国有土地使用权拍卖通常有两种类型。

1. 出让地拍卖

即土地一级市场中的国有土地使用权拍卖。它是指国家以土地所有者的身份,将国有土地使用权通过拍卖方式,定期有偿出让给土地使用者的行为。例如,政府将国有土地使用权拍卖给房地产开发商,后者作为土地经营者即使用者获得土地使用权。有时是自然人通过拍卖获得土地使用权,用于各类土地经营,从而成为土地使用者。

2. 转让地拍卖

即土地二级市场或三级市场中的国有土地使用权拍卖。它是指国有土地使用者通过拍卖方式,依法再转移土地使用权的行为。例如,房地产开发商相互之间拍卖转让土地使用权。房地产开发商向消费者拍卖销售商品房,即一手房或增量房,其间便有土地使用权的随之转让。有时是消费者相互之间拍卖转让商品房,即二手房或存量房,其间也有土地使用权的随之转让。

(七)地产拍卖的方式

国有土地使用权拍卖通常有两种方式。

1. 直接拍卖

这是指国有土地使用权不经过其他交易方式而直接进入拍卖程序的拍卖方式。直接拍卖既适用于国有土地使用权的出让,也适用于其转让。

2. 先挂牌后拍卖

这是指国有土地使用权先经过挂牌方式进行交易,但挂牌期限届满仍未成交,于是便进入拍卖程序的拍卖方式。先挂牌后拍卖主要适用于国有土地使用权的出让。

对此,11 号令第十九条第(三)项规定:“在挂牌期限截止时仍有两个或者两个以上的竞买人要求报价的,出让人应当对挂牌宗地进行现场竞价,出价最高者为竞得人。”规范 13.4.2 规定:“有竞买人表示愿意继续竞价的,即属于挂牌截止时有两个或两个以上竞买人要求报价的情形,挂牌主持人应当宣布挂牌出让转入现场竞价,并宣布现场竞价的时间和地点,通过现场竞价确定竞得人。”

此处所称“现场竞价”实质上属于拍卖,或称拍卖的变形。

二、地产拍卖主持技巧

(一)直接拍卖的主持技巧

市、县国土资源管理部门应当按照出让公告的时间、地点组织拍卖活动。拍卖活动应当由土地招标拍卖挂牌主持人主持进行。其基本流程为:

1. 拍卖准备

(1)拍卖主持人宣布拍卖会开始。

(2)拍卖主持人宣布竞买人到场情况。设有底价的,出让人应当现场将密封的拍卖底价交给拍卖主持人,拍卖主持人现场开启密封件。

(3)拍卖主持人介绍拍卖地块的位置、面积、用途、使用年限、规划指标要求、建设时间等。

(4)拍卖主持人宣布竞价规则。拍卖主持人宣布拍卖宗地的起叫价、增价规则和增价幅度,并明确提示是否设有底价。在拍卖过程中,拍卖主持人可根据现场情况调整增价幅度。

2. 报价应价

(1)拍卖主持人报出起叫价,宣布竞价开始。

(2)竞买人举牌应价或者报价。

(3)拍卖主持人确认该竞买人应价或者报价后继续竞价。

3. 落槌成交

(1)三声报价落槌

拍卖主持人连续三次宣布同一应价或报价而没有人再应价或出价,且该价格不低于底价的,拍卖主持人落槌表示拍卖成交,拍卖主持人宣布最高应价者为竞得人。成交结果对拍卖人、竞得人和出让人均具有法律效力。最高应价或报价低于底价的,拍卖主持人宣布拍卖终止。

在这里,三声报价是法律规定,否则,先期落槌成交无效。

案例51　拍卖师违规敲槌

2007年5月29日上午,海南三亚市国土局举办土地使用权拍卖会,由于拍卖师在仅叫价两次后就突然落槌宣布成交,导致拍卖会被迫终止。

“美丽之冠”文化会展中心是三亚专门为举行第五十三届世界小姐总决赛而兴建的比赛会场,此次拍卖包括该中心及周边200多亩土地,引来10家单位角逐。

竞价开始后,现场气氛十分热烈,价格也从起拍价1.9亿元很快突破4亿元。这时,9 号竞买人和 2 号竞买人开始“一对一”对决,现场气氛逐渐白热化。

突然,戏剧性的一幕出现了,当 9 号竞买人开出 4.58 亿元的价位后,拍卖师蔡某喊道:“4.58 亿一次!”“4.58 亿两次!”此时,2 号竞买人正举牌加价中,但该拍卖师却已经落槌,并随即宣布成交！于是现场一片哗然,2 号竞买人勃然大怒,当即抗议,认为拍卖师没有三声报价就落槌,明显违反行规。

拍卖师在与委托人商议后,当场承认自己因过于紧张而出现失误,并重新拍卖。然而 9 号竞买人立即强烈抗议:“你拍卖师槌都敲了,怎能不算数?”

面对两家争执不下的场面,三亚市政府相关负责人表示,这场意外究竟是拍卖师有意为之还是失误,政府方面将进行调查,至于这块地到底怎么办,有关方面还在研究中。

(2)签订《成交确认书》

确定竞得人后,拍卖人与竞得人当场签订《成交确认书》。拍卖人或竞得人不按规定签订《成交确认书》的,应当承担法律责任。竞得人拒绝签订《成交确认书》也不能对抗拍卖成交结果的法律效力。

《成交确认书》应包括拍卖人与竞得人的名称,出让标的,成交时间、地点、价款,以及双方签订《国有土地使用权出让合同》的时间、地点等内容。

《成交确认书》对拍卖人和竞得人具有法律效力,拍卖人改变拍卖结果的,或者竞得人不按约定签订《国有土地使用权出让合同》,放弃竞得宗地的,应当承担法律责任。

拍卖过程应当制作拍卖笔录。

(二)现场竞价的主持技巧

现场竞价应当由土地招标拍卖挂牌主持人主持进行,取得该宗地挂牌竞买资格的竞买人均可参加现场竞价。其基本流程为:

1. 竞价准备

(1)挂牌主持人应当宣布现场竞价的起始价、竞价规则和增价幅度,并宣布现场竞价开始。

(2)现场竞价的起始价为挂牌活动截止时的最高报价增加一个加价幅度后的价格。

2. 报价应价

(1)参加现场竞价的竞买人按照竞价规则应价或报价。

(2)挂牌主持人确认该竞买人应价或者报价后继续竞价。

3. 落槌成交

(1)挂牌主持人连续三次宣布同一应价或报价而没有人再应价或出价,且该价格不低于底价的,挂牌主持人落槌表示现场竞价成交,宣布最高应价或报价者为竞得人。成交结果对竞得人和出让人均具有法律效力。最高应价或报价低于底价的,挂牌主持人宣布现场竞价终止。

(2)在现场竞价中无人参加竞买或无人应价或出价的,以挂牌截止时出价最高者为竞得人,但低于挂牌出让底价者除外。

(3)签订《成交确认书》

确定竞得人后,挂牌人与竞得人当场签订《成交确认书》。挂牌人或竞得人不按规定签订《成交确认书》的,应当承担法律责任。竞得人拒绝签订《成交确认书》也不能对抗挂牌成交结果的法律效力。

《成交确认书》应包括挂牌人与竞得人的名称,出让标的,成交时间、地点、价款,以及双方签订《国有土地使用权出让合同》的时间、地点等内容。

《成交确认书》对挂牌人和竞得人具有法律效力,挂牌人改变挂牌结果的,或者竞得人不按规定签订《国有土地使用权出让合同》、放弃竞得宗地的,应当承担法律责任。

挂牌过程应当制作挂牌笔录。

第三节 粮油竞价交易主持技巧

一、粮油竞价交易概述

(一)粮油竞价交易的含义

粮油竞价交易又称粮油竞价买卖,是指以公开竞价的形式将粮油商品转让给出价最优者的特殊的买卖方式,即价优者得的买卖方式。

价优者得是指:在竞价销售过程中实行价高者得规则,竞价交易师为最高应价击槌(或以其他方式)表示成交;而在竞价采购过程中实行价低者得规则,竞价交易师为最低应价击槌(或以其他方式)表示成交。

(二)粮油竞价交易与普通拍卖的区别

粮油竞价交易是以竞价方式从事粮油商品买卖的过程,它与普通拍卖相比存在许多差异,主要有以下一些。

1.法律依据不同

(1)竞价销售的依据不同

其一,竞价销售主要适用粮油方面的法律,法律适用上的特殊性极强。然而,目前我国在粮油竞价交易方面的法律、法规还很不完善,立法工作有待进一步加强。

其二,普通拍卖主要适用拍卖方面的法律,法律适用上的特殊性很强。近年来,我国拍卖立法工作取得了较大成果,不仅有《中华人民共和国拍卖法》,而且在《税法》、《海商法》、《民用航空法》、《文物保护法》、《工商行政管理法》等法律、法规中包含有相关的拍卖条款,并有最高人民法院关于拍卖的若干司法解释等,因此,这些都是拍卖的法律依据。

(2)竞价采购的依据不同

其一,竞价采购主要适用粮油方面的法律,与竞价销售相同。

其二,普通拍卖不用于采购,故不像竞价采购那样还同时适用招投标方面的法律。目前我国有《中华人民共和国招投标法》、《中华人民共和国政府采购法》等法律、法规,这些都是以竞价采购方式从事粮油竞价交易的法律依据。

(3)粮油竞价交易的法律借鉴

尽管粮油竞价交易与普通拍卖的法律依据不同,但粮油竞价交易可以借鉴其他相关法律、法规,从而努力保持一个比较健全的粮油竞价交易法律环境,提高粮油竞价交易的质量,达到粮油竞价交易的目的。

在粮油竞价交易时,竞价销售和竞价采购可以主要借鉴《拍卖法》及相关司法解释,因为二者与普通拍卖在许多方面相似,故这种借鉴有益无害。

2.行为主体不同

二者的行为主体完全不同,包括以下几个方面。

(1)产业划分

粮油竞价交易机构附属于第一产业,拍卖机构大多附属于第二产业或第三产业,产业类型跨度很大。

(2)产权性质

二者的行为主体有些是国有性质,有些是私有性质;有些是企业单位,有些是事业单位;产权性质五花八门。

(3)组织形式

即便同是企业,在企业组织形式上还有独资制、合伙制和公司制的不同;公司类型又有有限责任公司、股份有限公司和国有独资公司之分。

3. 竞价标的不同

(1)标的类型不同

粮油竞价交易的标的通常只涉及实物,即具备物质实体的有形财产,如谷类、豆类、、油类等皆如此,致使竞价交易标的的专业类型跨度很小。

普通拍卖的标的通常不仅涉及实物,还广泛涉及非实物,即不具备物质实体的无形财产,包括债权、股权、知识产权及使用权,如有价证券、股票、专利权、著作权、国有土地使用权等,致使竞价交易标的的专业类型跨度很大。

(2)标的范围不同

粮油竞价交易的经营范围相对狭小,竞价交易标的局限于粮油领域,品种不多。如常见的有稻谷、小麦、玉米、大豆、油菜籽、花生油等。

普通拍卖的经营范围十分广阔,拍卖标的分布在各个领域,品种繁多。如房地产、文物艺术品、金融不良资产、罚没物品、日常生活用品等。

(3)标的来源不同

粮油竞价交易标的的来源比较单一,通常是粮油经营机构或粮油物流部门,来源基本上不跨行业。

普通拍卖标的的来源比较复杂,通常广泛涉及到自然人、法人或者其他组织,来源大部分跨行业。如拍卖机构的上拍标的,经常会由司法机构、金融机构、行政执法机构委托。即便是同类拍卖标的,也很可能会有不同来源。如文物艺术品,自然人会作为收藏物品委托拍卖,金融机构会作为不良资产委托拍卖,税务部门会作为抵税物品委托拍卖,海关会作为罚没物品委托拍卖,而法院则既会作为罚没物品又会作为强制执行物品委托拍卖。

(4)标的价值不同

粮油竞价交易的标的中通常低值标的居多,即单位竞价交易标的的价值不高,故其成交价格也不高。如一公斤稻谷的价格、一公斤大豆的价格等等。

普通拍卖的标的中通常高值标的居多,即单位竞价交易标的价值很高,故其成交价格也很高。如一处房地产的价格、一幅世界名画的价格、一宗国有土地使用权的价格等等。

4. 运行模式不同

二者行为主体的不同,导致这些主体各自运行模式的不同。

(1)粮油竞价交易

粮油竞价交易包括竞价销售和竞价采购两种运行模式。在竞价销售中,竞买人以口头竞价方式通过竞价交易机构购买粮油商品,成交以价高者得、量大者得、价量均同平分者得为条件。在竞价采购中,竞卖人以口头竞价方式通过竞价交易机构销售粮油商品,成交以价低者得、量大者得、价量均同平分者得为条件。

(2)普通拍卖

普通拍卖通常只有一种竞价运行模式。在拍卖中,竞买人以口头竞价方式通过拍卖机构购买动产、不动产和财产权利,成交以价高者得为条件。

5. 服务对象不同

二者行为主体的不同,还导致这些主体各自服务对象的不同。

(1)粮油竞价交易机构的服务对象

粮油竞价交易机构主要为各类粮油部门及相关部门买卖粮油商品服务,买卖双方均为法人或者其他组织,通常自然人较少,服务对象比较单一。

(2)拍卖机构的服务对象

拍卖机构的服务对象十分广泛,包括自然人、法人和其他组织,特别是为大众买卖艺术品,为金融机构处置不良资产,为法院实施强制执行的服务业务最多。

6. 竞价人不同

(1)竞价人结构不同

粮油竞价交易中的竞价人结构通常属于二元结构,即竞价人包括竞买人和竞卖人两种类型。在竞价销售时,竞价人便为竞买人;而在竞价采购时,竞价人便为竞卖人。这种二元结构是粮油竞价交易中的特有结构。

普通拍卖中的竞价人结构通常属于一元结构,即竞价人即为竞买人,并不同时存在两种类型。这种一元结构是普通拍卖中的特有结构。

(2)竞价人目的不同

在粮油竞价交易中,竞价人包括竞买人和竞卖人的竞价目的均与粮油有关。如在竞价销售中,竞买人是为了竞买粮油标的;而在竞价采购中,竞卖人是为了竞卖粮油标的。

而在普通拍卖中,竞价人的竞价目的则完全不同,差异很大,只有竞买没有竞卖。如在文物艺术品拍卖中,竞价人即竞买人的竞价目的是买进文物艺术品。又如在国有土地使用权拍卖中,竞价人即竞买人的竞价目的是有偿获得土地使用权。

(3)竞价人出价方向不同

粮油竞价交易中的竞价人出价方向通常包括两种,一是竞价销售时的上行方向,即竞买人以增价方式出价;二是竞价采购时的下行方向,即竞卖人以减价方式出价。

普通拍卖中的竞价人出价方向通常只有一种。如拍卖时竞买人的出价方向一般是上行方向，即以增价方式出价。尽管竞买人有时也以减价方式出价，但与竞价采购中的竞卖人不同。因为竞卖人有多次出价机会，以其最低价成交；而竞买人只有一次出价机会，以其第一个应价成交。

7. 竞价主持人资质不同

竞价行为的主持人情况不同，主要表现为主持人资质不同。

普通拍卖活动由拍卖师主持。

粮油竞价交易活动由粮油竞价交易师或高级粮油竞价交易师主持。

8. 社会影响不同

(1)影响程度不同

粮油竞价交易及其结果产生的社会影响一般不大，即这种交易不会产生轰动的社会效应，故鲜有粮油竞价交易的附加值。

普通拍卖及其结果产生的社会影响有时较长，即这种交易能够产生轰动的社会效应，故有竞价交易的附加值。如一幅名画拍出“天价”，便有可能立刻甚至较长时间内成为社会舆论关注的焦点，引发人们的种种议论。

(2)影响范围不同

粮油竞价交易及其结果的社会影响范围一般不大，即这种交易的影响仅局限于粮油行业领域，故没有横向拓展性。

普同拍卖及其结果的社会影响范围有时较大，即这种交易的影响不仅局限于自身行业领域，故往往还有横向拓展性。如一宗土地拍卖成功，便有可能在地产界、房产界、金融界等多个领域造成很大影响，甚至引发投资环境及相关政策的某些变化。

案例52　中央储备进口小麦竞价交易

2006年4月，受中国储备粮管理总公司委托，由中国天津粮油批发交易市场承办的中央进口小麦竞价销售交易会，在新落成的中国天津粮油批发交易市场大厦圆满落下帷幕。

此次中储粮总公司在天津竞价销售的近11万吨进口小麦，为1999年和2001年进口的加麦和美麦，粮源分别存放于广东、上海两地，这是当年国内首次拍卖进口小麦。天津市政府副秘书长为交易会鸣锣开市。国家发改委、国家财政部、农业发展银行、中储粮总公司等有关领导以及天津市的相关领导参加了交易会。来自广东、福建、上海、江苏、山东、黑龙江和天津等地区的76家客户350人参加了交易活动。

经过一个多小时的竞争，中央储备进口小麦成交10.27万吨，平均成交价格为1746元/吨，比平均起价高81元/吨，总成交额1.8亿元，成交率93.85%。其中,加麦起价1600元/吨,成交价格在1620~1840元/吨之间,平均成交价约1674元/吨,高出底价约74元/吨,成交率100%;加硬麦起价1850元/吨,成交价格在1900~2000元/吨之间,平均成交价约1971元/吨,高出底价约121元/吨,成交率100%;美软白麦起价1500元/吨,成交价格为1560元/吨,高出底价60元/吨,成交率50%;美硬红冬麦起价1600元/吨,成交价格在1610元/吨,高出底价约10元/吨,成交率100%。

(三)粮油竞价交易的法律

1. 粮油竞价交易的法律依据

在我国现阶段,粮油竞价交易的法律依据主要是以下一些:

(1)《中华人民共和国招标投标法》;

(2)《中华人民共和国政府采购法》;

(3)《粮食流通管理条例》;

(4)《中央储备粮管理条例》。

2. 粮油竞价交易的法律适用

在我国现阶段,粮油竞价交易通常不适用《拍卖法》及相关部门规章。如《中华人民共和国拍卖法》第二条规定:"本法适用于中华人民共和国境内拍卖企业的拍卖活动。"而粮油竞价交易是特殊的商品交易活动,通常无需拍卖企业参与,故主要适用粮油方面的法律、行政法规和部门规章。

如2006年《国务院关于完善粮食流通体制改革政策措施的意见》第(十三)项规定:"中央和地方储备粮的购销和轮换,原则上通过规范的粮食批发市场采取竞价交易方式进行,也可以通过国家规定的其他方式进行。"这表明,粮油竞价交易与普通拍卖完全不同,理所当然应当由粮油方面的法律调整。

(四)粮油竞价交易的类型

粮油竞价交易通常有两种类型。

1. 竞价销售

竞价销售类似于拍卖,它是指以委托人卖出、竞买人买进粮油竞价标的为目的的竞价交易方式。竞买人是指参加竞购标的的自然人、法人或者其他组织。具体表现为,竞价销售是根据销售方的委托,以起点数量、起点价格为基础,采购方由低向高报价成交的交易方式。竞价交易按价格优先、数量优先(有时还有时间优先)、平分成交的规则成交。

2. 竞价采购

竞价采购类似于招标，它是指以委托人买进、竞卖人卖出粮油竞价标的为目的的竞价交易方式。竞卖人是指参加竞售标的的自然人、法人或者其他组织。具体表现为，竞价采购是根据采购方的委托，以起点数量、起点价格为基础，销售方由高向低报价成交的交易方式。竞价交易按价格优先、数量优先（有时还有时间优先）、平分成交的规则成交。

（五）粮油竞价交易的方式

粮油竞价交易通常有两种方式。

1. 增价方式

即竞买人上增叫价，出价越来越高，逐渐递增。

2. 减价方式

即竞卖人下减叫价，出价越来越低，逐渐递减。

二、粮油竞价交易主持技巧

（一）竞价销售的主持技巧

1. 开场白

粮油竞价交易师向竞买人介绍相关内容，如竞价标的销售情况、竞价方式、起点价格构成（包含交货价）、竞价阶梯等。

2. 主持过程（两大步骤，与竞价采购相反）

（1）发出信息提示竞买人参加交易

其一，报出标的品种、销售数量（如小麦 5000 吨）。

其二，报出起点价格（是单价不是总价）（如 1400 元/吨）。

其三，报出竞价阶梯（如 10 元/吨）。

其四，报出起点数量（即最低购买量）（如 2000 吨）。

（2）等待竞买人给予回应（即举牌应价报量）并做出判断

其一，应价不得低于起点价格（如等于或大于 1400 元/吨），否则无效。

其二，报量不得低于起点数量（如等于或大于 2000 吨），否则无效；而且如果只应价不报量，就视为竞买标的的全部数量（如 5000 吨）。

其三，同一价位可以有多人应价报量，均为有效。

其四，同一价位竞买人的应价数量之和大于该标的总量，价位递增一个阶梯（10 元）。如起点价格 1400 元时，1 号 1000 吨，2 号 2000 吨，3 号 3000 吨，共计

6000吨。由于三个竞买人所报数量大于5000吨，故进入下一个价位1410元，继续竞价。

其五，同一价位竞买人的应价数量之和等于或小于该标的总量，而且无人出更高价位的，按该价位成交。如当前价1410元，1号、2号未应价，3号应价报量3000吨，由于此时竞价数量小于5000吨，故只有3号在此价位成交，成交数量3000吨。

其六，在最高价位成交后，该标的数量仍有剩余的，其剩余数量返回到前一个价位继续成交，成交按应价数量大小顺序进行，应价数量相同则平分成交。如1410元成交3000吨，5000吨总量中还余2000吨，故返回1400元价位成交。由于原1400元价位时，1号1000吨，2号2000吨，故按数量大小顺序由2号成交，1号退出。假设原1400元价位时，1号也是2000吨，和2号数量相同，则余下的2000吨由1号和2号平分成交，即各自在1400元价位成交1000吨。

本书作者共同担任粮油竞价交易师考试评委

其七，凡新价位无人应价报量的，返回到前一个价位继续成交，成交按数量大小或平分。此处与拍卖不同。拍卖是价高者得，粮油竞价销售是“价高者得、量大者得、价量均同平分者得。”即是价格优先、数量优先、平分成交规则的体现。通常有两种情况：

一是应价数量之和不超过标的总量（5000 吨，1400 元）的，1 号 1000 吨，2 号 3000 吨，下一价位 1410 元无人应价。

二是应价数量之和超过标的总量（5000 吨，1400 元）的，1 号 1000 吨，2 号 2000 吨，3 号 3000 吨，下一价位 1410 元无人应价。

（二）竞价采购的主持技巧

1. 开场白

粮油竞价交易师向竞卖人介绍相关内容，如竞价标的采购情况、竞价方式、起点价格构成（包含交货价）、竞价阶梯等。

2. 主持过程（两大步骤，与竞价销售相反）

（1）发出信息提示竞卖人参加交易

其一，报出标的品种、采购数量（如小麦 5000 吨）。

其二，报出起点价格（是单价不是总价）（如 1400 元/吨）。

其三，报出竞价阶梯（如 10 元/吨）。

其四，报出起点数量（即最低售卖量）（如 2000 吨）。

（2）等待竞卖人给予回应（即举牌应价报量）并做出判断

其一，应价不得高于起点价格（如等于或大于 1400 元/吨），否则无效。

其二，报量不得低于起点数量（如等于或大于 2000 吨），否则无效；而且如果只应价不报量，就视为竞卖标的的全部数量（如 5000 吨）。

其三，同一价位可以有多人应价报量，均为有效。

其四，同一价位竞卖人的应价数量之和大于该标的总量，价位递减一个阶梯（10 元）。如起点价格 1400 元时，1 号 1000 吨，2 号 2000 吨，3 号 3000 吨，共计 6000 吨。由于三个竞卖人所报数量大于 5000 吨，故进入下一个价位 1390 元，继续竞价。

其五，同一价位竞卖人的应价数量之和等于或小于该标的总量，而且无人出更低价位的，按该价位成交。如当前价 1390 元，1 号、2 号未应价，3 号应价报量 3000 吨，由于此时竞价数量小于 5000 吨，故只有 3 号在此价位成交，成交数量 3000 吨。

其六，在最低价位成交后，该标的数量仍有剩余的，其剩余数量返回到前一个价位继续成交，成交按应价数量大小顺序进行，应价数量相同则平分成交。如

1390 元成交 3000 吨,5000 吨总量中还余 2000 吨,故返回 1400 元价位成交。由于原 1400 元价位时,1 号 1000 吨,2 号 2000 吨,故按数量大小顺序由 2 号成交,1 号退出。假设原 1400 元价位时,1 号也是 2000 吨,和 2 号数量相同,则余下的 2000 吨由 1 号和 2 号平分成交,即各自在 2000 元价位成交 1000 吨。

其七,凡新价位无人应价报量的,返回到前一个价位继续成交,成交按数量大小或平分。此处与拍卖不同。拍卖是价高者得,粮油竞价采购是“价低者得、量大者得、价量均同平分者得”。即是价格优先、数量优先、平分成交规则的体现。通常有两种情况:

一是应价数量之和不超过标的总量(5000 吨,1400 元)的,1 号 1000 吨,2 号 3000 吨,下一价位 1390 元无人应价。

二是应价数量之和超过标的总量(5000 吨,1400 元)的,1 号 1000 吨,2 号 2000 吨,3 号 3000 吨,下一价位 1390 元无人应价。

竞争激烈的地产拍卖

第七章　拍卖师风险防范

第一节　风险概述

一、一般风险

(一)风险概念

风险是指损害发生的可能性。如火车可能出轨,飞机可能失事,买股票可能赔本,储存粮食可能霉变等等。

(二)风险性质

风险具有不确定性,即风险是指可能发生但未发生的事件。在一般情况下,风险发生的原因,发生的时间,发生的地点,发生的形式,发生的范围,发生的频率,发生的结果等都有很大的不确定性。这种不确定性通常是人们可以预测但最终难以把握的。

风险的不确定性表明,损害并非不存在,但也并非必然发生。

(三)风险特征

1. 客观性

风险具有客观性。它是不以人的意志为转移的客观存在,其运动和发展有自己的规律性,如洪灾、海啸、地震、战争等都是无法避免的客观现象。

2. 偶然性

风险具有偶然性。风险的不确定性决定了它的偶然性,如相同条件下可能产生不同风险,而不同条件下可能产生相同风险,一切都是随机组合的结果。

3. 可变性

风险具有可变性。由于造成风险的条件不是一成不变的,故旧的风险可能消失,新的风险可能产生,风险开始发生变化,如现代航海中的风险与过去已截然不同。

(四)风险发生

风险发生通常包括三个密不可分的阶段,即风险因素,风险事件,风险结果,其中风险因素导致风险事件,风险事件导致风险结果。

1. 风险因素

风险因素是指风险发生的条件,风险形成的过程便是风险因素不断积聚组合的过程。例如,粮库年久失修,通风、除湿设备老化,入库粮本身处理不当等因素的存在和相互作用,便可能导致储粮霉变事故的发生。

2. 风险事件

风险事件是指风险结果的原因,风险事件的大小决定着风险结果的程度。例如,书画虫蛀事故发生后,数量大则损害重,数量小则损害轻。

3. 风险结果

风险结果是指风险事件造成的影响,即风险损害,通常表现为经济价值的意外减少或丧失。例如,资产毁损将导致企业利润下降,政府财政亏损等。

二、拍卖风险

(一)拍卖风险概念

拍卖风险又称拍卖从业风险,是指任何拍卖运作中损害发生的可能性,即拍卖在一定条件下,出现预期结果与实际结果之间的差异。如举办拍卖活动失败、拍卖标的因保管不善发生毁损、拍卖活动成交后买受人不付款提货等。其间拍卖活动的不成功、拍卖标的质变和买受人违约,便是拍卖风险客观存在的表现。

(二)拍卖风险类型

从近年来的实践来看,拍卖风险主要集中在拍卖的经营和管理等领域,突出地表现为拍卖过程中各个环节具体案例的发生。按照不同的角度划分,这些风险可以归纳为内部风险和外部风险、静态风险和动态风险、现实风险和潜在风险、社会经济风险和政策法律风险等等,密切关联,相互作用和制约。

第二节　拍卖风险防范

一、拍卖风险防范原理

风险防范属于风险管理领域，是风险管理的重要组成部分。广义的拍卖风险防范即在拍卖过程中，从风险识别出发，风险衡量入手，最后达到风险防范和化解的目的。

（一）风险识别

风险识别是指对尚未发生的，潜在的各种风险因素进行系统的归类和实施全面的分析研究，这是风险管理的基础和前提。风险识别要回答的主要问题是：哪些拍卖风险应当予以考虑？引起拍卖风险的主要原因是什么？

例如，在拍卖过程中，竞买人的资格审核环节有哪些风险因素？对于竞买人提交的各类证照、文本的审核如何做到深入细致，杜绝权利瑕疵的存在？

又如，在粮油拍卖过程中，竞卖人的资格审核环节有哪些风险因素？对于竞卖人提供的拍卖标的审核如何做到万无一失，杜绝物品瑕疵的存在？

（二）风险衡量

风险衡量是指对特定风险发生的可能性和损害的范围与程度进行预测和评估，这是风险管理的核心和难点。风险衡量要回答的主要问题是：拍卖风险究竟有多大？拍卖风险会带来什么样的损失后果？

例如，在拍卖过程中，拍卖成交后，买受人不付款提货属于何种程度的风险？对拍卖机构及委托人会造成多大损害？

又如，在粮油拍卖过程中，拍卖成交后，卖出人不交货收款属于何种程度的风险？对拍卖机构及采购委托人会造成多大损害？

（三）风险控制

1. 市场风险的控制方法

拍卖的市场风险是指由于拍卖机构的营销战略不正确所造成的风险，故需要进行风险控制。

（1）策划风险的控制

拍卖机构的策划风险通常表现为策划失误，一方面要支付不合理的机会成本，另一方面难以获得经济效益的最大化。对此，拍卖机构应当采取加强市场调研，提高市场预测准确率，优化策划方案等措施来进行风险控制，从而把策划风险减少到最小程度。

(2)标的风险的控制

拍卖机构的标的风险通常表现为拍卖标的存在瑕疵，一方面是物品瑕疵，另一方面是权利瑕疵。对此，拍卖机构应当采取加强审核检查，严格质量标准，择优选择标的等措施来进行风险控制，从而把标的风险减少到最小程度。

2. 经营风险的控制方法

拍卖的经营风险是指由于拍卖机构的营销策略不正确所造成的风险，故需要进行风险控制。

(1)公告风险的控制

拍卖机构的公告风险通常表现为公告载体选择不当，拍卖信息未能达到预期的传播效果。对此，拍卖机构应当加强对传播媒介功能和作用的研究，有针对性地选择拍卖公告的载体，从而提高发布拍卖公告的影响力。

(2)保证金风险的控制

拍卖机构的保证金风险通常表现为保证金比例不合理，对竞买人缺乏应有的约束力，不能起到债权担保的重要作用。对此，拍卖机构应当充分研究，论证科学收取拍卖保证金的相关问题，根据竞买人的不同情况制定合理的保证金制度，从而有效地发挥拍卖保证金的作用。

3. 管理风险的控制方法

拍卖机构的管理风险是指由于拍卖机构管理不善所造成的风险，故需要进行风险控制。

(1)操作风险的控制

拍卖机构的操作风险通常表现为拍卖机构违规经营，侵害拍卖其他当事人的合法权益，甚至遭致法律风险。对此，拍卖机构应当提高法律意识，加强行业自律，建立健全合理有效的现代管理制度，从而控制操作风险。

(2)主持风险的控制

拍卖机构的主持风险通常表现为拍卖师主持失误，如报错价位，未达底价击槌等。对此，拍卖机构应当加强对拍卖师的培养和训练、建立拍卖师择优上岗和末位淘汰制度，严格拍卖师的操作规程，从而控制主持风险。

(四)风险防范

风险防范是指利用风险管理工具控制和对付风险，包括风险改变措施和风险补偿措施，这些都是属于狭义的风险防范。

1. 风险改变措施

这是指风险发生前对付风险的措施。常见的有以下三种：

(1)避免风险

即拒绝承担风险。如不举办拍卖活动就可以避免拍卖风险，但这样做也会使拍卖机构丧失从风险中可以取得的利益。

(2)损失控制

即制定减损计划。如拍卖机构向竞买人或竞卖人收取较高额度的竞价保证金，以防其拍卖成交后违约。

(3)非保险转移风险

即由他人分担风险。如拍卖机构在拍卖规则中规定，拍卖过程中的买受人在拍卖成交后自行提货，从而防止保管、包装、运输等风险围绕拍卖机构发生。

2. 风险补偿措施

这是指风险发生后对付风险的措施。常见的有以下两种：

(1)自担风险

即由风险结果当事人自行承担风险造成的损害。如拍卖机构使用自有资金或借入资金补偿灾害事故损失。

(2)保险转移风险

即由保险公司分担风险。如拍卖机构可就某些项目向保险公司投保，通过保险方式转移风险。

二、拍卖风险防范措施

(一)拍卖权利瑕疵的防范

为有效防范拍卖权利瑕疵风险，在拍卖活动开始前，拍卖机构通常应当对委托人和竞买人的相关资格进行确定和审核。

1. 资格确定原则

(1)合法性原则

委托人的经营主体资格或交易主体资格应当合法，在拍卖活动中的行为合法，严格遵守法律、法规和行政规章的规定，遵守拍卖规则，并且在以往的拍卖活动中没有违法违规记录。同时，委托人委托拍卖的标的来源合法，属于法定允许流通物或限制流通物，并且符合国内现行的一系列法定质量标准。

拍卖现场聚精会神的买家

(2)信用性原则

委托人具有一定的信用资质,重合同、守信用,无论是资产信用还是道德信用,均能达到一定的水准。在拍卖活动中没有欺诈行为,拍卖成交后不反悔,不违约,主动承担法律责任,自觉履行合同义务。

(3)专业性原则

组织型委托人通常应当是从事商品生产、经营或交易的专业机构或成员等,了解和掌握商品法规政策,知晓和熟悉商品基本知识,具有一定的专业水平,能胜任拍卖活动,能在拍卖活动中发挥自身应有的作用。

(4)计划性原则

拍卖是特殊的买卖方式,拍卖活动通常不定期举行。因此,在拍卖市场容量有限的条件下,拍卖机构对于委托人的入市要求和行为必须统筹安排,有计划地举办拍卖活动,有计划地选择委托人轮流入市,从而保证拍卖活动的秩序性、稳定性和可持续发展性。

(5)效益性原则

委托人是拍卖的重要当事人,是在拍卖活动中创造经济效益和社会效益的重要力量。因此,拍卖机构应当根据效益性原则,优先选择那些能够创造效益,提高效益,保持效益的委托人参与拍卖活动,从而使拍卖市场真正活跃起来,成为商品流通市场的重要补充。

2. 资格确定方法

(1)直观法

拍卖信息传出后,通常会有一些机构或个人前来洽谈,表达参与拍卖活动的意向。对此,拍卖机构可以通过直接观察的方法,及时发现和初步确定少量的委托人,然后再同其进一步接触,从而在双方之间达成委托拍卖的合作协议。

(2)交流法

其一,相互沟通。

即拍卖机构在与委托人的接触中,通过言谈话语,了解和掌握委托人的相关信息,从而有利于对其资格的确定。

其二,相互合作。

即拍卖机构对以往的委托人留下一定印象,双方存在合作的基础,并持有再次合作的愿望,故拍卖机构较容易确定其委托人的资格。

(3)比较法

拍卖机构通过对众多委托人基本信息资料的详尽分析和比较,能够从中发现较具市场潜力和较具行业影响的拍卖委托人,从而便于拍卖机构多中选优,优中选佳,成功物色出最适合的委托人参与拍卖活动。

3. 资格条件情况

(1)身份条件

委托人应当是委托拍卖机构买卖商品的自然人、法人或者其他组织。

(2)能力条件

委托人应当具有完全民事行为能力,限制民事行为能力的人和无民事行为能力的人,不能充当委托人。

(3)资信条件

委托人应当具备良好的资信状况,没有相应资信能力或有不良资信纪录的人,不能充当委托人。

(4)其他条件

委托人应当遵守拍卖规则,在拍卖活动中享有正当的权利,承担必要的责任,履行应尽的义务。

4. 资格审核原则

对委托人的资格进行审核,应当坚持以下三项原则。

（1）严谨性原则

这项原则要求拍卖机构在审核委托人资格的过程中，坚持严格、谨慎的态度，认真查验委托人提交的各类证照、文本，尤其应对拍卖标的的状况进行深入的了解和体察，防范拍卖风险，同时对于委托人的财务状况、信用程度、服务条件等，也要做出严格审核。

（2）综合性原则

这项原则要求拍卖机构在审核委托人资格的过程中，采取全方位、多角度、宽视野的做法，对于委托人逐一审核，逐项审核，防止以偏概全，挂一漏万，尤其对曾经有过合作经历的委托人，也不能降低标准，象征性地走过场，而要一视同仁，尽综合审核的基本责任。

（3）便捷性原则

这项原则要求拍卖机构在审核委托人资料的过程中，既要坚持严格、全面的方针，又要坚持优质服务的宗旨，即对委托人提供令人满意的审核服务，使委托人在接受各项审核时，能够感到方便便捷，从而拉近拍卖机构和委托人之间的距离，保持和发展拍卖各方当事人之间的良好关系。

5. 资格审核方法

对于委托人的资格审核，通常有两种方法。

（1）形式审核法

形式审核法不要求拍卖机构对委托人进行实质性的审核，即只要做到一般的了解和掌握即可。这是因为拍卖机构在某些方面并不具备专业的审核能力，无法尽实质性审核的责任。如工商企业营业执照、居民身份证等证照，拍卖机构只能从形式上予以审核，而对于假冒、伪造的证照，则未必有足够的识别能力。

（2）实体审核法

实体审核法要求拍卖机构对委托人进行实质性的审核，即应当做到深入细致的了解和掌握。对于拍卖机构熟悉的审核项目，如拍卖标的的状况、委托人的服务条件等，拍卖机构必须进行实质性审核。而对于那些不熟悉的审核项目，拍卖机构可在形式审核的基础上，借助专业机构的力量，进行必要的实体审核，从而最大限度地保证审核质量。

6. 审核中需注意的问题

审核工作中需注意的问题很多，但就审核本身而言，常见的有以下一些。

（1）疏于审核

拍卖机构没有担负起严格审核的责任，致使委托人的资格审核工作降低标准，甚至流于形式。造成这种情况的主要原因是：

其一,拍卖机构的审核力量薄弱。

拍卖机构通常并不配备专门的审核人员,故兼职审核人员难免工作粗糙,投入精力不够。

其二,拍卖机构的审核工作失误。

这是指审核过程把关不严、工作不细,出现了审核失误,如有时可能是由于对以往的合作伙伴出于信任而放弃审核。

(2)片面审核

拍卖机构没有坚持全面审核、综合审核的原则,致使委托人的资格审核出现漏项,表现为有些项目已经审核,而有些项目未经审核,审核工作完成的不理想。其主要原因在于:

其一,拍卖机构的审核水平有限。

拍卖机构以兼职审核人员为主开展审核工作,而这样的人员并非具备高水准的专业审核能力,所以容易出现片面性。

其二,拍卖机构的审核安排欠缺。

这是指拍卖机构缺乏全面、科学的审核计划,没有一个行之有效的审核统筹方案,故在审核过程中随意性较强,如有些项目全审,而有些项目抽审甚至不审。

(3)迟延审核

拍卖机构没有及时实施委托人的资格审核,或者比较匆忙地从事委托人的资格审核工作,致使资格审核质量不高,达不到预期效果。其主要原因在于:

其一,预留时间不够。

由于有些拍卖机构传递拍卖信息较晚,委托人在拍卖活动开始前不久才知晓,故预留的资格审核时间很短,从而必然影响资格审核工作的正常开展。

其二,主业干扰审核。

拍卖机构忙于组织和实施拍卖活动,基本业务繁重,无暇顾及委托人的资格审核工作,或者虽有关注但重视不够,因此也会影响资格审核工作的正常开展。

(4)过度审核。

拍卖机构没有按照常规做法进行委托人的资格审核,而是不切实际地增加审核项目或提高审核标准,致使资格审核过严,走到了另一极端。其主要原因在于:

其一,审核尺度不统一。

拍卖机构没有统一的资格审核规则,在审核项目,审核标准等方面因人而异,对待新老客户可能做法不同,如新客户从严,而老客户从宽,违背了拍卖的公平性原则。

其二，审核操作不规范。

拍卖机构通常安排兼职人员从事委托人的资格审核工作，故由于这些人员业务水平参差不齐，所以在审核过程中缺乏统一的操作规范，于是造成审核工作的宽严相异，甚至带来负面效果。

案例53　缺乏资质无权竞买

一次，A拍卖机构采取增价方式举办陈化粮拍卖会，场上共有3名竞买人，其中B和D频频举牌竞价，展开竞争，而C自始至终未参与竞价。拍卖结果，D以1155元/吨的成交价竞得陈化稻谷2万吨成为买受人，拍卖会取得圆满成功。然而不久有关部门接到举报，称B不具备陈化粮经营资质，不应当成为竞买人在拍卖会上竞价。经查属实，且D知晓此事后也趁机提出拍卖活动无效，要求解除购买陈化稻谷2万吨的买卖合同关系。

案例54　检验资质暇疵殃及标的

一次，甲拍卖机构举办粮食拍卖会，其中竞卖人乙的玉米（一等）市场行情看好，价格适中，于是全部售出。但拍卖会结束后不久，有人对乙提供竞卖的玉米等级提出质疑，声称从事这宗竞卖标的的检验机构的法定资质存在问题，原因是该机构未通过上一年度的工商年检，故其出具的质量检验报告无效。

（二）拍卖违规行为的防范

1.常见违规行为

所谓违规行为，是指拍卖当事人违反拍卖规则的行为，其中亦包括一些违法行为。

(1)欺诈行为

欺诈行为主要涉及拍卖的标的和权属两个方面。

其一，以次充好。

这是指委托人在拍卖标的中掺杂使假，即掺入杂质或造假，从而使其含量不符合国家有关法律、法规、质量标准或合同规定的一种行为。如面粉中掺化石粉、香油兑米汤或花生油、芝麻中掺砂子等。

其二，以假充真。

这是指委托人在拍卖过程中，用其他标的冒充此标的，即以一种属性完全不同的标的经过伪装来冒充另一种标的的行为。如不是齐白石绘画冒充其作品，并非宋代瓷器冒充宋瓷等。

其三，伪造来源。

这是指委托人对原本来源不合法或存在其他权利瑕疵的拍卖标的进行伪装以便掩盖真相的一种行为。如某宗拍卖标的属于他人(或单位)所有,却被委托人当作自己的商品提供给拍卖机构从事拍卖等。

其四,伪造资质。

这是指买卖双方包括竞买人和委托人原本不具备参与拍卖活动的相关资质却使用伪造的手续企图蒙混过关的一种行为。如因企业营业执照未通过年检已经失效而进行伪造,因企业注册资本未达到规定的数额而伪造等。

(2)串通行为

串通行为即拍卖中的恶意串通,主要涉及竞买人之间、竞卖人之间、拍卖机构与竞买人或竞卖人之间的恶意串通等三种情况。

其一,竞买人恶意串通。

这是指竞买人之间相互勾结操纵拍卖过程,影响拍卖结果的行为。通常有两种具体表现:

一是减少竞价次数。即竞买人事先串通安排,由一个竞买人进行应价,其他竞买人则象征性应价或根本不应价,从而造成竞价次数大幅度减少,拍卖现场缺乏应有的正常竞争气氛,甚至导致拍卖活动以流标告终。

二是压低竞价价位。即竞买人事先串通安排,谁都不出高价,或低于竞价幅度出价并迫使拍卖师接受,从而造成竞价价位不能正常攀升,拍卖标的的价格在低位徘徊,最终以低价成交或导致拍卖活动以流标告终。

其二,拍卖机构恶意串通。

这是指拍卖机构与竞买人之间相互勾结操纵拍卖过程,影响拍卖结果的行为。通常有以下具体表现:

即拍卖机构与竞买人事先串通安排,由某个或某些竞买人择机竞价,烘托拍卖现场的竞争气氛,造成拍卖标的炙手可热的假象,诱使或误导其他不知内情的竞买人高价成交。

(3)违约行为

违约行为主要表现为买受人不签署成交确认书,不付款提货等情况。

其一,不签署成交确认书。

在拍卖过程中,由于拍卖机构与买受人之间是以拍卖师的击槌行为形成买卖合同的,故依据有关法律规定和拍卖规则,合同双方还应当签署成交确认书对拍卖成交行为形成书面确认。然而,有些成交人在击槌成交后却以种种理由拒绝签署成交确认书,致使拍卖机构陷入一定困境。

其二,拒绝付款提货。

主要是买受人表示反悔或寻找其他借口，不按约定支付拍卖标的的价款及提请货物。

其三，迟延付款提货。

主要是买受人不按约定的时间支付拍卖标的的价款及提清货物。

2. 有效防范方法

(1)宣教法

宣教法是指拍卖机构对其他拍卖当事人进行宣传教育，普及相关法律知识和拍卖规则，使拍卖各方当事人做到依法办事，规范自身的拍卖行为，从而杜绝违法违规行为的发生。

在宣传教育过程中，拍卖机构负有义不容辞的责任。如应当向买卖双方重点宣传普及《中华人民共和国消费者权益保护法》、《中华人民共和国产品质量法》、《中华人民共和国反不正当竞争法》、《中华人民共和国合同法》及国家关于商品流通方面的法律、法规等，以提高买卖双方的政策法律水平和遵纪守法意识。

(2)自律法

自律法是指拍卖机构自身必须提高法制观念，自我约束，自我监督，在拍卖过程中真正做到公开、公平、公正、诚实信用，遵守公认商业道德，依法合规经营。

拍卖机构必须开展自我教育，对本机构所属的拍卖从业人员进行普法宣传，从而提高其政策法律水平和遵纪守法意识。与此同时，拍卖机构应当建立一套行之有效的内部控制制度，从而通过内控机制防范拍卖机构自身违法违规行为的发生。

(3)预防法

预防法是指拍卖机构事前加强和提高防控意识，对拍卖过程中可能发生的违法违规行为采取防范措施。

如对于买卖双方的欺诈行为，拍卖机构可以通过加强调查取证手段和严格审核把关制度进行预防，及时发现和确认拍卖中的物品瑕疵和权利瑕疵，防止侵权财产，非法财产，有争议财产进入拍卖市场；防止无法定资质的自然人、法人或其他组织参与拍卖活动。

又如对于买卖双方的串通行为，拍卖机构可以通过办理拍卖手续时的保密措施，尽可能切断竞买人相互之间的联系，使其缺乏事前进行恶意串通的基础和条件；并通过合理设立竞价阶梯的措施，防范竞买人压价或抬价的行为发生。

(4)化解法

化解法是指拍卖机构针对拍卖过程中已经发生的违法违规行为采取处置措

施，将其造成的负面影响降低到最小程度。

如对于竞买人在拍卖成交后拒绝签署成交确认书的行为，拍卖机构可以向其声明，拒绝签署成交确认书并不影响拍卖成交的效力，因为击槌成交在前，书面确认在后，成交人不签署成交确认书仍然要承担买卖合同中的权利和义务，从而规劝其自觉履约。

又如对于竞买人在款项和货物方面的拒绝或迟延行为，拍卖机构可以尽可能地采取及时催告和说服教育等措施，从而使成交人认明事理，回心转意。

案例55　买受人反悔拒签成交确认书

一次，某拍卖师主持一场农贸市场摊位经营权的拍卖活动。1号标的是水果摊位，起拍价500元（一年的经营使用权）。刚报出起拍价后，846号号牌应声而起，这时又有一人举牌应价600元（每次加价幅度为100元或100元的整数倍数），700元、800元……就这样你争我夺，一路抬高。最后当叫到1200元价位时，846号又举起号牌，拍卖师环顾四周，三声报价后，落槌成交。

接下来应签署拍卖成交确认书，但846号这时才如梦方醒，后悔不该加价举牌，故拒绝在成交确认书上签字，拒绝支付相应的价款。拍卖公司遂对其预先交纳的200元保证金不予退还。846号不服向法院提起诉讼，诉称拍卖合同没有成立，请求法院判决拍卖公司返还其保证金200元并承担相应的诉讼费用。

案例56　收买竞买人恶意串通

某物资总公司因未能偿还银行已转让给资产管理公司借贷本金人民币130万元及利息的债权，法院于2005年12月12日裁定查封、评估、拍卖该公司抵押的仓库房屋所有权及面积2.6万平方米的土地使用权，拍卖财产所得的部分价款偿还资产管理公司债权。

经委托评估，其资产评估价为人民币294.6万元，并于2006年7月22日委托某拍卖行公开拍卖，拍卖中魏某以人民币300万元人民币价格拍定，法院于2006年8月25日以民事裁定书裁定该竞买行为合法有效，予以确认。

事后，经举报，公安、监察机关介入调查，查明事实真相。该案在拍卖中魏某为达到低价中标的目的，先后拿出人民币10万元收买其他17位竞买人，商定只由魏一人举牌竞买，其他人不举牌，致使魏在竞价中象征性地举牌一次就顺利以300万元低价竞买成功。

为此，2006年11月工商局以行政处罚决定书对竞买人魏某恶意串通竞买违法行为依法做出罚款人民币30万元的决定，并提请法院撤销民事裁定书。

补充精神食粮，防范拍卖风险

（三）拍卖突发事件的防范

1. 突发事件的类型

（1）操作类

其一，含义。

操作类突发事件是指在拍卖过程中因操作失误而引起的突发事件。

其二，特点。

操作类突发事件的特点在于：

1）由内部原因造成。这类突发事件的起因往往都与拍卖机构有关，特别是由于拍卖师自身的操作失误所造成。

2）后果比较严重。这类突发事件的发生往往都会导致拍卖活动失败，同时引发一些难以避免的法律纠纷。

其三，常见表现。

操作类突发事件通常有以下一些：

1）拍卖师因病缺席

这是指在举办拍卖活动的当天或者略早时间内，拍卖师突发疾病而不能主持拍卖活动，且无合格的后备替补人员，从而造成拍卖活动的中止或终止。

2）拍卖师未达底价击槌

这是指拍卖师因记错底价或看错底价，在拍卖现场最高应价未达到底价价位时，当众击槌表示成交，从而严重侵害了委托人和其他竞买人的合法权益。

案例57　拍卖师性急惹纠纷

2002年5月，某拍卖公司公开拍卖手机号码。当拍卖到13309××××××时，该号引起竞买人的兴趣，100元一次，竞价一路攀升至2万余元。此时，06、07两位买主互不相让，当竞价至22100元时，拍卖师一槌落下，宣布07号竞买人购得该号。06号当即提出异议，声称拍卖师举槌尚未落下，他就已经举牌加价，现场的一些人也纷纷表示确实看见举牌。拍卖师起先否认看见加价，而后竟称"再从2万元起价重拍"。拍卖师此举引起现场哗然：既然一槌定音就不得反悔。07号匆匆办好手续离场，而06号也不再理会重拍，起身愤然退席。

案例58　土地拍卖"落槌争议"

2004年5月21日，一场起拍价就达2.25亿元的拍卖会在某市举行。拍卖标的是一块面积39万平方米的国有土地使用权。

3轮竞价后，只有两个企业———长江公司和博捷公司还在竞价。当博捷公司出价2.515亿元时，拍卖师连续叫价3次后落槌，拍卖成交。

然而，就在落槌成交这一刻，争议发生了。

竞买失败的长江公司认为，拍卖师第三次叫价后、落槌之前，他们已经举牌再次叫价，可拍卖师竟断然落槌终止拍卖，侵害了他们的竞价权。几天后，该公司将这场拍卖会的组织者某拍卖公司告上法庭，要求法院确认拍卖无效，推倒重来。

（2）诉求类

其一，含义。

诉求类突发事件是指在拍卖过程中因有人公开提出主张或质疑而引起的突发事件。

其二，特点

诉求类突发事件的特点在于：

1）由外部原因造成

这类突发事件的起因往往都在于外部，即与拍卖机构没有直接的因果关系。

2)影响范围较大

这类突发事件尽管后果不会很严重,但往往涉及面广,影响范围大,甚至关系到拍卖机构企业形象的维护。

其三,常见表现。

诉求类突发事件通常有以下一些:

1)主张权利型

这是指在拍卖活动举办期间特别是在拍卖现场,有拍卖当事人以外的第三人就拍卖标的主张所有权或者处分权。如提出某件书画拍卖标的归其所有,或仅有其才具备处分权等,因而委托人无权拍卖,故要求拍卖机构中止或终止拍卖。

2)质疑标的型

这是指在拍卖活动举办期间特别是在拍卖现场,有拍卖当事人以外的第三人声称,拟推出的某件或全部拍卖标的存在质量问题,不符合各类国家标准等;或质疑拍卖标的的其他一些情况,因而要求拍卖机构中止或终止拍卖。

3)举报他人型

这是指在拍卖活动举办期间特别在拍卖现场,有些拍卖当事人或拍卖当事人以外的第三人就某些问题举报其他拍卖当事人。如声称某个竞买人无法定拍卖资质,其办理拍卖手续时使用的相关证明、文件均系伪造;某件拍卖标的未经有法定资质的专业机构检测等等;因而要求拍卖机构采取相关措施或中止或终止拍卖。

4)群体闹事型

这是指在拍卖活动举办期间特别是在拍卖现场,有个别群体因各种原因有组织地冲击拍卖会场,严重干扰拍卖活动的正常进行。

5)媒介批评型

这是指在拍卖活动举办期间,有关新闻媒介就拍卖活动中有关问题提出批评,尽管可能批评的不对或批评内容与实际情况不符,然而仍会对拍卖机构及其正在举办的拍卖活动造成一定程度的影响。

(3)安全类

其一,含义。

安全类突发事件是指在拍卖过程中有可能导致事故或危险发生的突发性事件。

其二,特点。

安全类突发事件的特点在于:

1)由自然或人为原因造成

这类突发事件的起因往往都与硬件设施或不可抗力等有关。

2)危险性较大

这类突发事件一般都会带来危险,从而严重影响人们的人身和财产安全。

(3)一般表现

安全类突发事件包括斗殴、停电、水灾、不明原因传染病、恐怖事件甚至地震、洪水等灾害性事件。

案例59 拍卖现场大打出手

2005年6月,某拍卖公司举办轴承拍卖会,共有7个竞买人——1个上海的,5个山东的,还有1个浙江的。

当浙江人李某走进拍卖会场的时候,里面已经坐了一些人。他拿着号牌找了个靠后的位置坐下,一起来的其他人则选择了靠窗的位子。但随后五六个人在他左右两侧空位子坐下,把他夹在中间。一个大汉手拿一个红色透明的塑料袋,里面的人民币格外醒目。大汉操北方口音低声对李某说:"哥们儿,只要你不举牌,给你两万元。"

"串拍!"李某心里一震,"这可是违法的。"他知道,我国《拍卖法》明确规定竞买人之间、竞买人与拍卖人之间不得恶意串通,否则拍卖无效,还得被罚款。"不能趟这混水。"李某赶紧起身,朝中间走去。几个大汉好像成了李某的保镖,一步不离地跟着他,塑料袋在他眼前晃来晃去:"3万,给你3万元行吗?""5万,给你5万元。"

拍卖行的工作人员感到拍卖会现场有点反常,保安放过李某,迎向紧随其后的大汉们:"对不起,拍卖会马上开始,请不要随意走动了。"

被拦在后边的大汉们只好坐下,他们忿忿不平地怒视着李某。突然,一个穿深色T恤的大汉站起来,手臂一扬,大喊一声:"撤,我们不拍了!"除了李某和他的同伴们,几乎所有的人都站了起来,这批人没有理会站在门口的警察,跟着大汉向外走去。

这个穿T恤的人是王某,山东临清人,他回头看到李某坐得踏实,大手一挥,带着一干人马又返回现场。他没有坐下,而是带着一群人冲向前排的李某。没等李某反应过来,他已经抓住了李某的脖领,李某顿时感到很多拳头像雨点般地打在头上、身上。

李某哪里敌得过众多拳头,捂着脑袋仓皇逃跑。被突如其来的场面惊呆的人们反应过来:拍卖师停止了宣读,保安、民警冲上来,李某的伙伴们保护着李某向外跑……可是,李某没跑出两步就被人踢倒在地,趁同伴舍身抵挡拳头保护他的时候，李某终于逃出会场，奔向电梯。警察追出会场，凶手已逃跑。

2. 突发事件的处理

(1)处理突发事件的意义

其一，减少损失的需要。

在拍卖活动中，突发事件也如同在其他领域那样，将有可能给拍卖机构造成不同程度的损失，即轻微损失、明显损失或严重损失等；而就损失的类型而言，又有财产损失、责任损失甚至人身损失等。

如拍卖师未达底价击槌表示成交，将使拍卖机构承担经济赔偿责任，属于财产损失和责任损失。又如拍卖现场发生火灾则有可能导致人员伤亡，属于人身损失和财产损失甚至责任损失。

因此，及时、有效地处理突发事件，是拍卖机构控制事态发展、努力减少损失的需要。

其二，挽回影响的需要。

在拍卖活动中，突发事件不仅会损害拍卖机构的经济效益，而且还会在一定程度上影响拍卖机构的企业形象，从而降低企业的可信度和美誉度，最终影响企业的社会效益。

如拍卖机构被指证确实推出了不符合国家质量标准的粮油商品进行拍卖，有可能在拍卖现场引起轩然大波并产生连锁反应，继而造成公众严重的不信任感，使拍卖机构的企业形象类无形资产受到重创。

因此，及时、有效地处理突发事件，是拍卖机构控制事态发展、努力挽回影响的需要。

(2)处理突发事件的原则

其一，及时性原则。

及时性原则要求拍卖机构及其拍卖师对已经出现的突发事件尽早处理。具体表现为当机立断，防止犹豫不决，从而最大限度地大事化小，小事化了，减少损失，挽回影响。

如拍卖机构对于诉求类突发事件的发生，应当及时表明态度，防止以讹传讹，扩大不良影响，造成连锁反应。

其二，迅速性原则。

迅速性原则要求拍卖机构及其拍卖师对已经出现的突发事件尽快处理。具体表现为争取时间，缩短过程，从而最大限度地节约成本，提高效率，减少损失，挽回影响。

如拍卖师突发疾病不能如期主持拍卖活动，拍卖机构应当在原拍卖活动中止后，尽快恢复新的拍卖活动，以寻求广大拍卖当事人的谅解，博得社会舆论的同情。

其三，谨慎性原则。

谨慎性原则要求拍卖机构及其拍卖师对已经出现的突发事件慎重处理。具体表现为高度重视，绝不草率处理，从而使处理结果获得各方面的满意。

如在拍卖活动期间遇有群体闹事，拍卖机构除尽量争取安全保卫部门的支持和协助外，还应当以缓和手段平息事态，而不能片面采取效果可能并不好的强硬手段。

其四，有效性原则。

有效性原则要求拍卖机构及其拍卖师对已经出现的突发事件圆满处理。具体表现为措施得力，对症下药，从而使处理结果有利于事业的继续发展。

如拍卖机构受到媒介批评并开始影响到拍卖活动举办时，拍卖机构应当主动与新闻媒介进行沟通，并为记者的采访、报道提供必要的方便条件，以便使双方的矛盾得到缓和，存在的问题得到解决。

(3)处理突发事件的方法

其一，隔离法。

即对于已经发生的突发事件，先采取隔离措施进行控制，再采取平息措施进行解决。它要求拍卖机构首先考虑采取一切可能的隔离措施，将事件控制在可能控制的范围之内，以便切断一切使事件扩大的途径。

如在拍卖现场有人当场质疑拍卖标的的质量时，拍卖机构应当不与其纠缠，而是尽量设法劝其离开，以便找到合适的场所与之商谈，争取小范围封闭解决。

其二，调解法。

即对于已经发生的突发事件，本着友好相处、协商解决的态度和方法去处理。它要求拍卖机构站在公开、公平、公正、诚实信用的立场上，尊重事实，尊重客户，维护拍卖各方当事人的合法权益，尽量弥补其实际损失和心理损失。

如拍卖机构推出的拍卖标的确有侵权问题存在，拍卖机构应当立即中止拍卖，并对相关当事人表示歉意及根据情况承担赔偿责任。

其三，合作法。

即对于已经发生的突发事件，本着团结协作、共同努力的态度和方法去处理。它要求拍卖机构面对突发事件，既要加强内部合作，又要加强外部合作，从而做到形成处理突发事件的合力，达到切实解决问题的目的。

如拍卖师在主持拍卖活动中出现问题，拍卖机构所有员工应当迅速做出反应，按照事先准备好的危机处理预案各就各位，实施通力合作，尽快平息事态。

而且必要时，拍卖机构还应当寻求相关部门的配合。

案例 60　群体闹事拍卖险受阻

2006 年 9 月，一场拍卖会即将在厦门某酒店举行。但会场前台的前、左、右贴着 4 条白色横幅，上面写着反对拍卖的标语，台下还坐着五六十人准备捣乱。

一会儿，某拍卖公司的工作人员走上拍卖台，动手撕下横幅，准备开拍。随后，接报赶来增援的警察进入现场，开始维持秩序。警察宣布清场，要求在场所有人出示身份证、竞买申请书等证明进行登记。凡非合法进场者，警察要求他们立即离场，并下达最后通牒："2 分钟内，非相关合法人员离开，否则将采取强制措施"。至此，无关人员在警方的干预下被迫退出拍卖现场，拍卖会这才得以开始。

案例 61　竞买人打砸抢

某拍卖行受某供销社委托拍卖闲置房产，当竞价到 23.4 万元时，68 号竞买人举牌应价。因无人再应价，拍卖师喊：23.4 万元第一次，23.4 万元第二次，23.4万元最后一次，随即敲槌。

然而就在拍卖槌敲响之后，12 号竞买人举起了号牌。此时拍卖师对他讲："对不起，槌声响了，你举牌晚了，已经失去了竞价机会。"12 号竞买人走上前来说："求求你，拍卖师，让我再加一下好吗？"拍卖师说："不行，槌声响了，你再加价买受人不同意。"12 号竞买人执意要买，他见软的不行，就来硬的说："我非买不可！"并和随他来的一伙人砸碎了拍卖会场的标志牌，争抢拍卖槌和拍卖师铭牌，在抢夺中将拍卖槌折断。

在此情况下，拍卖行报警，公安人员将其带离会场并让拍卖行工作人员一起到公安机关处理问题。因此，由于事发突然，拍卖行没有来得及与买受人签署《拍卖成交确认书》。

（四）拍卖主持失误的纠正

拍卖师在主持过程中特别是在确认竞买人应价和成交价的过程中，常会发生一些操作失误。其主要表现与纠正的方法如下：

1. 视觉错误

拍卖师的视觉错误往往导致以下情况发生：

(1)看错竞价号牌

即拍卖师看错竞买人举起的竞价号牌，并且随后报价时又报出了错误号码。

如某竞买人应价 20 万元，其举起的竞价号牌是 88 号，然而拍卖师错看成 68 号，并报错为"68 号、20 万元"，于是可能引起场上不解甚至酿成纠纷。补救办法是一经发现,立即更正。

(2)未看到竞价号牌

即拍卖师未看到竞买人举起的竞价号牌,造成随后报价时不知道该竞价号牌的号码。

如场上相继有三个竞买人举牌应价,即 26 号 10 万元,39 号 12 万元,46 号 14 万元,然而拍卖师只看到了竞买人的举牌动作,并准确报出这三个不同的应价,但由于最后一个竞买人落牌动作较快,致使拍卖师知道其应价 14 万元,却不知道其竞价号牌号码。补救方法是向持牌应价的竞买人及时询问,例如:"应价 14 万元的竞买人,请再出示一下您的竞价号牌好吗?"

(3)看错拍卖标的底价

即拍卖师看错拍卖标的底价单上标明的底价,并且在随后错误地击槌表示成交。

如拍卖标的底价为 7700 元,然而拍卖师却错看成是 7100 元,于是当场上最高应价达到 7300 元时,拍卖师便击槌将其卖出。对此,通常难有有效的补救办法,往往需要拍卖各方当事人协商解决或诉讼解决。

2. 听觉错误

拍卖师的听觉错误往往导致以下情况发生:

(1)听错应价

即拍卖师听错竞买人发声报出的应价,并且随后报价时又报出了错误价位。

如某竞买人口头喊价"51 万元",然而拍卖师却听成是"57 万元",并错报为"57 万元",于是可能引起场上不解甚至酿成纠纷。补救办法是一经发现,立即更正。

(2)听错成交价

即拍卖师听错竞买人发声报出的成交价,并且随后报价时又报出了错误价位。

如某竞买人口头喊价"4 万元",然而拍卖师却听成是"10 万元",并错报为"10 万元",于是可能引起场上不解甚至酿成纠纷。如果拍卖师尚未击槌,则补救办法是一经发现,立即更正。但如果拍卖师已经击槌,则需要拍卖各方当事人协商解决或诉讼解决。

3. 口头错误

拍卖师的口头错误往往导致以下情况发生:

(1)报错竞价号牌

即拍卖师报错竞买人举起的竞价号牌号码。

报错竞价号牌通常有两个原因，一是看错竞价号牌而产生报错；二是虽未看错竞价号牌，但脱口说出的却是错误号码。补救办法是一经发现，立即更正。

(2)报错应价

即拍卖师报价错误，所报价位并非竞买人的应价。

报错应价通常有两个原因，一是听错应价而产生报错；二是虽未听错应价，但脱口说出的却是错误价位。补救办法是一经发现，立即更正。

(3)报错成交价

即拍卖师报价错误，所报价位并非竞买人的成交价。

报错成交价通常由两个原因，一是听错成交价而产生报错；二是虽未听错应价，但脱口说出的却是错误价位。如果拍卖师尚未击槌，则补救办法是一经发现，立即更正。但如果拍卖师已经击槌，则需要拍卖当事人协商解决或诉讼解决。

陈少湘在主持拍卖

第八章　拍卖师考试指南

第一节　普通拍卖师考试

一、报考条件

(一)基本条件

凡报名参加普通拍卖师资格考试的人员,必须同时满足以下条件:

1. 具有高等院校专科以上学历（须符合国务院教育行政主管部门的有关规定);

2. 在拍卖企业工作两年以上(须有在拍卖企业工作年限的证明);

3. 品行良好;

4. 获得《中国拍卖行业从业人员资格证书》满一年,即上一年 8 月 31 日前获得《中国拍卖行业从业人员资格证书》的人员才准予报名;

5. 上一年拍卖师资格考试未通过的考生参加补考的,应同时进行补考报名。根据《拍卖师资格考试管理办法》的规定,成绩不合格科目的考生允许在次年补考一次,其合格科目成绩保留。次年补考仍不合格者,所有科目成绩取消,须重新报名参加考试。

(二)报名时间及程序

1. 报名时间

符合上述报考条件的人员,应自每年 4 月 20 日至 6 月 30 日期间进行报名,超过此期限不再接受报名。

2. 报名程序

(1) 报名人员须直接填写《拍卖师资格考试报名表》,并同时扫描提交本人学历证书原件和工作单位出具的从业时间证明原件。

(2)补考考生须直接填写《拍卖师资格考试补考报名表》。自考试报名截止期内,考生工作单位有变动的,须同时扫描上传调出、调入单位同意工作调动的证明。

(3)中拍协不接受拍卖师资格考试报名的书面材料。

(三)审核程序

1. 各省(自治区、直辖市)拍卖行业协会(以下简称地方拍协)根据报名人员的资料,应于每年7月31日前,对本辖区的报名人员按报名条件并结合企业的实际需求严格初审。其审查的重点为:

(1)是否为所推荐拍卖企业的正式员工;

(2)是否在拍卖企业工作两年以上;

(3)品行是否良好;

(4)本人学历是否真实可靠;

(5)获得拍卖从业人员资格证书是否满一年以上。

凡报考人员在报名材料中弄虚作假者(如涂改从业人员资格证书,提供假学历证书和制作虚假从业时间证明等),将按照中拍协《拍卖师考试管理办法》和人事部关于专业技术人员资格考试的有关规定给予处理;情节严重的,除取消本人报名资格外,其所在拍卖企业一年内不得派员参加考试。

2. 地方拍协初审签署意见后,于每年8月1日前上报中拍协。未设立地方拍协的,由中拍协直接审查报名材料。

3. 中拍协对报名材料进行复核。复核后将符合报考条件的人员向社会公示。

4. 对于公示合格的,将发布《准许考试人员名单》,不再向准许考试人员发出书面的《考试通知书》。

5. 在《准许考试人员名单》上获准报考的人员,须持学历证书原件、从业资格证书原件、从业时间证明原件等相关材料,按规定时间到指定地点报到(具体考试安排通知另发),接受报名资料现场审核合格后,发给考生《准考证》参加考试。

二、培训复习

（一）培训方式

1. 现场培训

拍卖师资格考试现场考前培训，一般于每年5～7月在北京举行。凡有意参加现场考前培训的人员（含补考人员），可在网上直接填写《拍卖师资格考试现场考前培训报名表》报名。中拍协将按照报名先后顺序分批组织现场考前培训班，并事前公布分班名单，同时在网上向报名学员发出《拍卖师资格考试考前培训通知》，请学员按通知的要求，在规定时间内到指定地点报到学习。

2. 网络培训

中拍协还同时提供拍卖师资格考试考前网络培训课程，凡不能前来参加现场培训或对个别课程有难度的学员可以选择网络学习或者部分课程进行学习。这些网络课程与现场培训内容完全一样，是历次培训课程的现场录像，并添加了课程学习字幕。

3. 考前辅导

每年10月，中国拍卖师网都在北京举办拍卖师主持技巧演练班，为广大考生提供有针对性的训练。详情可登陆中国拍卖师网（www. chinaauctioneers. com）或典当拍卖信息网（www. huarongdd. com）查询。

（二）课程设置

拍卖师资格考试考前培训的4门课程分别设置为：拍卖理论，拍卖案例分析，经济基础知识，拍卖师主持技巧。

（三）培训教材

拍卖师资格考试考前培训使用指导教材包括：1.《拍卖通论》；2.《拍卖相关法律与规则》；3.《拍卖法案例分析教程》；4.《经济基础知识》。

三、复习资料

近年来拍卖师考前参考复习资料主要有以下一些：

1.《拍卖师历届考试题汇编》编写组

内容：共有1999年以来的历届试题20多套，包括拍卖理论试题，拍卖案例试题和经济学试题，均附参考答案（32开，200页）。

2.《中国拍卖手册》陈少湘、李沙主编

内容:涉及拍卖基本理论、拍卖制度法规、拍卖企业运作、拍卖文书格式、拍卖重要信息、往届拍卖师考试题及参考答案、全国部分拍卖师名录等(16 开,464 页)。

3.《拍卖自学习题集》李沙编著

内容:是拍卖从业人员培训参加者和拍卖师执业资格培训参加者在业余自学过程中的辅助教材。包括拍卖从业人员培训自测题 4 套、拍卖师执业资格自测题 11 套,共计 15 套题并附答案,另有一套针对《拍卖通论》一书的复习资料、通俗易懂,实用性强(16 开,169 页)。

4.《经济基础知识学习指导》编写组

内容:针对拍卖师考试用书《经济基础知识》设置问题,包括问答题、名词解释共数百道,覆盖面宽,以题带书,提供答案,对应试具有辅助借鉴作用(32 开,264 页)。

第二节　其他拍卖师考试

一、土地招拍挂主持人

(一)考试

土地招拍挂主持人考试,由国土资源部土地利用司和部土地整理中心负责组织实施,并授权各省、自治区、直辖市国土资源厅(局)负责承办。根据各地的需要安排,每年不定期举行考试,全国统一教材,统一试卷。

考试科目为综合理论知识(笔试)和现场面试(实操)2 科。每科 60 分为合格,2 科均合格者可获得盖有中华人民共和国国土资源部红印及钢印的《中华人民共和国土地招标拍卖挂牌主持人资格证书》。

(二)培训

1. 时间安排

每次考试前均安排考前培训,时间为一周,由部土地整理中心或委托各省、自治区、直辖市国土资源厅(局)负责组织实施。

2. 课程设置

土地招拍挂主持人资格考试考前培训的课程分别设置为:土地出让概述、土地出让政策法规、土地出让的组织与实施、土地出让中的地价评估、土地招拍挂主持人的主持技巧、土地收购储备理论与实践。

3. 培训教材

考试前培训指导教材包括:

(1)《国有土地使用权招标拍卖挂牌主持人培训教程》;

(2)《国有土地使用权出让规范》;

(3)《国有土地使用权招标拍卖挂牌知识读本》;

(4)《世纪第一拍——北京国有土地使用权拍卖会》(VCD 光盘)。

4. 考试对象

各市、县国土资源局、各级矿产资源管理部门主管招拍挂的领导,土地交易、土地储备、土地评估、土地招投标、拍卖企业等从事招拍挂出让活动的人士。

二、粮油竞价交易师

（一）考试

粮油竞价交易师考试（又称鉴定）由国家粮食局职业技能鉴定指导中心负责组织实施，每年举行 2 次，其中上半年和下半年各一次，全国统一试卷。

考试科目分为理论知识（笔试）和现场模拟主持（实操）2 科。每科 60 分以上为合格，2 科均合格者可获得《粮油竞价交易师国家职业资格证书》。

粮油竞价交易师考前培训

（二）培训

每次鉴定前均安排 2 个科目的考前辅导，由中国粮食行业协会负责组织实施。

1. 培训对象

报名参加者应符合以下条件之一：

(1)粮食批发交易市场主要从事粮油竞价交易工作 5 年以上,具有高等职业学校或大专以上相关专业学历的人员；

(2)已取得拍卖从业人员资格 3 年以上,具有高等职业学校或大专以上相关专业学历的人员；

(3)已取得拍卖师资格 1 年以上,具有高等职业学校或大专以上相关专业学历的人员。

2. 培训内容

按照《粮油竞价交易员国家职业标准》,由有关专家进行基础知识和专业技能培训。培训结束颁发结业证书,并可报名参加粮油竞价交易师国家职业资格鉴定。

3. 培训教材

培训和考试用书为《粮油竞价交易员职业技能培训教程》。

粮油竞价交易师考前练习。

三、艺术品拍卖师

艺术品拍卖师考试由国家劳动和社会保障部中国就业培训技术指导中心授权相应机构负责组织实施。每年不定期举行考试,全国统一试卷。

考试科目分为理论知识(笔试)和现场模拟主持(实操)2 科。每科 60 分以上为合格,2 科均合格者可获得《CETTIC 职业培训证书》。

四、国际职业拍卖师

(一)考试

国际职业拍卖师考试由国际职业拍卖师管理协会负责组织实施,并授权有关国家和地区的相应机构负责承办。目前在中国大陆每年举行 4 次考试,通常是 3 月、6 月、9 月和 12 月,统一试卷。

考试科目为《国际拍卖概论》、《各国拍卖法规》、《拍卖师操守与规范》和《拍卖师商务礼仪》4 科,均为笔试且全部用英文答卷。每科 60 分以上为合格,4 科均合格者可获得《国际职业拍卖师牌照》。

(二)培训

每次考试前均安排 4 个科目的考前辅导,培训和考试用书为《国际拍卖学》。详情可登陆中国拍卖师网(www. chinaauctioneers. com)或典当拍卖信息网(www. huarongdd. com)查询。

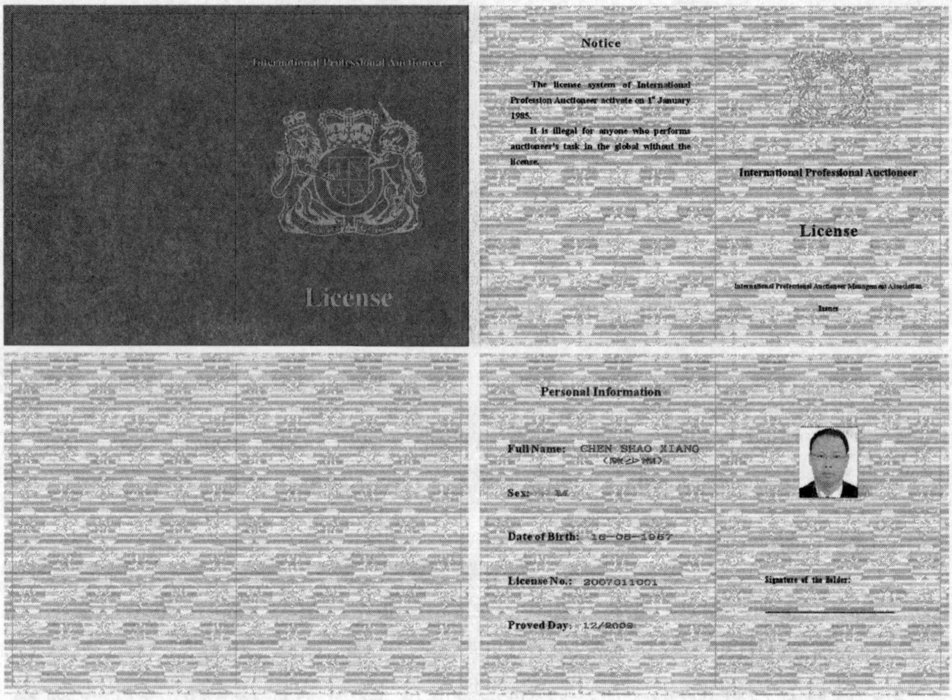

国际职业拍卖师证书

附 录

一、中华人民共和国《拍卖法》

1996年7月5日第八届全国人民代表大会常务委员会
第二十次会议通过根据2004年8月28日第十届全国人民
代表大会常务委员会第十一次会议《关于修改
〈中华人民共和国拍卖法〉的决定》修正

第一章 总则

第一条 为了规范拍卖行为，维护拍卖秩序，保护拍卖活动各方当事人的合法权益，制定本法。

第二条 本法适用于中华人民共和国境内拍卖企业进行的拍卖活动。

第三条 拍卖是指以公开竞价的形式，将特定物品或者财产权利转让给最高应价者的买卖方式。

第四条 拍卖活动应当遵守有关法律、行政法规，遵循公开、公平、公正、诚实信用的原则。

第五条 国务院负责管理拍卖业的部门对全国拍卖业实施监督管理。

省、自治区、直辖市的人民政府和设区的市的人民政府负责管理拍卖业的部门对本行政区域内的拍卖业实施监督管理。

第二章 拍卖标的

第六条 拍卖标的应当是委托人所有或者依法可以处分的物品或者财产权利。

第七条 法律、行政法规禁止买卖的物品或者财产权利，不得作为拍卖标的。

第八条 依照法律或者按照国务院规定需经审批才能转让的物品或者财产权利，在拍卖前，应当依法办理审批手续。

委托拍卖的文物，在拍卖前，应当经拍卖人住所地的文物行政管理部门依法鉴定、许可。

第九条 国家行政机关依法没收的物品，充抵税款、罚款的物品和其他物品，按照国务院规定应当委托拍卖的，由财产所在地的省、自治区、直辖市的人民政府和设区的市的人民政府指定的拍卖人进行拍卖。

拍卖由人民法院依法没收的物品，充抵罚金、罚款的物品以及无法返还的追回物品，适用前款规定。

第三章　拍卖当事人

第一节　拍卖人

第十条　拍卖人是指依照本法和《中华人民共和国公司法》设立的从事拍卖活动的企业法人。

第十一条　拍卖企业可以在设区的市设立。设立拍卖企业必须经所在地的省、自治区、直辖市人民政府负责管理拍卖业的部门审核许可，并向工商行政管理部门申请登记，领取营业执照。

第十二条　设立拍卖企业，应当具备下列条件：

(一)有一百万元人民币以上的注册资本；

(二)有自己的名称、组织机构、住所和章程；

(三)有与从事拍卖业务相适应的拍卖师和其他工作人员；

(四)有符合本法和其他有关法律规定的拍卖业务规则；

(五)符合国务院有关拍卖业发展的规定；

(六)法律、行政法规规定的其他条件。

第十三条　拍卖企业经营文物拍卖的，应当有一千万元人民币以上的注册资本，有具有文物拍卖专业知识的人员。

第十四条　拍卖活动应当由拍卖师主持。

第十五条　拍卖师应当具备下列条件：

(一)具有高等院校专科以上学历和拍卖专业知识；

(二)在拍卖企业工作两年以上；

(三)品行良好。

被开除公职或者吊销拍卖师资格证书未满五年的，或者因故意犯罪受过刑事处罚的，不得担任拍卖师。

第十六条　拍卖师资格考核，由拍卖行业协会统一组织。经考核合格的，由拍卖行业协会发给拍卖师资格证书。

第十七条　拍卖行业协会是依法成立的社会团体法人，是拍卖业的自律性组织。拍卖行业协会依照本法并根据章程，对拍卖企业和拍卖师进行监督。

第十八条　拍卖人有权要求委托人说明拍卖标的的来源和瑕疵。

拍卖人应当向竞买人说明拍卖标的的瑕疵。

第十九条　拍卖人对委托人交付拍卖的物品负有保管义务。

第二十条　拍卖人接受委托后，未经委托人同意，不得委托其他拍卖人拍卖。

第二十一条　委托人、买受人要求对其身份保密的，拍卖人应当为其保密。

第二十二条　拍卖人及其工作人员不得以竞买人的身份参与自己组织的拍卖活动，并不得委托他人代为竞买。

第二十三条　拍卖人不得在自己组织的拍卖活动中拍卖自己的物品或者财产权利。

第二十四条　拍卖成交后，拍卖人应当按照约定向委托人交付拍卖标的的价款，并按照约定将拍卖标的移交给买受人。

第二节　委托人

第二十五条　委托人是指委托拍卖人拍卖物品或者财产权利的公民、法人或者其他组织。

第二十六条　委托人可以自行办理委托拍卖手续，也可以由其代理人代为办理委托拍卖手续。

第二十七条　委托人应当向拍卖人说明拍卖标的的来源和瑕疵。

第二十八条　委托人有权确定拍卖标的的保留价并要求拍卖人保密。

拍卖国有资产，依照法律或者按照国务院规定需要评估的，应当经依法设立的评估机构评估，并根据评估结果确定拍卖标的的保留价。

第二十九条　委托人在拍卖开始前可以撤回拍卖标的。委托人撤回拍卖标的的，应当向拍卖人支付约定的费用；未做约定的，应当向拍卖人支付为拍卖支出的合理费用。

第三十条　委托人不得参与竞买，也不得委托他人代为竞买。

第三十一条 按照约定由委托人移交拍卖标的的，拍卖成交后，委托人应当将拍卖标的移交给买受人。

第三节　竞买人

第三十二条　竞买人是指参加竞购拍卖标的的公民、法人或者其他组织。

第三十三条　法律、行政法规对拍卖标的的买卖条件有规定的，竞买人应当具备规定的条件。

第三十四条　竞买人可以自行参加竞买，也可以委托其代理人参加竞买。

第三十五条　竞买人有权了解拍卖标的的瑕疵，有权查验拍卖标的和查阅有关拍卖资料。

第三十六条　竞买人一经应价，不得撤回，当其他竞买人有更高应价时，其应价即丧失约束力。

第三十七条　竞买人之间、竞买人与拍卖人之间不得恶意串通,损害他人利益。

第四节　买受人

第三十八条　买受人是指以最高应价购得拍卖标的的竞买人。

第三十九条　买受人应当按照约定支付拍卖标的的价款,未按照约定支付价款的,应当承担违约责任,或者由拍卖人征得委托人的同意,将拍卖标的再行拍卖。

拍卖标的再行拍卖的,原买受人应当支付第一次拍卖中本人及委托人应当支付的佣金。再行拍卖的价款低于原拍卖价款的,原买受人应当补足差额。

第四十条　买受人未能按照约定取得拍卖标的的,有权要求拍卖人或者委托人承担违约责任。

买受人未按照约定受领拍卖标的的,应当支付由此产生的保管费用。

第四章　拍卖程序

第一节　拍卖委托

第四十一条　委托人委托拍卖物品或者财产权利,应当提供身份证明和拍卖人要求提供的拍卖标的的所有权证明或者依法可以处分拍卖标的的证明及其他资料。

第四十二条　拍卖人应当对委托人提供的有关文件、资料进行核实。拍卖人接受委托的,应当与委托人签订书面委托拍卖合同。

第四十三条　拍卖人认为需要对拍卖标的进行鉴定的,可以进行鉴定。

鉴定结论与委托拍卖合同载明的拍卖标的状况不相符的,拍卖人有权要求变更或者解除合同。

第四十四条　委托拍卖合同应当载明以下事项:

(一)委托人、拍卖人的姓名或者名称、住所;

(二)拍卖标的的名称、规格、数量、质量;

(三)委托人提出的保留价;

(四)拍卖的时间、地点;

(五)拍卖标的交付或者转移的时间、方式;

(六)佣金及其支付的方式、期限;

(七)价款的支付方式、期限;

(八)违约责任;

(九)双方约定的其他事项。

第二节 拍卖公告与展示

第四十五条 拍卖人应当于拍卖日七日前发布拍卖公告。

第四十六条 拍卖公告应当载明下列事项：

(一)拍卖的时间、地点；

(二)拍卖标的；

(三)拍卖标的展示时间、地点；

(四)参与竞买应当办理的手续；

(五)需要公告的其他事项。

第四十七条 拍卖公告应当通过报纸或者其他新闻媒介发布。

第四十八条 拍卖人应当在拍卖前展示拍卖标的,并提供查看拍卖标的的条件及有关资料。

拍卖标的的展示时间不得少于两日。

第三节 拍卖的实施

第四十九条 拍卖师应当于拍卖前宣布拍卖规则和注意事项。

第五十条 拍卖标的无保留价的,拍卖师应当在拍卖前予以说明。

拍卖标的有保留价的,竞买人的最高应价未达到保留价时,该应价不发生效力,拍卖师应当停止拍卖标的的拍卖。

第五十一条 竞买人的最高应价经拍卖师落槌或者以其他公开表示买定的方式确认后,拍卖成交。

第五十二条 拍卖成交后,买受人和拍卖人应当签署成交确认书。

第五十三条 拍卖人进行拍卖时,应当制作拍卖笔录。拍卖笔录应当由拍卖师、记录人签名;拍卖成交的,还应当由买受人签名。

第五十四条 拍卖人应当妥善保管有关业务经营活动的完整账簿、拍卖笔录和其他有关资料。

前款规定的账簿、拍卖笔录和其他有关资料的保管期限,自委托拍卖合同终止之日起计算,不得少于五年。

第五十五条 拍卖标的需要依法办理证照变更、产权过户手续的,委托人、买受人应当持拍卖人出具的成交证明和有关材料,向有关行政管理机关办理手续。

第四节 佣金

第五十六条 委托人、买受人可以与拍卖人约定佣金的比例。

委托人、买受人与拍卖人对佣金比例未作约定,拍卖成交的,拍卖人可以向委托人、买受人各收取不超过拍卖成交价百分之五的佣金。收取佣金的比例按照同拍卖成交价成反比的原则确定。

拍卖未成交的,拍卖人可以向委托人收取约定的费用;未作约定的,可以向委托人收取为拍卖支出的合理费用。

第五十七条　拍卖本法第九条规定的物品成交的,拍卖人可以向买受人收取不超过拍卖成交价百分之五的佣金。收取佣金的比例按照同拍卖成交价成反比的原则确定。

拍卖未成交的,适用本法第五十六条第三款的规定。

第五章　法律责任

第五十八条　委托人违反本法第六条的规定,委托拍卖其没有所有权或者依法不得处分的物品或者财产权利的,应当依法承担责任。拍卖人明知委托人对拍卖的物品或者财产权利没有所有权或者依法不得处分的,应当承担连带责任。

第五十九条　国家机关违反本法第九条的规定,将应当委托财产所在地的省、自治区、直辖市的人民政府或者设区的市的人民政府指定的拍卖人拍卖的物品擅自处理的,对负有直接责任的主管人员和其他直接责任人员依法给予行政处分,给国家造成损失的,还应当承担赔偿责任。

第六十条　违反本法第十一条的规定,未经许可登记设立拍卖企业的,由工商行政管理部门予以取缔,没收违法所得,并可以处违法所得一倍以上五倍以下的罚款。

第六十一条　拍卖人、委托人违反本法第十八条第二款、第二十七条的规定,未说明拍卖标的的瑕疵,给买受人造成损害的,买受人有权向拍卖人要求赔偿;属于委托人责任的,拍卖人有权向委托人追偿。

拍卖人、委托人在拍卖前声明不能保证拍卖标的的真伪或者品质的,不承担瑕疵担保责任。因拍卖标的存在瑕疵未声明的,请求赔偿的诉讼时效期间为一年,自当事人知道或者应当知道权利受到损害之日起计算。

因拍卖标的存在缺陷造成人身、财产损害请求赔偿的诉讼时效期间,适用《中华人民共和国产品质量法》和其他法律的有关规定。

第六十二条　拍卖人及其工作人员违反本法第二十二条的规定,参与竞买或者委托他人代为竞买的,由工商行政管理部门对拍卖人给予警告,可以处拍卖佣金一倍以上五倍以下的罚款;情节严重的,吊销营业执照。

第六十三条　违反本法第二十三条的规定,拍卖人在自己组织的拍卖活动中拍卖自己的物品或者财产权利的,由工商行政管理部门没收拍卖所得。

第六十四条　违反本法第三十条的规定,委托人参与竞买或者委托他人代为竞买的,工商行政管理部门可以对委托人处拍卖成交价百分之三十以下的罚款。

第六十五条 违反本法第三十七条的规定,竞买人之间、竞买人与拍卖人之间恶意串通,给他人造成损害的,拍卖无效,应当依法承担赔偿责任。由工商行政管理部门对参与恶意串通的竞买人处最高应价百分之十以上百分之三十以下的罚款;对参与恶意串通的拍卖人处最高应价百分之十以上百分之五十以下的罚款。

第六十六条 违反本法第四章第四节关于佣金比例的规定收取佣金的,拍卖人应当将超收部分返还委托人、买受人。物价管理部门可以对拍卖人处拍卖佣金一倍以上五倍以下的罚款。

第六章 附则

第六十七条 外国人、外国企业和组织在中华人民共和国境内委托拍卖或者参加竞买的,适用本法。

第六十八条 本法施行前设立的拍卖企业,不具备本法规定的条件的,应当在规定的期限内达到本法规定的条件;逾期未达到本法规定的条件的,由工商行政管理部门注销登记,收缴营业执照。具体实施办法由国务院另行规定。

第六十九条 本法自1997年1月1日起施行。

全国人民代表大会常务委员会关于修改《中华人民共和国拍卖法》的决定(2004年8月28日第十届全国人民代表大会常务委员会第十一次会议通过 2004年8月28日中华人民共和国主席令第二十三号公布自公布之日起施行)

第十届全国人民代表大会常务委员会第十一次会议决定对《中华人民共和国拍卖法》作如下修改:一、删去第五条第三款。二、删去第十二条第五项。本决定自公布之日起施行。《中华人民共和国拍卖法》根据本决定作修改后,重新公布。

二、拍卖管理办法

《拍卖管理办法》已经2004年11月15日商务部第14次部务会议审议通过,现予公布,自2005年1月1日起施行。

部长 薄熙来

二〇〇四年十二月二日

第一章　总　则

第一条　为规范拍卖行为，维护拍卖秩序，推动拍卖业的对外开放，促进拍卖业健康发展，根据《中华人民共和国拍卖法》（以下简称《拍卖法》）和有关外商投资的法律、行政法规和规章，制定本办法。

第二条　本办法适用于中华人民共和国境内拍卖企业进行的拍卖活动。

各种经营性拍卖活动，应当由依法设立的拍卖企业进行。

第三条　本办法所称拍卖企业，是指依法在中国境内设立的从事经营性拍卖活动的有限责任公司或者股份有限公司。

第四条　商务部是拍卖行业主管部门，对全国拍卖业实施监督管理。

省、自治区、直辖市人民政府（以下简称省级）和设区的市人民政府（以下简称市级）商务主管部门对本行政区域内的拍卖业实施监督管理。

第五条　拍卖企业从事拍卖活动，应当遵守《拍卖法》及其他有关法律、行政法规、规章的规定，遵循公开、公平、公正、诚实信用的原则。

第二章　拍卖企业的设立、变更和终止

第六条　申请设立拍卖企业的投资者应有良好的信誉，无违反中国法律、行政法规、规章的行为。

第七条　设立拍卖企业，应当具备下列条件：

（一）有一百万元人民币以上的注册资本；

（二）有自己的名称、组织机构和章程；

（三）有固定的办公场所；

（四）有三名以上取得拍卖业从业资格的人员，其中至少有一名是拍卖师；并有与主营业务密切联系的行业从业资格的专职或兼职人员；

（五）有符合有关法律、行政法规及本办法规定的拍卖业务规则；

（六）符合商务主管部门有关拍卖行业发展规划。

第八条　申请设立拍卖企业，应当提交下列材料：

（一）申请书；

（二）公司章程、拍卖业务规则；

（三）工商行政管理机关核发的《企业名称预先核准通知书》；

（四）拟任法定代表人简历和有效身份证明；

（五）拟聘任的拍卖师执业资格证书及从业人员的相关资质证明；

（六）固定办公场所产权证明或租用合同；

第九条　拍卖企业从事文物拍卖的，应当遵循有关文物拍卖的法律、行政法

规的规定。

国家行政机关依法没收的物品，充抵税款、罚款的物品、人民法院依法没收的物品，充抵罚金、罚款的物品以及无法返还的追回物品和其他特殊国有资产等标的的拍卖应由具有相应拍卖资格的拍卖企业承担，具体资格条件由省级商务主管部门会同有关部门依据规范管理、择优选用的原则制定，并报商务部备案。

第十条　拍卖企业的名称应当符合企业名称登记管理的有关规定。拍卖企业名称中的行业表述应当标明"拍卖"字样。

第十一条　拍卖企业申请设立分公司，应当符合下列条件：

（一）符合拍卖业发展规划；

（二）年检合格；

（三）企业的注册资本不少于五百万元人民币且全部缴清，拍卖企业对每个分公司，需拨付不少于一百万元人民币的资金或实物；

（四）分公司应有两名以上取得拍卖业从业资格的人员，并有与主营业务密切联系的行业从业资格的专职或兼职人员；

（五）有固定的办公场所；

（六）经营拍卖业务三年以上，最近两年连续盈利，其上年拍卖成交额超过五千万元人民币；或者上年拍卖成交额超过二亿元人民币。

第十二条　拍卖企业设立分公司，申请人需要提交下列材料：

（一）拟设立分公司的申请报告；

（二）企业法人营业执照副本（复印件）；

（三）最近两年经会计师事务所审计的年度财务会计报表；

（四）拟任分公司负责人简历及有效身份证明；

（五）拟聘任的拍卖师执业资格证书及从业人员的相关资质证明；

（六）固定办公场所的产权证明或租用合同。

第十三条　设立拍卖企业及分公司，按照下列程序办理：

申请设立拍卖企业及分公司，应当先经企业或分公司所在地市级商务主管部门审查后，报省级商务主管部门核准并颁发拍卖经营批准证书。申请人持拍卖经营批准证书向所在地工商行政管理机关办理登记手续。

省级商务主管部门对拍卖企业及分公司的设立许可可以采取听证方式。

拍卖经营批准证书由商务部统一印制。

第十四条　拍卖企业向工商行政管理机关申请变更注册登记项目前，应当先报省级商务主管部门核准，并由其换发拍卖经营批准证书。

第十五条　拍卖企业及分公司自领取拍卖经营批准证书之日起，六个月内未领取营业执照，其拍卖经营批准证书自动失效。

拍卖企业及分公司成立后六个月未开业，或开业后连续六个月无正当理由未举办拍卖会或没有营业纳税证明的，由有关部门依法吊销其营业执照，商务主管部门收回拍卖经营批准证书。

第十六条　拍卖企业根据章程规定事由、股东会决议或其他事由解散的；或者因违反法律、行政法规及本办法规定被责令关闭的；或者因不能清偿到期债务，被依法宣告破产的，由有关部门依法注销。

第三章　外商投资拍卖企业的设立、变更和终止

第十七条　外商投资拍卖企业可以从事经营性拍卖活动，法律、行政法规另有规定的除外。

第十八条　鼓励具有较强的经济实力、先进的拍卖技术和经营管理经验、广泛的国际拍卖营销网络的外国投资者设立外商投资拍卖企业。

第十九条　设立外商投资拍卖企业除应符合本办法第七条的规定外还应当符合下列条件：

（一）符合外商投资企业注册资本和投资总额的有关规定；

（二）外商投资拍卖企业的经营期限一般不超过三十年，在中西部设立外商投资拍卖企业的经营期限一般不超过四十年。

第二十条　已批准设立的外商投资拍卖企业申请设立分公司的，除符合本办法第十一条外，还应按时参加外商投资企业联合年检并年检合格。

第二十一条　设立外商投资拍卖企业，申请人除提交本办法第八条规定的材料外，还应提交下列材料：

（一）合同、章程（外资拍卖企业只报送章程）及其附件等；

（二）投资各方的银行资信证明、登记注册证明（复印件）；

（三）投资各方经会计师事务所审计的最近一年的审计报告；

（四）中国投资者拟投入到中外合资、合作拍卖企业的国有资产的评估报告；

（五）拟设立外商投资拍卖企业董事会成员名单及投资各方董事委派书。

外商投资拍卖企业设立分公司，申请人除提交本办法第十二条规定的材料外，还应提交企业验资报告。

第二十二条　设立外商投资拍卖企业及分公司，按照下列程序办理：

申请人应向商务部报送第二十条规定的申请材料。商务部应自收到全部申请材料之日起在规定时间内做出是否批准的决定，对于批准设立的，颁发外商投资企业批准证书和拍卖经营批准证书，对于不批准的，应说明原因。

申请人应当自收到外商投资企业批准证书和拍卖经营批准证书之日起一个月内,向所在地工商行政管理机关办理登记手续。

商务部对外商投资拍卖企业及分公司的设立许可可以采取听证方式。

第二十三条 外商投资拍卖企业向工商行政管理机关申请变更注册登记项目前,应当报商务部核准,并换发拍卖经营批准证书和外商投资企业批准证书。

第二十四条 外商投资拍卖企业及分公司成立后六个月未开业,或开业后连续六个月无正当理由未举办拍卖会或没有营业纳税证明的,由有关部门依法吊销其营业执照,商务部收回拍卖经营批准证书。

第二十五条 外商投资拍卖企业根据章程规定事由、股东会或董事会决议或其他事由解散的;或者因违反法律、行政法规及本办法规定被责令关闭的;或者因不能清偿到期债务,被依法宣告破产的,由有关部门依法注销。

第四章 拍卖从业人员及拍卖活动

第二十六条 国家对拍卖专业技术人员实行执业资格制度,获得拍卖师执业资格证书的人员,经注册后,方可主持拍卖活动。

本办法所称拍卖师是指经全国统一考试合格,取得人事部、商务部联合用印的,由中国拍卖行业协会颁发的《中华人民共和国拍卖师执业资格证书》,并经注册登记的人员。

第二十七条 拍卖师只能在一个拍卖企业注册执业且不得以其拍卖师个人身份在其他拍卖企业兼职;

拍卖师不得将《中华人民共和国拍卖师执业资格证书》借予他人或其他单位使用。

第二十八条 拍卖师可以变更执业注册单位。拍卖师变更执业注册单位的,应当向中国拍卖行业协会办理注册变更手续。

中国拍卖行业协会应将拍卖师注册登记及变更情况每月定期报商务部备案。

第二十九条 下列物品或者财产权利禁止拍卖:

(一)法律、法规禁止买卖的;

(二)所有权或者处分权有争议,未经司法、行政机关确权的;

(三)尚未办结海关手续的海关监管货物。

第三十条 拍卖企业应当依法开展拍卖活动,不得有下列行为:

(一)出租、擅自转让拍卖经营权;

(二)对拍卖标的进行虚假宣传,给买受人造成经济损失;

(三)雇佣未依法注册的拍卖师或其他人员充任拍卖师主持拍卖活动的;

（四）采用恶意降低佣金比例或低于拍卖活动成本收取佣金，甚至不收取佣金（义拍除外）或给予委托人回扣等手段进行不正当竞争的；

（五）其他违反法律法规的行为。

第三十一条　拍卖企业发现拍卖标的中有公安机关通报协查物品或赃物，应当立即向所在地公安机关报告。

第三十二条　竞买人委托他人代理竞买的，应当出具授权委托书和竞买人、代理人的身份证明复印件。

授权委托书应载明代理人的姓名或者名称、代理事项、代理权限和期间。

第三十三条　拍卖实施前，拍卖企业与委托人应当就拍卖未成交的有关事宜或因委托人中止或终止拍卖所造成损失的赔偿责任等事项达成书面协议。

第三十四条　对委托人送交的拍卖物品，拍卖企业应当由专人负责，妥善保管，建立拍卖品保管、值班和交接班制度，并采取必要的安全防范措施。

第三十五条　拍卖企业举办拍卖活动，应当根据拍卖标的物的属性及拍卖的性质，按照《拍卖法》及相关法律、行政法规规定的日期进行公告。公告应当发布在拍卖标的所在地以及拍卖会举行地商务主管部门指定的发行量较大的报纸或其他有同等影响的媒体。

第三十六条　拍卖企业应当在拍卖会前展示拍卖标的，为竞买人提供查看拍卖标的的条件并向竞买人提供有关资料。

展示时间应不少于两日，鲜活物品或其他不易保存的物品除外。

第三十七条　拍卖企业有权查明或者要求委托人书面说明拍卖标的的来源和瑕疵。

拍卖企业应当向竞买人说明其知道或者应当知道的拍卖标的的瑕疵。

第三十八条　法律、行政法规和规章对拍卖标的受让人有特别规定的，拍卖企业应当将标的拍卖给符合法律、行政法规和规章要求的竞买人。

拍卖标的是依照法律、行政法规和规章规定需要行政许可的经营资格且依法可以转让的，委托人应在拍卖前应当征得行政许可机关的同意。

第三十九条　拍卖企业可以在拍卖会现场设立委托竞买席，并在拍卖会开始时对全体竞买人做出说明。

第四十条　有下列情形之一的，应当中止拍卖：

（一）没有竞买人参加拍卖的；

（二）第三人对拍卖标的所有权或处分权有争议并当场提供有效证明的；

（三）委托人在拍卖会前以正当理由书面通知拍卖企业中止拍卖的；

（四）发生意外事件致使拍卖活动暂时不能进行的；

(五)出现其他依法应当中止的情形的。

中止拍卖由拍卖企业宣布。中止拍卖的事由消失后,应恢复拍卖。

第四十一条　有下列情形之一的,应当终止拍卖:

(一)人民法院、仲裁机构或者有关行政机关认定委托人对拍卖标的无处分权并书面通知拍卖企业的;

(二)拍卖标的被认定为赃物的;

(三)发生不可抗力或意外事件致使拍卖活动无法进行的;

(四)拍卖标的在拍卖前毁损、灭失的;

(五)委托人在拍卖会前书面通知拍卖企业终止拍卖的;

(六)出现其他依法应当终止的情形的。

终止拍卖由拍卖企业宣布。拍卖终止后,委托人要求继续进行拍卖的,应当重新办理拍卖手续。

第四十二条　外商投资拍卖企业与内资拍卖企业联合在中华人民共和国境内举办拍卖会的,其拍卖标的应符合法律、行政法规及本办法的有关规定。

第五章　监督管理

第四十三条　商务部组织制定有关拍卖行业规章、政策,指导各地制定拍卖行业发展规划,依法建立拍卖业监督核查、行业统计和信用管理制度;负责拍卖行业利用外资的促进与管理;对拍卖行业自律组织进行业务指导。

第四十四条　省级商务主管部门负责制定和实施本地区拍卖行业发展规划,并将规划报商务部备案。

省级商务主管部门应建立本地区拍卖企业和从业人员的监督核查和行业统计及信用管理制度;负责设立拍卖企业和分公司的审核许可;管理与指导本地区的拍卖行业自律组织。

省级商务主管部门应当创造条件,建立与拍卖企业、其他有关行政机关计算机档案系统互联网络,对拍卖经营活动监督检查的情况和处理结果应当予以记录。每年度应当出具对拍卖企业的监督核查意见。对核查不合格的拍卖企业,应当责令限期整改,并将核查情况通报有关部门。

第四十五条　拍卖行业协会依法并根据章程,对拍卖企业和拍卖师进行监督。拍卖行业协会应当制定拍卖行业规范,加强行业自律管理,协调会员企业与政府有关部门及会员企业之间的关系,为会员企业提供服务,维护会员企业的合法权益。

中国拍卖行业协会在商务部的指导下,具体实施全国拍卖企业信用管理制度和组织拍卖师考试、考核和资格认定工作。

第六章　法律责任

第四十六条　未经许可从事经营性拍卖活动的企业，应依照国家有关规定予以取缔。

第四十七条　拍卖师违反本办法第二十六条、第二十七条规定或有向监管部门隐瞒情况、提供虚假材料等其他违规行为的，省级商务主管部门可将其违规事实及处理建议通告中国拍卖行业协会，中国拍卖行业协会应依照有关规定对违规拍卖师进行处理，并将处理结果在十个工作日内书面抄送拍卖师执业地省级商务主管部门和行业协会。

第四十八条　拍卖企业违反本办法第二十九条规定，对买受人造成损失的，拍卖企业应当给予赔偿；属于委托人责任的，拍卖企业有权向委托人追偿。

第四十九条　拍卖企业违反第三十条第(一)项，由省级商务主管部门责令其改正，并处三万元以下罚款。

第五十条　拍卖企业违反本办法第三十条第(三)项的规定，由省级商务主管部门视情节轻重予以警告，并处以非法所得额一倍以上的罚款，但最高不超过三万元；没有非法所得的，处以一万元以下的罚款。造成委托人和买受人损失的，拍卖企业应当依法给予赔偿。

第五十一条　拍卖企业违反本办法第三十条第(二)项、第(四)项规定的，由有关行政机关依法进行处罚。

第五十二条　拍卖企业违反本办法第三十五条、第三十六条规定，拍卖前违规进行公告或展示的，由省级商务主管部门视情节轻重予以警告，责令改正，延期拍卖或处以一万元以下罚款。

第五十三条　拍卖企业、委托人违反本办法第三十七条规定，未说明拍卖标的的瑕疵，给买受人造成损害的，买受人有权要求拍卖企业给予赔偿；属于委托人责任的，拍卖企业有权向委托人追偿。

拍卖企业、委托人在拍卖前声明不能保证拍卖标的真伪或者品质的，不承担瑕疵担保责任(以下简称免责声明)。但是拍卖企业、委托人明确知道或应当知道拍卖标的有瑕疵时，免责声明无效。

第五十四条　拍卖成交后，委托人没有协助买受人依法办理证照变更、产权过户手续，造成买受人或拍卖企业损失的，委托人应当依法给予赔偿。

委托人提出中止或者终止拍卖，给拍卖企业或者竞买人造成损失的，应当依法给予赔偿。

第五十五条　有下列情形之一的，省级商务主管部门或商务部可以撤消有关拍卖企业及分公司设立的许可决定：

(一)工作人员滥用职权、玩忽职守做出准予设立决定的;

(二)违反《拍卖法》和本办法规定的设立条件做出准予设立决定的;

(三)超越法定职权做出准予设立决定的。

第五十六条 商务主管部门以及行业协会的工作人员在工作中滥用职权、徇私舞弊、玩忽职守、索贿受贿的,对负有责任的主管人员和直接责任人员依法给予行政处分;构成犯罪的,依法追究刑事责任。

第五十七条 商务主管部门工作人员对在执行公务中获知的有关拍卖企业、委托人、竞买人、买受人要求保密的内容,应当按保密规定为其保密,造成泄密的,按有关规定处理。拍卖企业认为向管理机关报送的材料有保密内容的,应注明“保密”字样并密封。

第七章 附 则

第五十八条 农产品批发市场、机动车交易市场等商品交易市场引入拍卖方式及利用互联网经营拍卖业务的管理,原则上参照本办法执行,具体办法另行制定。

第五十九条 国有独资拍卖企业应按照国家有关规定进行改制。

第六十条 本办法由商务部负责解释。

第六十一条 本办法自2005年1月1日起施行。

三、拍卖监督管理暂行办法

(2001年1月15日国家工商行政管理局公布)

第一条 为维护拍卖秩序,规范拍卖行为,保护拍卖活动各方当事人的合法权益,根据《中华人民共和国拍卖法》(以下简称《拍卖法》)等法律法规,制定本办法。

第二条 县级以上工商行政管理机关依照《拍卖法》及本办法对拍卖企业及拍卖活动实施监督管理,主要职责是:

(1)依法对拍卖企业进行登记注册;

(2)监督拍卖企业、委托人、竞买人以及其他参与拍卖活动的当事人遵照法律法规及规章的规定参与拍卖活动;

(3)查处违法拍卖行为;

(4)法律法规规章规定的其他职责。

第三条 设立拍卖企业应当按照《拍卖法》、《中华人民共和国公司法》等法律法规及规章的规定,经有关部门审核许可、工商行政管理机关登记注册。

第四条　拍卖企业举办拍卖活动,应当于拍卖日前七天内到拍卖活动所在地工商行政管理局备案,备案内容如下:

(1)拍卖会名称、时间、地点;

(2)主持拍卖的拍卖师资格证复印件;

(3)拍卖公告发布的日期和媒体、拍卖标的展示日期;

(4)拍卖标的清单及有关审批文件复印件;

(5)其他材料。

拍卖企业应当在拍卖活动结束后7天内,将竞买人名单、身份证明复印件送拍卖活动所在地工商行政管理局备案。

第五条　拍卖企业应当按照《拍卖法》的规定于拍卖日7日前发布拍卖公告。拍卖企业应当在拍卖前展示拍卖标的,拍卖标的的展示时间不得少于2天。

第六条　工商行政管理机关可实施拍卖现场监管。

拍卖企业应当在拍卖现场公布工商行政管理机关的举报电话,并向到场监督人员提供有关资料及工作条件。

第七条　拍卖企业不得有下列行为:

(1)拍卖企业不得采用财物或者其他手段进行贿赂以争揽业务;

(2)拍卖企业不得利用拍卖公告或其他方法,对拍卖标的作引人误解的虚假宣传;

(3)拍卖企业不得捏造、散布虚假事实,损害其他拍卖企业的商业信誉;

(4)拍卖企业不得利用职务上的便利,以盗窃、利诱、胁迫或者其他不正当手段获取权利人的商业秘密;

(5)拍卖企业及其工作人员不得以竞买人的身份参加自己组织的拍卖活动,或者委托他人代为竞买;

(6)拍卖企业不得在自己组织的拍卖活动中拍卖自己的物品或者财产权利;

(7)拍卖企业不得雇佣非拍卖师主持拍卖活动;

(8)拍卖企业不得有其他违反法律法规及规章的行为。

第八条　委托人在拍卖活动中不得参与竞买或者委托他人代为竞买。

第九条　竞买人之间不得有下列恶意串通行为:

(1)竞买人之间相互约定一致压低拍卖应价;

(2)竞买人之间相互约定拍卖应价;

(3)竞买人之间相互约定买受人或相互约定排挤其他竞买人;

(4)其他恶意串通行为。

第十条 竞买人与拍卖企业之间不得有下列恶意串通行为:

(1)不经拍卖竞价程序处分拍卖标的;

(2)拍卖企业违背委托人的保密要求向竞买人泄露拍卖标的保留价;

(3)拍卖企业与竞买人私下约定成交价;

(4)其他恶意串通行为。

第十一条 拍卖人、委托人、竞买人不得拍卖国家禁止买卖的物品或者财产权利。

第十二条 拍卖企业、委托人、竞买人应服从工商行政管理机关对拍卖活动的监督管理,并按要求如实提供有关材料。拍卖企业不得以委托人、竞买人、买受人要求保密等为由,阻碍监督检查。

第十三条 工商行政管理机关要建立健全拍卖备案制度,应认真审核拍卖备案材料,对违反法律法规及本办法规定的应及时处理。

第十四条 违反本办法第三条规定,未经许可登记设立拍卖企业,工商行政管理机关依照《拍卖法》第六十条规定给予处罚。

第十五条 拍卖企业违反本办法第四条、第六条规定,工商行政管理机关视情节轻重予以警告,责令改正,处10000元以下罚款。

第十六条 拍卖企业违反本办法第七条第(3)项规定,工商行政管理机关予以警告,处10000元以下罚款。

第十七条 拍卖企业违反本办法第五条、第七条第(7)项规定,工商行政管理机关视情节轻重予以警告,处以非法所得额3倍以下的罚款,但最高不超过30000元,没有非法所得的,处以10000元以下的罚款。

第十八条 拍卖企业违反本办法第七条(1)、(2)、(4)项规定,工商行政管理机关依照《中华人民共和国反不正当竞争法》第二十二条、第二十四条、第二十五条的规定处罚。拍卖企业违反本办法第七条第(5)、(6)项规定,工商行政管理机关依照《拍卖法》的有关规定处罚。

第十九条 拍卖企业、委托人、竞买人违反本办法第八条、第九条、第十条规定,工商行政管理机关依照《拍卖法》的有关规定处罚。

拍卖企业、委托人、竞买人违反本办法第十一条规定,工商行政管理机关依照《投机倒把行政处罚暂行条例施行细则》第十五条规定处罚。

第二十条 工商行政管理机关工作人员对在执行公务中获知的有关拍卖企业、委托人、竞买人、买受人要求保密的内容,应当按保密规定为其保密,造成泄密的,按有关规定处理。拍卖企业认为向工商行政管理机关报送的材料有保密内容的，应注明“保密”字样并密封。

第二十一条　本办法自2001年3月1日起执行。

四、招标拍卖挂牌出让国有土地使用权规范（试行）

中华人民共和国国土资源部

（2006年5月31日发布，8月1日实施）

1. 适用范围

在中华人民共和国境内以招标、拍卖或者挂牌方式出让国有土地使用权，适用本规范；以招标、拍卖或者挂牌方式租赁国有土地使用权、出让国有土地他项权利，参照本规范执行。

以招标、拍卖或者挂牌方式转让国有土地使用权，以及依法以招标、拍卖或者挂牌方式流转农民集体建设用地使用权，可参照本规范执行。

2. 引用的标准和文件

下列标准和文件所包含的条文，通过在本规范中引用而构成本规范的条文。本规范颁布时，所示版本均为有效。使用本规范的各方应使用下列各标准和文件的最新版本。

GB/T18508－2001《城镇土地估价规程》

国土资发〔2000〕303号《国有土地使用权出让合同示范文本》

国土资发〔2001〕255号《全国土地分类》

国土资发〔2004〕232号《工业建设项目用地控制指标》

3. 依据

（1）《中华人民共和国土地管理法》；

（2）《中华人民共和国城市房地产管理法》；

（3）《中华人民共和国城市规划法》；

（4）《中华人民共和国行政许可法》；

（5）《中华人民共和国合同法》；

（6）《中华人民共和国城镇国土地使用权出让和转让暂行条例》；

（7）《建立健全教育、制度、监督并重的惩治和预防腐败体系实施纲要》（中

发〔2005〕3 号）;

(8)《国务院关于加强国有土地资产管理的通知》（国发〔2001〕15 号）;

(9)《国务院关于深化改革严格土地管理的决定》（国发〔2004〕28 号）;

(10)《中共中央纪委监察部关于领导干部利用职权违反规定干预和插手建设工程招投标、经营性土地使用权出让、房地产开发与经营等市场经济活动，为个人和亲友谋取私利的处理规定》（中纪发〔2004〕3 号）;

(11)《招标拍卖挂牌出让国有土地使用权规定》（国土资源部令第 11 号）。

4. 总则

4.1 招标拍卖挂牌出让国有土地使用权内涵

本规范所称招标出让国有土地使用权，是指市、县国土资源管理部门发布招标公告或者发出投标邀请书，邀请特定或者不特定的法人、自然人和其他组织参加国有土地使用权投标，根据投标结果确定土地使用者的行为。

本规范所称拍卖出让国有土地使用权，是指市、县土资源管理部门发布拍卖公告，由竞买人在指定时间、地点进行公开竞价，根据出价结果确定土地使用者的行为。

本规范所称挂牌出让国有土地使用权，是指市、县国土资源管理部门发布挂牌公告，按公告规定的期限将拟出让宗地的交易条件在指定的土地交易场所挂牌公布，接受竞买人的报价申请并更新挂牌的价格，根据挂牌期限截止时的出价结果或现场竞价结果确定土地使用者的行为。

4.2 招标拍卖挂牌出让国有土地使用权原则

(1)公开、公平、公正;

(2)诚实信用。

4.3 招标拍卖挂牌出让国有土地使用权范围

(1)供应商业、旅游、娱乐和商品住宅等各类经营性用地以及有竞争要求的工业用地;

(2)其他土地供地计划公布后同一宗地有两个或者两个以上意向用地者的;

(3)划拨土地使用权改变用途，《国有土地划拨决定书》或法律、法规、行政规定等明确应当收回土地使用权，实行招标拍卖挂牌出让的;

(4)划拨土地使用权转让，《国有土地划拨决定书》或法律、法规、行政规定等明确应当收回土地使用权，实行招标拍卖挂牌出让的;

(5)出让土地使用权改变用途，《国有土地使用权出让合同》约定或法律、法

规、行政规定等明确应当收回土地使用权,实行招标拍卖挂牌出让的;

(6)法律、法规、行政规定明确应当招标拍卖挂牌出让的其他情形。

4.4 招标拍卖挂牌出让国有土地使用权组织实施

4.4.1 实施主体

国有土地使用权招标拍卖挂牌出让由市、县国土资源管理部门组织实施。

4.4.2 组织方式

市、县国土资源管理部门实施招标拍卖挂牌出让国有土地使用权活动,可以根据实际情况选择以下方式:

(1)市、县国土资源管理部门自行办理;

(2)市、县国土资源管理部门指定或授权下属事业单位具体承办;

(3)市、县国土资源管理部门委托具有相应资质的交易代理中介机构承办。

4.4.3 协调决策机构

国有土地使用权出让实行集体决策。市、县国土资源管理部门根据实际情况,可以成立国有土地使用权出让协调决策机构,负责协调解决出让中的相关问题,集体确定有关事项。

4.4.4 土地招标拍卖挂牌主持人

国有土地使用权招标拍卖挂牌出让活动,应当由符合国土资源部确定的土地招标拍卖挂牌主持人条件并取得资格的人员主持进行。

4.4.5 招标拍卖挂牌出让程序

(1)公布出让计划,确定供地方式;

(2)编制、确定出让方案;

(3)地价评估,确定出让底价;

(4)编制出让文件;

(5)发布出让公告;

(6)申请和资格审查;

(7)招标拍卖挂牌活动实施;

(8)签订出让合同,公布出让结果;

(9)核发《建设用地批准书》,交付土地;

(10)办理土地登记;

(11)资料归档。

4.5 地方补充规定

地方可对本规范做出补充规定或实施细则,并报上一级国土资源管理部门备案。

5. 公布出让计划,确定供地方式

5.1 市、县国土资源管理部门应当将经批准的国有土地使用权出让计划向社会公布。有条件的地方可以根据供地进度安排,分阶段将国有土地使用权出让计划细化落实到地段、地块,并将相关信息及时向社会公布。国有土地使用权出让计划以及细化的地段、地块信息应当同时在中国土地市场网(www. landchina. com)上公布。

5.2 市、县国土资源管理部门公布国有土地使用权出让计划、细化的地段、地块信息,应当同时明确用地者申请用地的途径和方式,公开接受用地申请。

5.3 需要使用土地的单位和个人(以下简称意向用地者)应当根据公布的国有土地使用权出让计划、细化的地段、地块信息以及自身用地需求,向市、县国土资源管理部门提出用地申请。

5.4 用地预申请

为充分了解市场需求情况,科学合理安排供地规模和进度,有条件的地方,可以建立用地预申请制度。单位和个人对列入招标拍卖挂牌出让计划内的具体地块有使用意向的,可以提出用地预申请,并承诺愿意支付的土地价格。市、县国土资源管理部门认为其承诺的土地价格和条件可以接受的,应当根据土地出让计划和土地市场情况,适时组织实施招标拍卖挂牌出让活动,并通知提出该宗地用地预申请的单位或个人参加。提出用地预申请的单位、个人,应当参加该宗地竞投或竞买,且报价不得低于其承诺的土地价格。

5.5 根据意向用地者申请情况,符合4.3规定条件的土地使用权出让,应当采取招标拍卖挂牌方式。对不能确定是否符合4.3规定条件的具体宗地,可由国有土地使用权出让协调决策机构集体认定。

对具有综合目标或特定社会、公益建设条件、开发建设要求较高、仅有少数单位和个人可能有受让意向的土地使用权出让,可以采取招标方式,按照综合条件最佳者得的原则确定受让人;其他的土地使用权出让,应当采取招标、拍卖或挂牌方式,按照价高者得的原则确定受让人。

采用招标方式出让国有土地使用权的,应当采取公开招标方式。对土地使用者有严格的限制和特别要求的,可以采用邀请招标方式。

6. 编制、确定出让方案

6.1 编制招标拍卖挂牌出让方案

市、县国土资源管理部门应当会同城市规划管理等有关部门,依据国有土地使用权出让计划、城市规划等,编制国有土地使用权招标拍卖挂牌出让方案。

国有土地使用权招标拍卖挂牌出让方案应当包括:拟出让地块的具体位置、四至、用途、面积、年限、土地使用条件、供地时间、供地方式、建设时间等。属于综合用地的,应明确各类具体用途、所占面积及其各自的出让年期。对于各用途不动产之间可以分割,最终使用者为不同单位、个人的,应当按照综合用地所包含的具体土地用途分别确定出让年期;对于多种用途很难分割、最终使用者唯一的,也可以统一按照综合用地最高出让年限50年确定出让年期。

6.2 招标拍卖挂牌出让方案报批

国有土地使用权招标拍卖挂牌出让方案应按规定报市、县人民政府批准。

7. 地价评估,确定出让底价

7.1 地价评估

市、县国土资源管理部门应当根据拟出让地块的条件和土地市场情况,依据《城镇土地估价规程》,组织对拟出让地块的正常土地市场价格进行评估。

地价评估由市、县国土资源管理部门或其所属事业单位组织进行,根据需要也可以委托具有土地估价资质的土地或不动产评估机构进行。

7.2 确定底价

有底价出让的,市、县国土资源管理部门或国有土地使用权出让协调决策机构应当根据土地估价结果、产业政策和土地市场情况等,集体决策,综合确定出让底价和投标、竞买保证金。招标出让的,应当同时确定标底;拍卖和挂牌出让的,应当同时确定起叫价、起始价等。

标底、底价确定后,在出让活动结束之前应当保密,任何单位和个人不得泄露。

8. 编制出让文件

市、县国土资源管理部门应当根据经批准的招标拍卖挂牌出让方案,组织编制国有土地使用权招标拍卖挂牌出让文件。

8.1 招标出让文件应当包括:

(1)招标出让公告或投标邀请书;

(2)招标出让须知;

(3)标书;

(4)投标申请书;

(5)宗地界址图;

(6)宗地规划指标要求;
(7)中标通知书;
(8)国有土地使用权出让合同;
(9)其他相关文件。
8.2 拍卖出让文件应当包括:
(1)拍卖出让公告;
(2)拍卖出让须知;
(3)竞买申请表;
(4)宗地界址图;
(5)宗地规划指标要求;
(6)成交确认书;
(7)国有土地使用权出让合同;
(8)其他相关文件。
8.3 挂牌出让文件应当包括:
(1)挂牌出让公告;
(2)挂牌出让须知;
(3)竞买申请书;
(4)挂牌竞买报价单;
(5)宗地界址图;
(6)宗地规划指标要求;
(7)成交确认书;
(8)国有土地使用权出让合同;
(9)其他相关文件。

9. 发布出让公告

9.1 发布公告

国有土地使用权招标拍卖挂牌出让公告应当由市、县国土资源管理部门发布。出让公告应当通过中国土地市场网和当地土地有形市场发布,也可同时通过报刊、电视台等媒体公开发布。

出让公告应当至少在招标拍卖挂牌活动开始前20日发布,以首次发布的时间为起始日。

经批准的出让方案已明确招标、拍卖、挂牌具体方式的,应当发布具体的“国有土地使用权招标出让公告”、“国有土地使用权拍卖出让公告”或“国有土地使用权挂牌出让公告”；经批准的出让方案未明确招标、拍卖、挂牌具体方式的，可以发布“国有土地使用权公开出让公告”，发布公开出让公告的，应当明确根据申请截止时的申请情况确定具体的招标、拍卖或挂牌方式。

出让公告可以是单宗地的公告，也可以是多宗地的联合公告。

9.2 公告内容

9.2.1 招标出让公告应当包括以下内容：

(1)出让人的名称、地址、联系电话等，授权或指定下属事业单位以及委托代理机构进行招标的，还应注明其机构的名称、地址和联系电话等；

(2)招标地块的位置、面积、用途、开发程度、规划指标要求、土地使用年限和建设时间等；

(3)投标人的资格要求及申请取得投标资格的办法；

(4)获取招标文件的时间、地点及方式；

(5)招标活动实施时间、地点，投标期限、地点和方式等；

(6)确定中标人的标准和方法；

(7)支付投标保证金的数额、方式和期限；

(8)其他需要公告的事项。

9.2.2 拍卖出让公告应当包括以下内容：

(1)出让人的名称、地址、联系电话等，授权或指定下属事业单位以及委托代理机构进行拍卖的，还应注明其名称、地址和联系电话等；

(2)拍卖地块的位置、面积、用途、开发程度、规划指标要求、土地使用年限和建设时间等；

(3)竞买人的资格要求及申请取得竞买资格的办法；

(4)获取拍卖文件的时间、地点及方式；

(5)拍卖会的地点、时间和竞价方式；

(6)支付竞买保证金的数额、方式和期限；

(7)其他需要公告的事项。

9.2.3 挂牌出让公告应当包括以下内容：

(1)出让人的名称、地址、联系电话等，授权或指定下属事业单位以及委托代理机构进行挂牌的，还应注明其机构名称、地址和联系电话等；

(2)挂牌地块的位置、面积、用途、开发程度、规划指标要求、土地使用年限和建设时间等；

(3)竞买人的资格要求及申请取得竞买资格的办法；

(4)获取挂牌文件的时间、地点及方式；

(5)挂牌地点和起止时间;

(6)支付竞买保证金的数额、方式和期限;

(7)其他需要公告的事项。

9.3 公告调整

公告期间,出让公告内容发生变化的,市、县国土资源管理部门应当按原公告发布渠道及时发布补充公告。涉及土地使用条件变更等影响土地价格的重大变动,补充公告发布时间距招标拍卖挂牌活动开始时间少于20日的,招标拍卖挂牌活动相应顺延。

发布补充公告的,市、县国土资源管理部门应当书面通知已报名的申请人。

10. 申请和资格审查

10.1 申请人

国有土地使用权招标拍卖挂牌出让的申请人,可以是中华人民共和国境内外的法人、自然人和其他组织,但法律法规对申请人另有限制的除外。

申请人可以单独申请,也可以联合申请。

10.2 申请

申请人应在公告规定期限内交纳出让公告规定的投标、竞买保证金,并根据申请人类型,持相应文件向出让人提出竞买、竞投申请:

(1)法人申请的,应提交下列文件:

①申请书;

②法人单位有效证明文件;

③法定代表人的有效身份证明文件;

④申请人委托他人办理的,应提交授权委托书及委托代理人的有效身份证明文件;

⑤保证金交纳凭证;

⑥招标拍卖挂牌文件规定需要提交的其他文件。

(2)自然人申请的,应提交下列文件:

①申请书;

②申请人有效身份证明文件;

③申请人委托他人办理的,应提交授权委托书及委托代理人的身份证明文件;

④保证金交纳凭证;

⑤招标拍卖挂牌文件规定需要提交的其他文件。

(3)其他组织申请的,应提交下列文件:

①申请书;

②表明该组织合法存在的文件或有效证明;

③表明该组织负责人身份的有效证明文件;

④申请人委托他人办理的,应提交授权委托书及委托代理人的身份证明文件;

⑤保证金交纳凭证;

⑥招标拍卖挂牌文件规定需要提交的其他文件。

(4)境外申请人申请的,应提交下列文件:

①申请书;

②境外法人、自然人、其他组织的有效身份证明文件;

③申请人委托他人办理的,应提交授权委托书及委托代理人的有效身份证明文件;

④保证金交纳凭证;

⑤招标拍卖挂牌文件规定需要提交的其他文件。

上述文件中,申请书必须用中文书写,其他文件可以使用其他语言,但必须附中文译本,所有文件的解释以中文译本为准。

(5)联合申请的,应提交下列文件:

①联合申请各方共同签署的申请书;

②联合申请各方的有效身份证明文件;

③联合竞买、竞投协议,协议要规定联合各方的权利、义务,包括联合各方的出资比例,并明确签订《国有土地使用权出让合同》时的受让人;

④申请人委托他人办理的,应提交授权委托书及委托代理人的有效身份证明文件;

⑤保证金交纳凭证;

⑥招标拍卖挂牌文件规定需要提交的其他文件。

(6)申请人竞得土地后,拟成立新公司进行开发建设的,应在申请书中明确新公司的出资构成、成立时间等内容。出让人可以根据招标拍卖挂牌出让结果,先与竞得人签订《国有土地使用权出让合同》,在竞得人按约定办理完新公司注册登记手续后,再与新公司签订《国有土地使用权出让合同变更协议》;也可按约定直接与新公司签订《国有土地使用权出让合同》。

10.3 受理申请及资格审查

出让人应当对出让公告规定的时间内收到的申请时间审查。

经审查,有下列情形之一的,为无效申请:

(1)申请人不具备竞买资格的;

(2)未按规定交纳保证金的;

(3)申请文件不齐全或不符合规定的;

(4)委托他人代理但委托文件不齐全或不符合规定的;

(5)法律法规规定的其他情形。

经审查,符合规定条件的,应当确认申请人的投标或竞买资格,并通知其参加招标拍卖挂牌活动。采用招标或拍卖方式的,取得投标或竞买资格者不得少于3人。

10.4 出让人应当对申请人的情况进行保密。

10.5 申请人对招标拍卖挂牌文件有疑问的,可以书面或者口头方式向出让人咨询,出让人应当为申请人咨询以及查询出让地块有关情况提供便利。根据需要,出让人可以组织申请人对拟出让地块进行现场踏勘。

11. 招标拍卖挂牌活动实施——招标

11.1 投标

市、县国土资源管理部门应当按照出让公告规定的时间、地点组织招标投标活动。投标活动应当由土地招标拍卖挂牌主持人主持进行。

投标开始前,招标主持人应当现场组织开启标箱,检查标箱情况后加封。

投标人应当在规定的时间将标书及其他文件送达指定的投标地点,经招标人登记后,将标书投入标箱。

招标公告允许邮寄投标文件的,投标人可以邮寄,但以招标人在投标截止时间前收到的方为有效。招标人登记后,负责在投标截止时间前将标书投入标箱。

投标人投标后,不可撤回投标文件,并对投标文件和有关书面承诺承担责任。投标人可以对已提交的投标文件进行补充说明,但应在招标文件要求提交投标文件的截止时间前书面通知招标人并将补充文件送达至投标地点。

11.2 开标

招标人按照招标出让公告规定的时间、地点开标,邀请所有投标人参加。开标应当由土地招标拍卖挂牌主持人主持进行。招标主持人邀请投标人或其推选的代表检查标箱的密封情况,当众开启标箱。

标箱开启后,招标主持人应当组织逐一检查标箱内的投标文件,经确认无误后,由工作人员当众拆封,宣读投标人名称、投标价格和投标文件的其他主要内容。

开标过程应当记录。

11.3 评标

按照价高者得的原则确定中标人的，可以不成立评标小组。按照综合条件最佳者得的原则确定中标人的，招标人应当成立评标小组进行评标。

11.3.1 评标小组由出让人、有关专家组成，成员人数为 5 人以上的单数。有条件的地方，可建立土地评标专家库，每次评标前随机从专家库中抽取评标小组专家成员。

11.3.2 招标人应当采取必要的措施，保证评标在严格保密的情况下进行。

11.3.3 评标小组可以要求投标人对投标文件中含义不明确的内容做出必要的澄清或者说明，但澄清或者说明不得超出投标文件的范围或者改变投标文件的实质性内容。

11.3.4 评标小组对投标文件进行有效性审查。有下列情形之一的，为无效投标文件：

（1）投标文件未密封的；

（2）投标文件未加盖投标人印鉴，也未经法定代表人签署的；

（3）投标文件不齐备、内容不全或不符合规定的；

（4）投标人对同一个标的有两个或两个以上报价的；

（5）委托投标但委托文件不齐全或不符合规定的；

（6）评标小组认为投标文件无效的其他情形。

11.3.5 评标要求

评标小组应当按照招标文件确定的评标标准和方法，对投标文件进行综合评分，根据综合评分结果确定中标候选人。

评标小组应当根据评标结果，按照综合评分高低确定中标候选人排序，但低于底价或标底者除外。同时有两个或两个以上申请人的综合评分相同的，按报价高低排名，报价也相同的，可以由综合评分相同的申请人通过现场竞价确定排名顺序。投标人的投标价均低于底价或投标条件均不能够满足标底要求的，投标活动终止。

11.4 定标

招标人应当根据评标小组推荐的中标候选人确定中标人。招标人也可以授权评标小组直接确定中标人。

按照价高者得的原则确定中标人的，由招标主持人根据开标结果，直接宣布报价最高且不低于底价者为中标人。有两个或两个以上申请人的报价相同且同为最高报价的，可以由相同报价的申请人在限定时间内再行报价，或者采取现场竞价方式确定中标人。

11.5 发出《中标通知书》

确定中标人后,招标人应当向中标人发出《中标通知书》,并同时将中标结果通知其他投标人。

《中标通知书》应包括招标人与中标人的名称,出让标的,成交时间、地点、价款,以及双方签订《国有土地使用权出让合同》的时间、地点等内容。

《中标通知书》对招标人和中标人具有法律效力,招标人改变中标结果,或者中标人不按约定签订《国有土地使用权出让合同》、放弃中标宗地的,应当承担法律责任。

12. 招标拍卖挂牌活动实施——拍卖

12.1 市、县国土资源管理部门应当按照出让公告规定的时间、地点组织拍卖活动。拍卖活动应当由土地招标拍卖挂牌主持人主持进行。

12.2 拍卖会按下列程序进行:

(1)拍卖主持人宣布拍卖会开始;

(2)拍卖主持人宣布竞买人到场情况;

设有底价的,出让人应当现场将密封的拍卖底价交给拍卖主持人,拍卖主持人现场开启密封件。

(3)拍卖主持人介绍拍卖地块的位置、面积、用途、使用年限、规划指标要求、建设时间等;

(4)拍卖主持人宣布竞价规则

拍卖主持人宣布拍卖宗地的起叫价、增价规则和增价幅度,并明确提示是否设有底价。在拍卖过程中,拍卖主持人可根据现场情况调整增价幅度。

(5)拍卖主持人报出起叫价,宣布竞价开始;

(6)竞买人举牌应价或者报价;

(7)拍卖主持人确认该竞买人应价或者报价后继续竞价;

(8)拍卖主持人连续三次宣布同一应价或报价而没有人再应价或出价,且该价格不低于底价的,拍卖主持人落槌表示拍卖成交,拍卖主持人宣布最高应价者为竞得人。成交结果对拍卖人、竞得人和出让人均具有法律效力。最高应价或报价低于底价的,拍卖主持人宣布拍卖终止。

12.3 签订《成交确认书》

确定竞得人后,拍卖人与竞得人当场签订《成交确认书》。拍卖人或竞得人不按规定签订《成交确认书》的,应当承担法律责任。竞得人拒绝签订《成交确认书》也不能对抗拍卖成交结果的法律效力。

《成交确认书》应包括拍卖人与竞得人的名称，出让标的，成交时间、地点、价款，以及双方签订《国有土地使用权出让合同》的时间、地点等内容。

《成交确认书》对拍卖人和竞得人具有法律效力，拍卖人改变拍卖结果的，或者竞得人不按约定签订《国有土地使用权出让合同》、放弃竞得宗地的，应当承担法律责任。

拍卖过程应当制作拍卖笔录。

13. 招标拍卖挂牌活动实施——挂牌

市、县国土资源管理部门应当按照出让公告规定的时间、地点组织挂牌活动。挂牌活动应当由土地招标拍卖挂牌主持人主持进行。

13.1 公布挂牌信息

在挂牌公告规定的挂牌起始日，挂牌人将挂牌宗地的位置、面积、用途、使用年期、规划指标要求、起始价、增价规则及增价幅度等，在挂牌公告规定的土地交易地点挂牌公布。挂牌时间不得少于10个工作日。

13.2 竞买人报价

符合条件的竞买人应当填写报价单报价。有条件的地方，可以采用计算机系统报价。

竞买人报价有下列情形之一的，为无效报价：

(1)报价单未在挂牌期限内收到的；

(2)不按规定填写报价单的；

(3)报价单填写人与竞买申请文件不符的；

(4)报价不符合报价规则的；

(5)报价不符合挂牌文件规定的其他情形。

13.3 确认报价

挂牌主持人确认该报价后，更新显示挂牌价格，继续接受新的报价。有两个或两个以上竞买人报价相同的，先提交报价单者为该挂牌价格的出价人。

13.4 挂牌截止

挂牌截止应当由挂牌主持人主持确定。设有底价的，出让人应当在挂牌截止前将密封的挂牌底价交给挂牌主持人，挂牌主持人现场打开密封件。在公告规定的挂牌截止时间，竞买人应当出席挂牌现场，挂牌主持人宣布最高报价及其报价者，并询问竞买人是否愿意继续竞价。

13.4.1 挂牌主持人连续三次报出最高挂牌价格，没有竞买人表示愿意继续竞价的，挂牌主持人宣布挂牌活动结束，并按下列规定确定挂牌结果：

（1）最高挂牌价格不低于底价的，挂牌主持人宣布挂牌出让成交，最高挂牌价格的出价人为竞得人；

（2）最高挂牌价格低于底价的，挂牌主持人宣布挂牌出让不成交。

13.4.2 有竞买人表示愿意继续竞价的，即属于挂牌截止时有两个或两个以上竞买人要求报价的情形，挂牌主持人应当宣布挂牌出让转入现场竞价，并宣布现场竞价的时间和地点，通过现场竞价确定竞得人。

13.5 现场竞价

现场竞价应当由土地招标拍卖挂牌主持人主持进行，取得该宗地挂牌竞买资格的竞买人均可参加现场竞价。现场竞价按下列程序举行：

（1）挂牌主持人应当宣布现场竞价的起始价、竞价规则和增价幅度，并宣布现场竞价开始。现场竞价的起始价为挂牌活动截止时的最高报价增加一个加价幅度后的价格。

（2）参加现场竞价的竞买人按照竞价规则应价或报价。

（3）挂牌主持人确认该竞买人应价或者报价后继续竞价。

（4）挂牌主持人连续三次宣布同一应价或报价而没有人再应价或出价，且该价格不低于底价的，挂牌主持人落槌表示现场竞价成交，宣布最高应价或报价者为竞得人。成交结果对竞得人和出让人均具有法律效力。最高应价或报价低于底价的，挂牌主持人宣布现场竞价终止。

在现场竞价中无人参加竞买或无人应价或出价的，以挂牌截止时出价最高者为竞得人，但低于挂牌出让底价者除外。

13.6 签订《成交确认书》

确定竞得人后，挂牌人与竞得人当场签订《成交确认书》。挂牌人或竞得人不按规定签订《成交确认书》的，应当承担法律责任。竞得人拒绝签订《成交确认书》也不能对抗挂牌成交结果的法律效力。

《成交确认书》应包括挂牌人与竞得人的名称，出让标的，成交时间、地点、价款，以及双方签订《国有土地使用权出让合同》的时间、地点等内容。

《成交确认书》对挂牌人和竞得人具有法律效力，挂牌人改变挂牌结果的，或者竞得人不按规定签订《国有土地使用权出让合同》、放弃竞得宗地的，应当承担法律责任。

挂牌过程应当制作挂牌笔录。

14. 签订出让合同,公布出让结果

14.1 签订《国有土地使用权出让合同》

招标拍卖挂牌出让活动结束后,中标人、竞得人应按照《中标通知书》或《成交确认书》的约定,与出让人签订《国有土地使用权出让合同》。

14.2 中标人、竞得人支付的投标、竞买保证金,在中标或竞得后转作受让地块的定金。

其他投标人、竞买人交纳的投标、竞买保证金,出让人应在招标拍卖挂牌活动结束后5个工作日内予以退还,不计利息。

14.3 公布出让结果

招标拍卖挂牌活动结束后10个工作日内,出让人应当将招标拍卖挂牌出让结果通过中国土地市场网以及土地有形市场等指定场所向社会公布。

公布出让结果应当包括土地位置、面积、用途、开发程度、土地级别、容积率、出让年限、供地方式、受让人、成交价格和成交时间等内容。

出让人公布出让结果,不得向受让人收取费用。

15. 核发《建设用地批准书》,交付土地

市、县国土资源管理部门向受让人核发《建设用地批准书》,并按照《国有土地使用权出让合同》、《建设用地批准书》确定的时间和条件将出让土地交付给受让人。

16. 办理土地登记

受让人按照《国有土地使用权出让合同》约定付清全部国有土地使用权出让金,依法申请办理土地登记,领取《国有土地使用证》,取得国有土地使用权。

17. 资料归档

出让手续全部办结后,市、县国土资源管理部门应当对宗地出让过程中的用地申请、审批、招标拍卖挂牌活动、签订合同等各环节相关资料、文件进行整理,并按规定归档。应归档的宗地出让资料包括:

(1)申请人的申请材料;

(2)宗地条件及相关资料;

(3)宗地评估资料;

(4)宗地出让底价及集体决策记录;

(5)宗地招标拍卖挂牌出让方案;
(6)宗地出让方案批复文件;
(7)招标拍卖挂牌出让文件;
(8)招标拍卖挂牌活动实施过程的记录资料;
(9)《中标通知书》或《成交确认书》;
(10)《国有土地使用权出让合同》及出让结果公布资料;
(11)其他应归档的材料。

五、粮油竞价交易员国家职业标准

(2005年11月15日劳动和社会保障部印发施行)

1.职业概况

1.1　职业名称

粮油竞价交易员。

1.2　职业定义

在具有粮油竞价交易资格的机构中,以公开竞价方式为粮油买卖提供中介服务活动的人员。

1.3　职业等级

本职业共设四个等级,分别为:粮油竞价交易员(国家职业资格四级)、助理粮油竞价交易师(国家职业资格三级)、粮油竞价交易师(国家职业资格二级)、高级粮油竞价交易师(国家职业资格一级)。

1.4　职业环境

室内,常温。

1.5　职业能力特征

具有分析、判断、计算、表达、交流能力,思维敏捷,动作协调,反应迅速。

1.6　基本文化程度

高中毕业(或同等学力)。

1.7　培训要求

1.7.1　培训期限

全日制职业学校教育,根据其培养目标和教学计划确定。晋级培训期限分别是:粮油竞价交易员不少于100标准学时;助理粮油竞价交易师不少于120标准学时;粮油竞价交易师不少于140标准学时;高级粮油竞价交易师不少于160标准学时。

1.7.2　培训教师

培训粮油竞价交易员、助理粮油竞价交易师的教师应具有本职业粮油竞价交易师以上职业资格证书或相关专业中级以上专业技术职务任职资格；培训粮油竞价交易师的教师应具有本职业高级粮油竞价交易师职业资格证书或相关专业高级专业技术职务任职资格；培训高级粮油竞价交易师的教师应具有本职业高级粮油竞价交易师职业资格证书3年以上或相关专业高级专业技术职务任职资格。

1.7.3　培训场地设备

理论知识培训场地为标准教室；实际操作培训场地应具有能满足竞价交易需要的计算机及大屏幕显示设备。

1.8　鉴定要求

1.8.1　适用对象

从事或准备从事本职业的人员。

1.8.2　申报条件

——粮油竞价交易员(具备以下条件之一者)

(1)连续从事本职业工作3年以上，经粮油竞价交易员正规培训达规定标准学时数，并取得结业证书。

(2)连续从事本职业工作7年以上。

(3)取得经劳动保障行政部门审核认定的，以中级技能为培养目标的中等以上职业学校相关专业毕业证书。

——助理粮油竞价交易师(具备以下条件之一者)

(1)取得粮油竞价交易员职业资格证书后，连续从事本职业工作4年以上，经助理粮油竞价交易师正规培训达规定标准学时数，并取得结业证书。

(2)取得粮油竞价交易员职业资格证书后，连续从事本职业工作7年以上。

(3)取得经劳动保障行政部门审核认定的，以高级技能为培养目标的高等职业学校或大专以上相关专业毕业证书。

——粮油竞价交易师(具备以下条件之一者)

(1)取得助理粮油竞价交易师职业资格证书后，连续从事本职业5年以上，经粮油竞价交易师正规培训达规定标准学时数，并取得结业证书。

(2)取得助理粮油竞价交易师职业资格证书后，连续从事本职业工作8年以上。

(3)取得助理竞价交易师职业资格证书后，连续从事本职业工作2年以上的高等职业学校或大专以上相关专业毕业生。

——高级粮油竞价交易师(具备以下条件之一者)

(1)取得粮油竞价交易师职业资格证书后,连续从事本职业工作3年以上,经高级粮油竞价交易师正规培训达规定标准学时数,并取得结业证书。

(2)取得粮油竞价交易师职业资格证书后,连续从事本职业工作5年以上。

1.8.3　鉴定方式

分为理论知识考试和技能操作考核。理论知识考试采用闭卷笔试方式,技能操作考核采用现场实际操作方式。理论知识考试和技能操作考核均实行百分制,成绩皆达60分以上者为合格。

1.8.4　考评人员与考生配比

理论知识考试考评人员与考生比为1:20,每个标准教室不少于2名考评人员;技能操作考核考评人员与考生比为1:5,且不少于3名考评员。

1.8.5　鉴定时间

各等级理论知识考试时间不少于90min;技能操作考核时间不少于10min。

1.8.6　鉴定场所设备

理论知识考试在标准教室进行;技能操作考核在具有粮油竞价交易基本操作设备的场所进行。

2.基本要求

2.1　职业道德

2.1.1　职业道德基本知识

2.1.2　职业守则

(1)遵纪守法,恪守行规。

(2)诚实守信,公平公正。

(3)爱岗敬业,热情服务。

(4)勤奋钻研,精通业务。

2.2　基础知识

2.2.1　粮油商品基础知识

(1)粮油分类知识。

(2)粮油质量标准知识。

2.2.2　粮油流通基础知识

(1)粮油商品流通形式与渠道。

(2)粮油商品购销、储存、运输、加工。

(3)粮食流通体制改革。

2.2.3　粮油市场知识。

(1)现货市场。

(2)期货市场。

(3)现代粮油交易方式。

(4)市场预测。

2.2.4　粮油竞价交易基础知识

(1)粮油竞价交易的基本理论。

(2)粮油竞价交易的基本条件和基本原则。

(3)粮油竞价交易的规定、规则和程序。

2.2.5　相关法律法规知识

(1)《中华人民共和国劳动法》的相关知识。

(2)《中华人民共和国合同法》的相关知识。

(3)粮食流通管理条例相关知识。

(4)中央储备粮管理条例相关知识。

(5)《中华人民共和国拍卖法》的相关知识。

(6)《中华人民共和国反不正当竞争法》的相关知识。

(7)《中华人民共和国招标投标法》的相关知识。

(8)《中华人民共和国政府采购法》的相关知识。

3.能力要求

本标准对粮油竞价交易员、助理粮油竞价交易师、粮油竞价交易师和高级粮油竞价交易师的技能要求依次递进,高级别涵盖低级别要求。

3.1 粮油竞价交易员

职业功能	工作内容	技能要求	相关知识
一、接待客户	(一)业务洽谈	1.能与客户有效沟通,掌握客户信息 2.能向客户介绍竞价交易服务内容	1.社交礼仪知识 2.人际交往技巧
	(二)接待委托客户	1.能审核资格,起草竞价交易委托合同 2.能建立委托客户档案 3.能按照计算机系统的要求录入委托标的的信息 4.能对委托标的的数量、质量、储存及运输等数据进行处理	1.客户分类知识 2.电子表格软件的操作方法 3.合同编写知识
	(三)接待竞价交易客户	1.能介绍竞价交易有关事项 2.能办理竞价交易手续	1.客户服务知识 2.信用担保知识
二、竞价交易准备和实施	(一)竞价交易准备	1.能准备好竞价交易有关材料 2.能根据竞价交易的规模安排落实竞价交易场所的具体事务	1.会议礼仪知识 2.商品交易知识
	(二)竞价交易实施	1.能完成成交确认书等有关信息和资料的传递 2.能对成交合同进行分类管理	
三、竞价交易收尾	(一)信息统计	1.能根据竞价交易现场笔录核对计算机系统出具的成交信息 2.能统计竞价交易成交信息	1.统计基本知识 2.报表处理方法
	(二)财务结算	1.能核对计算机系统和财务报表中的财务信息是否一致 2.能按规定要求提供相关交易结算服务	有关会计知识

3.2 助理粮油竞价交易师

职业功能	工作内容	技能要求	相关知识
一、接受客户委托和竞价	(一)受理客户委托	1. 能分析客户档案资料,确定目标客户群 2. 能确定拟受理的委托标的 3. 能给出委托标的建议价格(底价和起叫价)	1. 市场营销的有关知识 2. 商务谈判的有关知识
	(二)受理客户竞价	1. 能分析客户的基本资料,预测粮油竞价交易的成交情况 2. 能解释竞价交易的有关规则	1. 收集粮油行情资料的方法 2. 市场调查知识
二、竞价交易准备和实施	(一)竞价交易准备	1. 能将竞价交易信息转换到交易系统数据库中 2. 能对计算机竞价交易系统进行测试操作	1. 数据处理知识 2. 经济信息分析的基本方法
	(二)竞价交易实施	1. 能同步录入竞价交易信息至计算机系统 2. 能根据计算机系统出具的清单核对合同	3. 能笔录竞价交易情况
三、合同管理	(一)合同履行	1. 能拟定竞价交易成交合同 2. 能对竞价交易成交信息进行统计分析 3. 能督促交易双方履行合同并签订书面结算凭证	1. 买卖合同知识 2. 合同管理知识
	(二)商务纠纷处理	1. 能调解处理合同履行过程中出现的商务纠纷 2. 能运用法律手段化解合同风险	1. 民事纠纷调解方法 2. 仲裁知识 3. 诉讼知识

3.3　粮油竞价交易师

职业功能	工作内容	技能要求	相关知识
一、信息传递	(一)发布竞价交易信息	1. 能拟定粮油竞价交易公告 2. 能选择媒体发布公告	传媒广告的相关知识
	(二)建立客户联系	1. 能分析重点客户的目标与需求 2. 能归纳整理客户提供的信息	客户管理知识
二、审核客户资格	(一)审核委托客户资格	1. 能拟定竞价交易委托客户资格标准 2. 能审核竞价交易委托客户资格	竞价交易风险防范知识
	(二)审核竞价交易客户资格	1. 能拟定竞价交易客户资格标准 2. 能审核竞价交易客户资格	
三、竞价交易操作	(一)竞价交易策划	1. 能拟定竞价交易策划方案 2. 能分析和预测竞价交易成本 3. 能优化选择竞价交易类型 4. 能拟定竞价交易规则和注意事项	1. 策划的基本知识 2. 分析预测竞价交易成本的知识 3. 粮油竞价交易成本控制方法
	(二)主持现场竞价交易	1. 能用普通话按约定的竞价交易阶梯报价 2. 能确认竞价人的应价和成交价	1. 现场调控技巧 2. 主持竞价交易的基本礼仪

3.4　高级粮油竞价交易师

职业功能	工作内容	技能要求	相关知识
一、策划与实施	(一)确定策划方案	1. 能预测国内外粮油市场的发展趋势 2. 能优化粮油竞价交易策划方案 3. 能识别和应对粮油竞价交易中的违法行为	1. 市场预测方法 2. 风险控制方法
	(二)组织方案实施	1. 能按规划要求完成竞价交易操作 2. 能协调竞价交易活动各工作环节 3. 能监督竞价交易的执行情况	1. 组织行为学的有关知识 2. 控制行为的有关知识
二、竞价交易操作	(一)主持现场竞价交易	1. 能调控竞价交易现场气氛 2. 能处理竞价交易现场突发事件	1. 竞价交易主持知识 2. 处理突发事件的相关知识
	(二)组织网上竞价交易	1. 能制定网上竞价交易方案 2. 能实施网上竞价交易	1. 网络营销知识 2. 电子交易安全知识
三、培训与指导	(一)培训	1. 能编制本职业各等级工作人员培训计划 2. 能编写本职业各等级工作人员培训讲义 3. 能培训本职业各等级工作人员	1. 培训讲义的编写方法 2. 指导操作、开发和升级计算机交易系统的方法
	(二)指导	1. 能对本职业各等级工作人员进行业务指导 2. 能指导操作、开发和升级计算机竞价交易系统	

4. 比重表

4.1 理论知识

项目			粮油竞价交易员(%)	助理粮油竞价交易师(%)	粮油竞价交易师(%)	高级粮油竞价交易师(%)
基本要求		职业道德	5	5	5	5
		基础知识	30	25	20	20
相关知识	接待客户	业务洽谈	5	—	—	—
		接待委托客户	10	—	—	—
		接待竞价交易客户	10	—	—	—
	受理客户委托和竞价	受理客户委托	—	5	—	—
		受理客户竞价	—	5	—	—
	竞价交易准备和实施	竞价交易准备	10	10	—	—
		竞价交易实施	10	10	—	—
	竞价交易收尾	信息统计	10	—	—	—
		财务结算	10	—	—	—
	合同管理	合同履行	—	20	—	—
		商务纠纷处理	—	20	—	—
	信息传递	发布竞价交易信息	—	—	5	—
		建立客户联系	—	—	10	—
	审核客户资格	审核委托客户资格	—	—	10	—
		审核竞价交易客户资格	—	—	10	—
	竞价交易操作	竞价交易策划	—	—	20	—
		主持现场竞价交易	—	—	20	25
		组织网上竞价交易	—	—	—	20
	策划与实施	确定策划方案	—	—	—	10
		组织方案实施	—	—	—	10
	培训与指导	培训	—	—	—	5
		指导	—	—	—	5
合计			100	100	100	100

4.2 技能操作

项　目			粮油竞价交易员(%)	助理粮油竞价交易师(%)	粮油竞价交易师(%)	高级粮油竞价交易师(%)
技能要求	接待客户	业务洽谈	10	—	—	—
		接待委托客户	20	—	—	
		接待竞价交易客户	20	—	—	
	受理客户委托和竞价	受理客户委托	—	20	—	—
		受理客户竞价	—	20	—	—
	竞价交易准备和实施	竞价交易准备	10	10	—	—
		竞价交易实施	10	10	—	—
	竞价交易收尾	信息统计	15	—	—	—
		财务结算	15	—	—	—
	合同管理	合同履行	—	20	—	—
		商务纠纷处理	—	20	—	—
	信息传递	发布竞价交易信息	—	—	5	—
		建立客户联系	—	—	5	—
	审核客户资格	审核委托客户资格	—	—	10	—
		审核竞价交易客户资格	—	—	10	—
	竞价交易操作	竞价交易策划	—	—	10	—
		主持现场竞价交易	—	—	60	50
		组织网上竞价交易	—	—	—	20
	策划与实施	确定策划方案	—	—	—	10
		组织方案实施	—	—	—	10
	培训与指导	培训	—	—	—	5
		指导	—	—	—	5
合计			100	100	100	100

六、国际职业拍卖师管理规定及操守与规范

1. 国际职业拍卖师的规管组织

自从20世纪80年代实施国际职业拍卖师发牌制度后，从事国际拍卖业的个人必须持牌执业，否则违法。

根据有关法律成立的国际职业拍卖师管理协会，对国际职业拍卖师做出全面性的监管。

1.1 管理协会的主要职能和权力

1.1.1 管理协会的主要职能

· 管制国际职业拍卖师的营业

· 采取适当或需要的行动，促使国际职业拍卖师行事持证及称职，或维持或提高他们的地位

· 与教育机构及训练团体联络，提供合适课程，促使业内人士持证及称职，符合操守标准

1.1.2 管理协会的权力

根据有关法律，管理协会可：

· 办理有利或有助于其职能的事情

· 取得、持有和处置任何种类的财产

· 解决拍卖过程中的某些争议

1.2 管理协会的组织架构

1.2.1 管理协会的组成

· 牌照及执业委员会

· 纪律委员会

· 专业发展委员会

1.2.2 管理协会主席在处理投诉和进行调查方面担当的角色

· 如有理由相信持牌人违反法律，将会进行调查

· 调查将由一名管理协会职员，或一名专业会计师，或两人共同进行调查，管理协会会将调查结果及建议，通知被调查人士

· 管理协会主席如认为有需要公开训诫，或谴责有关持牌人，有权就此做出警告，或将个案转交纪律委员会

1.2.3 纪律委员会的研讯

a）研讯程序

纪律委员会有以下权力：

·听取经宣誓而做的证供

·传召任何人士出席研讯做供，或交出有关文件及物件

·将证人出席而招致的开支，判给该名证人

在研讯中

·一般的研讯须公开进行，但委员会在咨询有关人等后，如认为做法适宜，可将研讯以非公开形式进行

b）纪律制裁权

根据有关法律，管理协会有权：

·训诫或谴责持牌人

·附加条件于有关牌照上

·更改牌照上的任何条件

·暂时吊销牌照，不超过2年

·撤销牌照

·判处不超过$ 300,000的罚款

·支付管理协会或纪律委员会的费用

根据有关法律，被投诉的持牌人如能证明下述事项，则可以有机会“脱罪”：

·他依赖某些条例证明的资料来源

·他依赖该等资料是合理的

·他已采取一切合理的可供其采取的步骤，以避免该等违规事项

2.遵守管理协会的发牌条件

2.1 执业前先申领牌照

根据有关法律规定：

·任何人除非是牌照持有人，否则不得担任国际职业拍卖师，亦不得向公众显示其为国际职业拍卖师

·不得接受非持牌人雇用/委任为国际职业拍卖师，亦不得为该人以国际职业拍卖师身份行事

·国际职业拍卖师牌照只有“个人”牌照，而没有“公司”牌照

2.2 发牌条件

2.2.1 年满18岁

2.2.2 符合“适当人选标准”

·财政稳健(并非未获解除破产令的破产者)

·心智健全

·未曾因欺诈、舞弊或其他不诚实行为而在任何地方被定罪

·未曾在曾被取消持有拍卖牌照资格的公司内任职董事或高级人员

2.2.3 完成专科或具同等学历

2.2.4 在申请牌照前12个月内通过国际职业拍卖师管理协会的有关资格考试

3. 国际职业拍卖师的法定职责

3.1 国际职业拍卖师定义

·受雇于一间拍卖公司而进行拍卖会主持工作的人或

·一间拍卖公司董事,以其董事身份而进行拍卖会主持工作的人

3.2 牌照申请

·每名持牌人士必须有一个可供联络及通讯的地址,该地址必须填报在其牌照的申请书上

·登记地点有变,必须在变更后14天内书面通知管理协会

3.3 牌照续期

·牌照的有效期为该牌照上指明的期间

·续期申请须于有效期届满前3个月至届满前1个月的期间内提出

3.4 管理协会可在下列情况下暂时吊销或撤销牌照,如持牌人:

·已终止从事拍卖会主持工作

·以违反公众利益方式进行拍卖会主持工作

·再没有资格持有或继续持有牌照

·没有缴付根据法律征收而已届满的任何费用或罚款

3.5 职责

国际职业拍卖师必须:

3.5.1 订立拍卖代理协议

·清楚拍品的指定资料及其准确性

·向有关人等提供资料及遵守有关规定

·向客户披露其可得到的任何利益(不论是金钱上的或是其他形式的)

3.5.2 订明拍品资料

·当时的拥有权及有效的产权负担

·年份
·就卖方所知,拍品是否有缺陷及买方将要承担的费用
3.6 与国际职业拍卖师有关的违规
任何人无合理辩解而违反以下事项即属违规:
·无牌作为国际职业拍卖师
·申请牌照或续牌时,提供虚假或误导性资料
·在接受调查时,未能交出指定文件,做出明确解释或详情及提供合理协助
·对调查事项的资料未能保密
·做出任何要项上是虚假或具误导性的陈述,或提供虚假或误导性的资料
·拒绝以证人身份出席或回答问题,或交出文件
3.7 上诉
3.7.1 可提出上诉的情况:
·申请发牌或续牌遭拒绝
·获发牌照时遭附加条件于牌照上
·被暂时吊销或撤销牌照

有关人士可以自有关日期起计21天内,以书面通知向国际职业拍卖师管理协会提出上诉。

3.7.2 审裁小组可:
·决定本身的程序
·收取并考虑任何适当的证供
·要求任何人出席作供及交出文件

4. 操守守则

·符合法律的规定
·充分了解有关的法例和规定
·应具备的专业知识和能力
·执业时应秉持的操守.道德标准及对客户的责任
·运用应尽一切的努力
·尽量避免陷入任何利益冲突之中

5. 执业规范

5.1 国际职业拍卖师的一般责任
持牌国际职业拍卖师须告知客户:

·本身是持牌国际职业拍卖师

·所持的国际职业拍卖师牌照号码

5.2 拍卖代理协议的使用

国际职业拍卖师必须

5.2.1 与卖家签妥“委托书”

5.2.2 协议内容之阐述

·解释协议每项内容确保客户知悉其权利及责任

·向客户解释协议及建议征询法律意见

学苑出版社出版新书

《简明典当学》 李沙 著 16开 定价:36.00元

典当是一种独特的快捷融资方式,它是其他融资方式的有力补充。本书是让更多的人了解典当方式,掌握典当知识,及普及典当文化,发展典当事业,促进典当行业的兴旺发展。

读者对象:典当行从业人员、金融投资人员、及相关部门读者。

《拍卖自学习题集》 李沙 编著 16开 估价:25.00元

本书是拍卖从业人员培训参加者和拍卖师执业资格培训参加者在业余自学过程中的辅助教材。包括拍卖从业人员培训自测题4套、拍卖师执业资格培训自测题11套,共计15套题及相关参考答案,通俗易懂,实用性强,有利于提高学习质量,巩固学习成果,实现学习效益最大化。

《瓷道》 李臣 著 16开 定价:28.00元

瓷道也精彩,瓷道也凶险。

本书作者从古瓷收藏活动中所涉猎的大量实际问题,以讲故事的形式介绍古瓷商们的经营之道及瓷器真伪识别的门道儿,既让人们从中了解古瓷销售活动中的经验教训,又结合许多具体实物讲述了古瓷真伪识别的知识,很有实用价值。

本书图文并茂,彩图精美。

《古今名牌钟表鉴赏与收藏》 沈忠林 著 16开 定价:39.00元

古今钟表的收藏是一大热门,但鉴定方面的书籍基本空白,本书由著名钟表专家沈忠林先生撰写。书中介绍了钟表的基本知识、古今钟表的真伪识别、名牌钟表的市场销售量及当今价格。具有极强的实用性,不仅对钟表收藏爱好者适用,对钟表生产者、销售者同样有重要的参考价值。

本书图文并茂,并配有多页精美彩插。

《青花瓷断代与辨伪》 杜卫民 著 16开 定价:28.00元

本书由文物部门的专家撰写,针对青花瓷收藏方面所涉及到的相关知识和真伪鉴别,分时期进行介绍,使读者对青花瓷的历代特征及演变规律有个清晰的认识,有利于在收藏实践中把握要点进行判断。

本书图文并茂,并配有多页精美彩插。

《彩瓷断代与辨伪》 杜卫民 著 16开 定价:28.00元

彩瓷亦是文物收藏中的热门,且彩色瓷器因其观赏性强深受人们喜爱,近来价格一路攀升。本书将彩瓷的有关知识,真伪特征及瓷器鉴定的一般方法和历代龙纹的特征分时期进行了全面介绍。非常实用。

本书图文并茂,并配有多页精美彩插。

《古玉器断代与辨伪》 张蕾　著　16开　定价:38.00元

古玉器种类很多,收藏者识别有较大难度。本书由文物部门的专家撰写,既介绍了古玉器的相关知识,并又对古玉器的真伪特征、识别要领、玉器鉴定的一般方法、历代玉器的纹饰特征等分时期进行了针对性介绍,实用性强。

本书图文并茂,并配有多页精美彩插。

《民间寻瓷记事》 李臣 著(耿宝昌题写书名)　大32开　定价:28.00元

说着明白,但遇物则迷。这是广大收藏爱好者的共同苦恼。本书作者李臣是一位成功的瓷器收藏家,他的藏品以明清瓷器为主,藏品得到了诸多陶瓷鉴定专家的认可和赞赏。他用自身和藏友的亲身经历,以故事的形式介绍了在民间市场上搜寻古瓷的经验和教训,以献身说法的方式向读者介绍了大量古瓷鉴别的知识和如何规避风险。当然,通过其寻瓷经历也顺便介绍了民间市场上的行情。本书图文并茂,彩插精美。读此书比读那些纯知识性讲解的鉴赏类书更易懂,且印象深刻,难以忘怀。

《闲话藏书》 陆昕　著　大32开　定价:22.00元

本书作者虽学养颇深,但不爱板着面孔教人,愿意以诚恳的态度与读者谈心。因此,本书以问答的形式和具有亲和力的评议介绍了古书、旧书、新文学书的有关知识和作者本人收藏中的经历和感悟,所述非常结合实际。另外,书中还提及许多古旧书的流转情况、价格变化及真伪辨别知识,颇具现实指导意义。本书图文并茂。

《民俗钱图说》 何林　著　16开　精装　估价:68.00元

民俗钱也叫花钱、压胜钱,由于一般没有年号和币值,给今人辨别年代造成极大困难。本书是钱币专家何林先生数十年研究之成果,书中收入民俗钱1500余品、钱图2000多个,自汉代至民国各代之代表性民俗钱悉数收入,包括压胜、支、马、八卦、仙佛、秘戏等多种,分为镂空和实体两大类,又析为23个子类。每个钱图不但标出了年代,还介绍了各钱的钱径、边厚、材质、绣色等情况,书后还附有参考价格。本书规模宏大,收罗丰富,实用性强。

《增广百家姓印谱》 胡琦峻　辑订　16开　精装　定价:78.00元

中国的姓氏岂止百个！本书编者经多年收集，为本书收选900余个姓氏，其中单字姓808个，复字姓118个，收选印谱7005方，另有花押印102方。书后有印谱释文；附录部分收选了明代吴沈编的《千家姓》、清代的《康熙御制百家姓》、清代黄周星编的《百家姓新笺》、清代丁晏编的《旧百家姓三编》和其他百家姓资料。

书中大多数是古今名人印，因为名人印多为高手所刻，有很高的艺术价值；而这些珍贵的名人印谱又是广大收藏爱好者和文物文化工作者的重要参考资料。本书规模宏大，收罗丰富，十分难得。

《古玩鉴定与辨伪》 陶奚 主编 大32开 软精装 定价:24.00元

本书内容包括：陶瓷、字画、玉器、碑帖、紫砂器、钱币等热门古玩、字画。本书区别于其他书的特点是文字简炼，直指特征，便于记忆，对于文物工作者和收藏爱好者速查速阅很有实用价值。

《古钱的故事》 何林 著 大32开 软精装 定价:18.00元

本书以图文并茂的形式，用通俗易懂的语言，加以相关的趣闻轶事，介绍了中国历代行用钱的历史成因、特征和相关故事，集知识性和趣味性于一体。书中配有大量钱图，均以原大印出，便于古钱爱好者鉴别真伪时参考。

《鉴古一得》 史树青 著 大32开 软精装 定价:18.50元

本书汇集了我国著名文物鉴定专家、国家文物鉴定委员会副主任史树青先生从事文物工作以来所经眼的文物鉴定与辨析的文章，提出了许多颇有见地的鉴定意见和学术分析。

《中国近现代名画家印款手册》 金实 编 64开 软精装 定价:12.00元

此书的特点为速查式，选印了近现代名画家180余人的手迹、落款和印鉴，开本小，便于携带，十分实用。

《中国陶瓷款识总览》 刘锋 编 32开 软精装 定价:18.00元

本书为方便收藏爱好者和文物工作者查阅方便，特将中国古代至现当代陶瓷器（包括紫砂器和瓦当）的款识及其时代、出处、制作者的情况进行介绍，实用性强。书中还配有大量款识图片。

《藏事纷纭录》 李维基 著 大32开 软精装 估价:18.00元

本书作者出身于收藏世家，其收藏多种多样，涉及到大众收藏者喜闻乐见的许多门类，贴近百姓。但是，自古藏事多舛，他家亦如此。

《大家谈收藏·陶瓷》(一)　中国文物报社编　16开 平装　定价25.00元

本书是《中国文物报》1993－2004年间1100多期有关陶瓷收藏和鉴赏类文章的精选,耿宝昌、李知宴、叶佩兰、毛晓沪……大家名家从不同的角度向读者通俗浅显地介绍了陶瓷收藏鉴赏的知识、经验和体会。包括:鉴定宝典、图说真品、辨伪作伪、收藏陷阱、投资与市场分析等内容。

《大家谈收藏·陶瓷》(二)　中国文物报社编　16开 平装 定价　25.00元

本书是《中国文物报》1993－2004年间1100多期有关陶瓷收藏和鉴赏类文章的精选,耿宝昌、李知宴、叶佩兰、毛晓沪……大家名家从不同的角度向读者通俗浅显地介绍了陶瓷收藏鉴赏的知识、经验和体会。包括:鉴定宝典、图说真品、辨伪作伪、收藏陷阱、投资与市场分析等内容。

《大家谈收藏·书画》(一)　中国文物报社编　16开　定价28.00元

本书是《中国文物报》自1987年创刊以来所刊载的有关书画收藏和鉴赏类文章精选集萃,徐邦达、史树青、启功、杨新、范曾…..大家名家从不同的角度向读者通俗浅显地介绍了书画收藏鉴赏的知识、经验和体会。包括:鉴定宝典、识真辨伪、藏家心语、图说珍品、投资与市场分析等内容。

《大家谈收藏·书画》(二)　中国文物报社编　16开　定价28.00元

本书是《中国文物报》自1987年创刊以来所刊载的有关书画收藏和鉴赏类文章精选集萃,徐邦达、史树青、启功、杨新、范曾…..大家名家从不同的角度向读者通俗浅显地介绍了书画收藏鉴赏的知识、经验和体会。包括:鉴定宝典、识真辨伪、藏家心语、图说珍品、投资与市场分析等内容。

学苑出版社
发行部电话:(010)67675512、67678944
邮购部电话:(010)67601101
通讯地址:北京市丰台区南方庄2号院1号楼
邮政编码:100079
网　　址:Http://www.book001.com
电子邮件:xueyuan@public.bta.net.cn
xueyuanyg@sina.com